关于作者

佩内洛普·利奇，儿童发展权威、心理学专家，本科毕业于剑桥大学历史系，之后又取得了社会服务相关专业的硕士学位。毕业后，她继续在伦敦大学深造，获得了心理学博士学位，并在英国医学研究委员会的支持下，对儿童发展的各方面以及亲子关系进行了不懈的研究，获得了教育学荣誉博士。同时，利奇还是塔维斯托克诊所的荣誉研究员，伦敦大学伯克贝克学院儿童、家庭和社会问题研究学院荣誉研究员，儿童发育社团主席，心理学会成员，婴儿精神健康协会创始人。她还为一些针对家长和儿童的组织工作，并任职英国国家托儿协会主席至2008年。

利奇深得全世界家长的信赖，是一位研究型学者，专长于儿童的发展与教育，一直致力于为儿童和家长提供服务。近年来，她联合指导了英国有史以来规模最大的、关于育儿方法对0～5岁儿童发育问题影响的研究计划。2009年，据此研究计划写出的《现代育儿》面世。

利奇也是一位母亲和祖母。尽管在孩子出生时，她已经在儿童发展和亲子关系领域进行了多年的科学研究，但她还是意识到理论和实践之间、专家和家长之间、成人与儿童之间，甚至男人和女人之间，存在着鸿沟。因此，她之后的学术研究多是以跨越这些鸿沟，建立双方沟通的桥梁为目标。她的经典著作《你的小宝宝和大宝宝》在英国累计销量超过300万册。

DK 0-1岁 育儿关键期

〔英〕佩内洛普·利奇 著 邓 鹏 译

DK

DK | Penguin Random House

图书在版编目（CIP）数据

DK0-1岁育儿关键期 /（英）佩内洛普·利奇(Penelope Leach)著；邓鹏译. -- 北京：中国妇女出版社，2020.1

书名原文：The Essential First Year

ISBN 978-7-5127-1788-6

Ⅰ.①D… Ⅱ.①佩… ②邓… Ⅲ.①婴幼儿-家庭教育 Ⅳ.①G781

中国版本图书馆CIP数据核字（2019）第202841号

著作权合同登记号　图字：01-2019-5341

DK0-1岁育儿关键期

作　　者：〔英〕佩内洛普·利奇 著　邓　鹏 译

责任编辑：王　琳

封面设计：季晨设计工作室

印制总监：王卫东

出版发行：中国妇女出版社

地　　址：北京市东城区史家胡同甲24号

邮政编码：100010

电　　话：（010）65133160（发行部）

65133161（邮购）

网　　址：www.womenbooks.cn

法律顾问：北京市道可特律师事务所

经　　销：各地新华书店

印　　刷：北京中科印刷有限公司

开　　本：165×235　1/16

印　　张：17.75

字　　数：410千字

版　　次：2020年1月第1版

印　　次：2020年1月第1次

书　　号：ISBN 978-7-5127-1788-6

定　　价：78.00元

混合产品
源自负责任的森林资源的纸张
FSC® C018179

A WORLD OF IDEAS:
SEE ALL THERE IS TO KNOW

www.dk.com

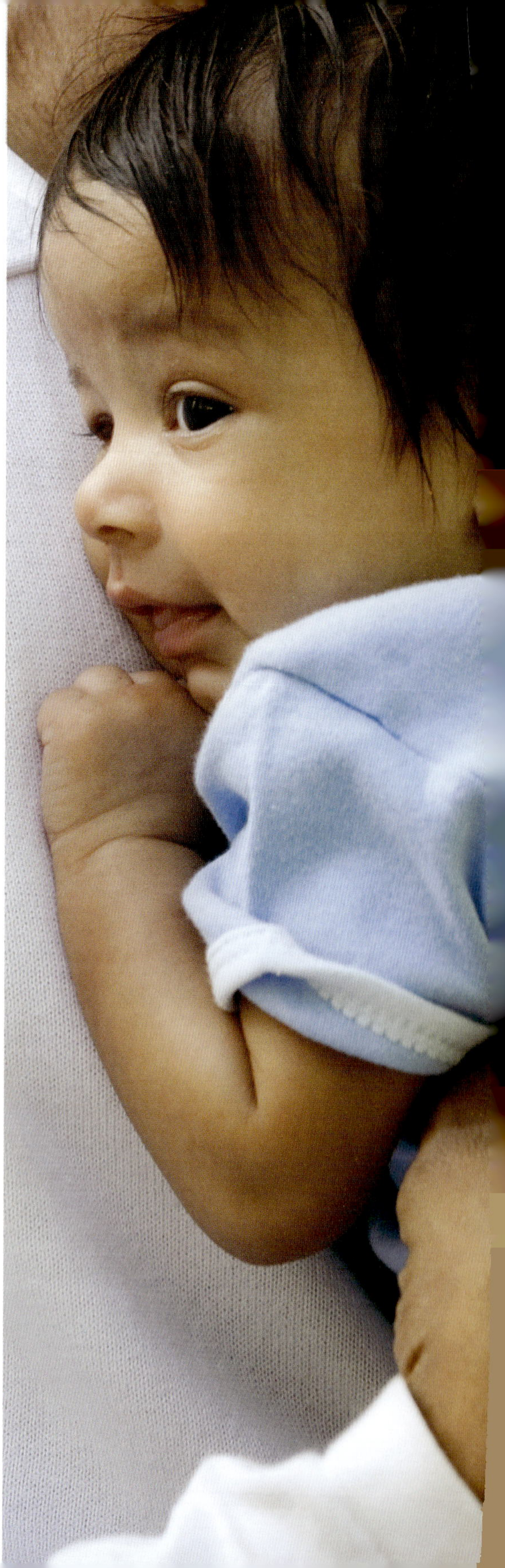

目录

关于本书

我在《婴儿与孩子》一书中已经写过儿童最初五年的养育，为什么还要单独写宝宝的第一年？而且，我们知道宝宝每年的成长都独具特点，为什么还要强调“关键的第一年”？关于这些，我都将在本书中深入讲解。即使我们早已听说过生命的第一年很重要，但直到现在我们才真正开始了解有多重要，以及为何重要。人类婴儿在发育的最早阶段要比其他哺乳类动物的幼崽快得多，而相较于其他部分的发育，大脑的发育是最慢的。宝宝的脑并不是单纯按照遗传指令来发育的，而会随着年龄的增长变得更加高效。脑的发育，包括结构和生化，都会受到宝宝人生第一年所处环境和获得的经验的影响，其中温暖、安全，与照料自己的母亲、父亲或其他人建立起积极的回应关系都是重要因素。

也就是说，宝宝如何度过第一年会对他成为什么样的孩子，对他的青春期和成为什么样的人（甚至是以后会成为什么样的家长）都有长期深远的影响。当然，即使幸福平安地度过第一年，也不能保证整个童年不会出现问题。但我们可以充分了解如何让第一年更加美好，而且我们也可以利用这段时间让孩子的适应能力变得更强，以应对未来的生活。

无法控制的外在影响有很多，例如受孕时结合在一起的基因，宝宝在子宫中和出生时的经历，以及以后可能发生的事情。不过，妈妈即便不能防止不好的事情发生，亲子关系对于孩子的内在力量和适应能力也起着最重要的作用。孩子的基因是个很好的例子：我们都承载着上百万种基因，这些基因已经被我们越来越了解，它们中可能暗藏着乳腺癌危险，也可能是音乐天赋。虽然我们不能控制孩子继承的基因，但我们可以干预基因对孩子的影响。这些上百万的基因中，有我们想要的，也有我们不想要的，但它们只会在特定条件或环境下才会“表达”，否则它们只是安静地存在于脱氧核糖核酸（DNA）中。由于孩子与妈妈的关系是他环境中最重要的方面，所以这些关系必然会影响到他某些基因的表达方式。

相反，宝宝在子宫里的经历和出生的情

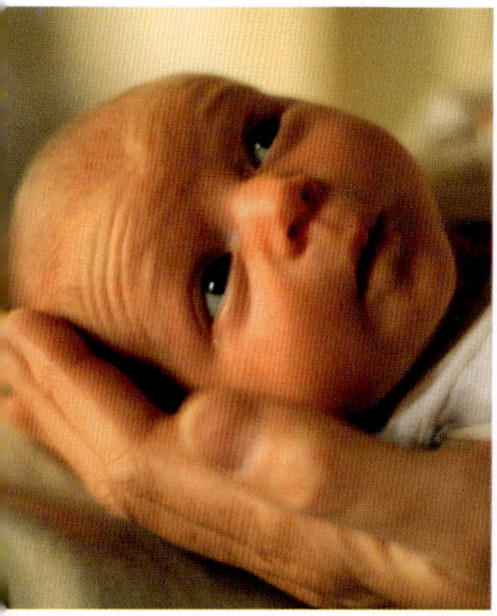

况是妈妈没办法掌控的，对创伤性产钳分娩给宝宝（和妈妈）带来的伤害也无能为力，但妈妈可以更加充分地理解宝宝早期过分啼哭和易怒的原因，做出适当的处理，细心地呵护，阻止这些负面因素带来的远期影响。即使婴儿期已经过去了很久，儿童早期的安全感仍发挥着至关重要的作用。任何孩子都可能因为2岁或7岁时发生的可怕事件而迷失自我，例如失去父母或遭受虐待。但无论孩子受到刺激的影响有多深，当时如何处理自己的情感，以及之后恢复的情况，都取决于人生第一年里建立的弹性机制。

“父母的重要性”不言而喻。父母都清楚，孩子的成长依赖养育。但父母要明白，重要的不只是母子之间的关系，孩子与父亲之间的关系也很重要。亲子之间的关系不仅对孩子的生长发育有影响，而且对孩子将来成长为什么样的人也意义重大。父母这一代人的问题多是意见有分歧，并且经常演变为争吵。对此，父母应当引起重视，并以科学理论为依据来解决问题。本书不是告诉父母“怎样做”，而是告诉父母“为什么这样做”。虽然这两点有些相似，但是看待问题的角度不同。大部分的家长都没有时间通读儿童发育理论，或者查看学术论文。因此，本书将很多有意思的问题都突出放在专栏里，并以“研究发现”和“一些说法”为标题。一些父母的意见则以“心得分享”为标题。类似的针对双胞胎家长的内容则以高亮标明的框表示。

当你计划要一个宝宝的时候，你就会感受到自己与孩子的关系所带来的毕生影响和额外责任的压力。所以，我会一一罗列有用信息，并努力做到深度与广度兼顾，而不会将内容笼统概括。一旦你意识到自己对宝宝的整个生活方式有着巨大的影响，你可能就会从另一个角度看待成为家长的不利之处。宝宝连续3个月都会在夜里醒来，这听起来简直令人崩溃。但当你明白宝宝为什么会经常这样醒来的时候，你就不会理会那些“宝宝这么做是为了控制你”的说法了，并且会清楚地知道，宝宝不会一直这样下去。而且，当意识到这一年中你对宝宝啼哭的反应方式（或者没有反应）会影响他接下来一年如何表现，以及30年后他如何对待自己的宝宝，你就会明白在让他重新露出笑颜面前，那些在夜里被唤醒的痛苦根本不值一提。

佩内洛普·利奇

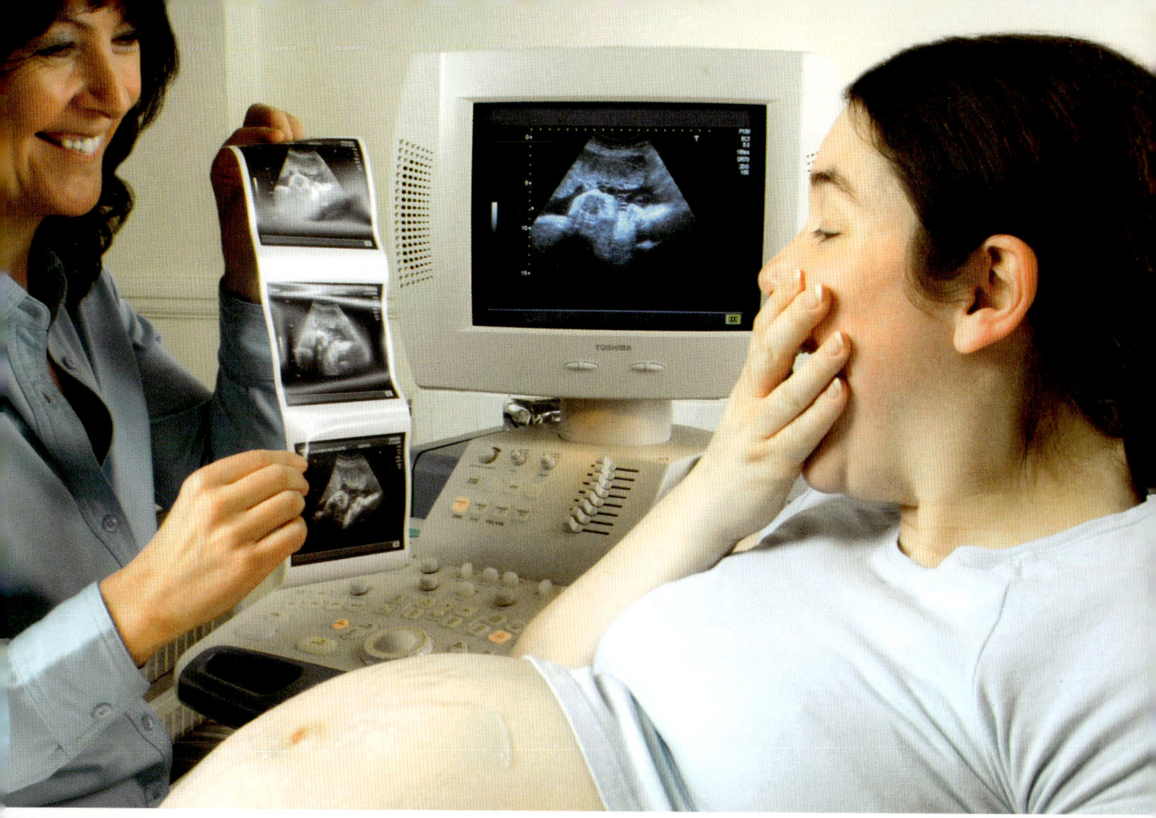
TOSHIBA
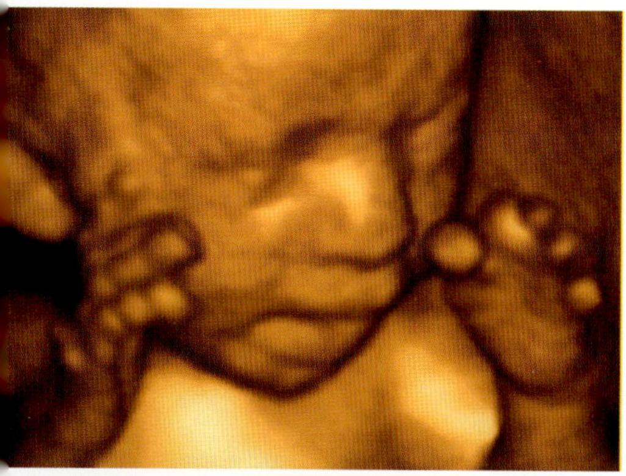

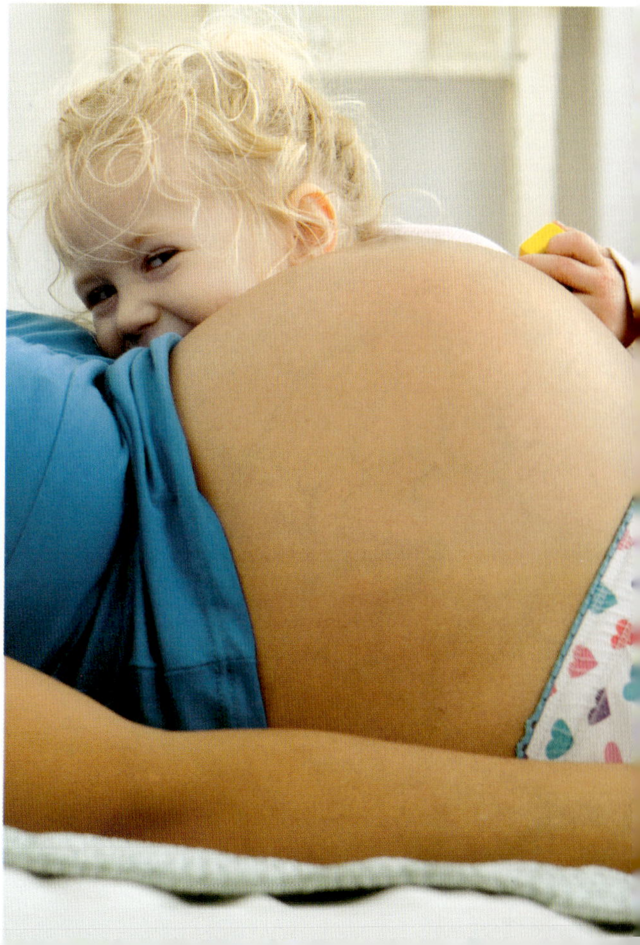

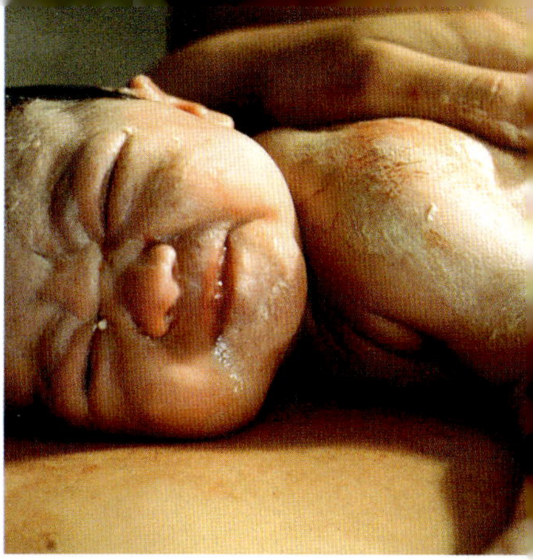

妊娠和分娩

初为父母

每当秒针跳动一秒，全世界就有上百次妊娠结束，有上百个宝宝出生。生育不仅是每日而且是每刻都在发生的事情。对于这些产妇和她们的伴侣来说，分娩，尤其是初次分娩，是生命中一次里程碑式的事件。

妈妈（爸爸）？我要当妈妈（爸爸）了？一旦有了孩子，你就再也不是从前的自己了。产前检查和课程能够帮助准父母了解妊娠与分娩带来的身体变化，朋友和家人会协助你们改变生活习惯，但是没有人能从最重要的、即将成为父母的角度帮你们做好准备：这种感觉上的改变如此强烈，以至于会让你们变成完全不同的人。不论你们是否喜欢这种改变，你们都将与即将到来的宝宝产生一种前所未有的感情羁绊，而且这种独一无二的初为父母以及和新生儿之间的感情会改变你们对很多事物的感知，如对自己的、对孩子的、对自己父母的、对工作的、对社交圈的……

研究发现

妊娠疲惫。很多女性在怀孕的头3个月感到极度疲劳是有生理原因的：她们的身体不仅直到分娩都会通过胎盘为胎儿提供氧气和营养，而且在孕早期她们还要生成胎盘，这会消耗掉巨大的能量和精力。到了第四个月，胎盘才会完全长好，大多数女性此时会感到能量激增。

换种方式为分娩做准备

尽管准父母知道自己将会有深刻的情感变化，但每个人都是完全不同的个体，所以不要问其他人自己未来会有哪些情感变化。没有人可以做好完全的准备，因为人们往往已经习惯了自己感知事物的方式，很难想象不同的感受。但仍有必要认识到自己将经历感情变化，让自己或夫妻双方都对变化保持警惕，用积极的方式来处理问题。

那些只顾分娩的夫妇，尤其是那些在孕期仍保持以往生活方式并引以为傲的女性，还有那些将分娩视为一种任务而忽视了未来育儿任务的女性，都会被即将到来的新生儿搞得措手不及，从而产生巨大的情感波动。有时人们会尝试压抑这种波动，而不是调整并适应它们。这类夫妇会死死抓住过往的状态不放，告诉自己（或对方），他们仍是以前的自己，而不去尝试在即将成为父母和即将改变的家庭关系中寻找新的平衡。

压抑强烈的情绪绝对不是好主意，尤其是在妊娠期。那些你抵触的情绪会溜过防线以完全意想不到的方式表现出来。例如，有些孩子害怕上学，所以在周末的时候他会尽量不去想学校的事，而周一早上起来就会突然肚子疼。这并不是孩子为了不去学校

发现妈妈孕肚的乐趣，可以让孩子与即将到来的手足建立起良好的情感开端。

在假装肚子疼，而是实实在在的疼痛。孩子并不清楚，这是焦虑在通过另一种方式表现出来。不安情绪很可能会转化为疾病。在妊娠期否认强烈的焦虑情绪，容易导致情绪崩溃，继而抑郁。女性（和一些男性）在分娩前出现抑郁（产前抑郁）的人数，要多于人们所熟知的产后抑郁的人数，但无论哪种都对宝宝有害。

养育一个孩子，尤其是第一个孩子，是一件容易令人焦虑的事情，因为新生儿是那么脆弱、无助，使人感到责任重大。父母要做好自我调整才能承担这份重任。无论你是谁，无论你所处的环境如何，你都能孕育、分娩和养育孩子，并且让他尽可能健康快乐地成长。从宝宝的角度看，如果以育儿为乐，那么你就能做得更好；从你自己的角度看，如果你全心全意地投入，那么育儿就会成为一件简单的事情。

是谁在妈妈的肚子里

孕妈妈当然知道肚子里是谁，那是她的宝宝（或者宝宝们），但是在孕早期，我们很难把宝宝想象成一个人，或者很难想象自己是个母亲，我们的配偶也很难把自己当成父亲。事实上，即使孕妈妈没有孕吐，这一阶段出现的一系列身体症状也会让她感觉自己更像是生病了，而不是怀孕了。

超声波扫描能让父母更容易地了解小宝宝的成长情况。如果在孕12～13周时进行了超声波扫描，爸爸妈妈就会看到宝宝还那么小，屏幕可以显示出他的整个身体。他们还可以看到宝宝的动作（远在妈妈能感受到胎动之前），清晰地听到宝宝的心跳。在这个阶段，超声检查已经能显示出孕妈妈怀的是单胎还是多胎，但即使爸爸妈妈非常想知道宝宝的性别，由于宝宝的外生殖器还未成形，也不可能得到答案。

在孕中期进行超声波扫描的时候，宝宝的性别可以清晰地显示出来（除非宝宝的双腿交叉形成遮挡）。所以，爸爸妈妈要提前告知医生是否想知道宝宝的性别。

超声波扫描分为3D扫描和4D扫描，现在都应用于研究胎儿的行为。到孕20周时，胎儿已经可以活动他的手指，甚至吸吮拇指。到孕25周，胎儿已经会打呵欠，还会睁开眼睛眨眼（还没有人知道为什么会在黑暗中眨眼）。还有扫描显示，胎儿有时会有很成熟的表情，包括微笑（通常我们认为微笑是出生2～3个月后跟父母学会的）和哭泣。但我们仍不了解，胎儿的微笑或哭泣是否代表他们的心情好坏。这些表情可能是随机事件，也可能是对未来的“准备”。

已知的情况是，子宫里的胎儿对外界发生的一切都是有反应的。孕16周的宝宝会在妈妈摔倒时受到惊吓，孕18～20周的时候，对着妈妈腹部的巨大声响会让胎儿立刻伸直背部和四肢，然后再把头低下变回“胎儿状”。有证据表明，孕中期胎儿会对他们经常听到的声音产生反应，并且会记住这些声

双胞胎小贴士

无论是出生前还是出生后，单从胎盘，没有人能判断宝宝是同卵双胞胎（单合子）还是异卵双胞胎（双合子）。同卵双胞胎通常只有一个胎盘，但也有个别情况，两个胎儿分别有一个胎盘。在异卵双胞胎中，每个胎儿都有一个胎盘，但也有个别情况，两个胎盘会融合成一个。超声波检查员通常可以告诉你有几个羊膜囊：如果两个胎儿共享一个羊膜囊，那么他们肯定是同卵双胞胎，也肯定是同一性别；如果他们不在一个羊膜囊里，那么他们就是异卵双胞胎，他们的性别可能不同，也可能相同。

重要提示

为什么要事先知道是男孩还是女孩？

- 有些人认为当胎儿出现性别的时候，作为传统（有些人说是〝顺应自然〞）应该确认胎儿的性别。
- 可能会更加期待分娩的到来。
- 有助于把胎儿当成一个完整的人来对待。
- 提前知道胎儿的性别不是自己希望的结果，可以有更多的时间接受现实，不至于在产后再调整情绪。
- 提前知道即将到来的手足的性别，对于年长的孩子来说，更容易想象和盼望宝宝的到来。如果不是他们所希望的性别，那么也能给他们更多时间来接受现实。

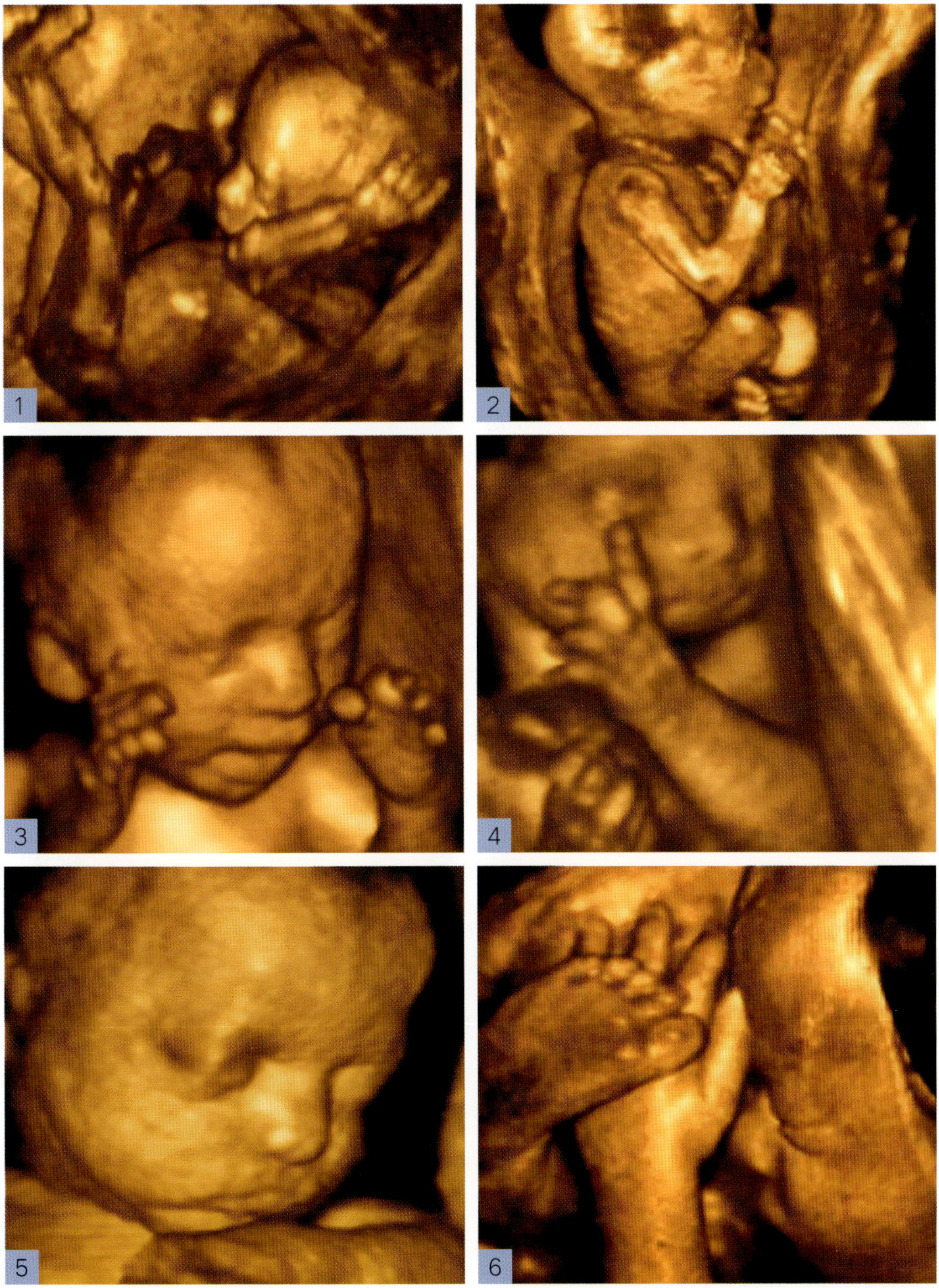

这几张图是3D彩超截屏。图1和图2是孕16周和18周的胎儿。胎儿还很小，屏幕上能够显示整个胎儿，而且他们正好呈蜷缩状，可以测量从顶端到底部的长度。图3和图4是孕26周的胎儿。长度按照从头到脚来测量。图4的胎儿正在眨眼。图5和图6是孕31周和32周的胎儿。子宫里的空间对于胎儿来说已经略显拥挤。图5的屏幕只能显示胎儿面部。图6的胎儿，面部、手和脚已经完全挤在一起。

音，在出生后还会回应这些声音。众所周知，新生儿会识别母亲的声音（也许还有父亲的声音），并且能够区别陌生人的声音。他们还会被胎儿时期听过的电视里熟悉的笑声吸引（可能会因此停止啼哭），而不会回应没听过的声音。在孕期的最后几周，从未感受过的光照和声音可能会让胎儿猛地一动。一旦他们熟悉了这些灯光和声音，就不会有反应了。

心理上的孕育

直到孕中期，凸显的孕肚才会让孕妈妈真正意识到肚子里有个宝宝。而且，胎儿也开始凸显自己的存在（个性），让孕妈妈感觉他好像在肚子里游泳、玩蹦床。如果孕妈妈比较苗条，会在孕17～19周感到第一次胎动，稍胖的人会在几周后出现。在这一阶段，宝宝约100克重，所以他的动作很轻，孕妈妈稍不注意就会错过，而孩子的爸爸和家里年长的孩子可能根本无法感觉到。等到了孕20～22周，孕妈妈可能会觉得他好像在肚子里耍杂技（曾有胎儿被拍到在子宫里翻筋斗），由于胎儿的成长会让子宫内的空间变得越来越小，孕妈妈会感到胎儿踢腿和脚，并用手和肘推肚皮。这时孩子的爸爸也能感受到胎儿的动作了。

胎儿活动的程度不尽相同。男孩并不会比女孩好动，而好动的胎儿也不一定在童年时期更活跃。不论他们整体的活动情况如何，胎儿通常一半的时间处于安静状态——可能在睡觉，一半的时间在活动，交替的周期大约为两小时一循环。在妊娠期，孕妇会发现，越是在自己活动的时候，胎儿越容易处于安静状态，这可能是因为孕妇的活动让他感到舒适安逸；当孕妇躺下准备休息或睡觉时，胎儿反而活跃起来。

在接近孕末期的时候，放在肚子上的任何东西，哪怕是洗澡时用的一块肥皂，都会被宝宝踢下去。这一场景会让家里的大孩子忍俊不禁。

好好享受妊娠期对大人和宝宝都有好处

孕妇的整体幸福感和良好的精神状态都会通过激素和其他化学信息影响子宫为胎儿营造的环境。事实上，胎儿会受到母亲长期的心情状态的影响，而这种影响有可能是永久性的。从古至今，我们都在谈论母亲的心

研究发现

妊娠期的压力。孕妇的压力越小，对胎儿越好。孕妇对妊娠和胎儿发育情况的焦虑会给胎儿造成潜在的影响。无论是广泛性焦虑、伴有焦虑的抑郁、婚姻不幸或被虐待，还是生活中的遭遇（如亲人离世）、日常的琐事（如在工作中受到欺凌，或与邻居发生纠纷）、遭遇自然灾害或生活在战争地区，都会给胎儿带来不良影响。

工作本身不会造成压力，但如果做得很不开心，孕妇也可能会感到压力。

双胞胎小贴士

早产是正常的。双胞胎通常都会在预产期之前出生，即使孕妈妈很健康，没有类似高血压之类的问题，那也应该在妊娠末3个月中间阶段放下手头的工作。双胞胎的总大小和体重会在孕28周的时候达到普通单胎宝宝足月时的，这会让孕妇的身体认为到了该分娩的时候。这个时期孕妇要每两周进行一次检查，并且做好分娩的准备。双胞胎到了孕37周即可视为足月。

情对胎儿的影响，而直到我们这一代，才有了科学的依据来证明这一事实。影响孩子的不只是孕妇的正面情绪，焦虑和抑郁也会造成影响。过去我们认为，准妈妈在孕期感到焦虑，会成为过度焦虑的妈妈，从而影响出生后的宝宝。事实上，孕期的焦虑会直接影响胎儿在子宫内的发育，以及出生以后的成长。有时候，孩子的远期发育可以在“胎儿训练”阶段进行调整。

任何焦虑、抑郁和压力都会降低胎儿生长环境的质量。研究显示，对于妊娠本身的担忧，对于胎儿发育状况的担心，以及夫妻关系带来的压力，都会给胎儿造成影响。这些负面影响不仅会影响胎儿在子宫内的发育，还可能增加（很小）早产和低出生体重的风险，甚至影响孩子未来的成长发育，造成他们童年时期的落后。享受轻松愉快的妊娠期是母亲的权利，是父亲的责任，更是对孩子的义务。孕妈妈不要产生“溺爱自己”和“被别人溺爱”的想法。在孕期，孕妈妈要尽量放松和满足自己的需求，但不要指望别人来做到这一点。

保持好心情并不是随心所欲

孕妈妈的身体正在孕育宝宝。在孕期最开始的3个月，无论好与坏，胎儿与孕妈妈分享着几乎全部影响孕妈妈身体的因素。这

隆起的孕肚不仅让孕妈妈的身体产生了变化，更能拉近夫妻之间的距离。

心得分享

面对孕期不同的反应，有位妈妈说：

“我姐姐和我同时怀孕，但是我们俩对怀孕的反应天差地别。我姐姐继续去做兼职，让她避开（或者说她丈夫使她避开）很多生活中的琐事，例如她不喜欢每个周日开车去跟公公婆婆吃午餐，或者每天晚上和周末做饭。而且，她还可以时不时地去做做头发和指甲，作为对自己的鼓励。而我则为了在工作上得到晋升去参加了一个课程，和公公婆婆维持着良好的关系，并劝说我的丈夫趁此机会装修厨房，甚至还整理了花园。如果和姐姐交换的话，我会无聊死，她则会被逼疯。我们的妈妈总是说，幸亏我们没有嫁给对方的丈夫。”

也是为什么在孕早期，甚至在有些准妈妈知道自己怀孕之前，使用药物、感染疾病或接触危险的化学物质，都对胎儿有很高的危险性。

胎盘成形后，可以过滤掉很多有潜在危险的物质，但并不是全部。例如，当孕妇感到焦虑时，血液中压力激素的水平就会很高，如果孕妇饮酒，血液中就会有酒精，经研究发现，这些都会通过胎盘进入胎儿体内。然而，究竟有多少有害物质，以及它们在胎儿发育的哪个阶段会造成伤害，尚未确定。

孕期危害健康的因素

●**吸烟**：所有健康研究机构都倡导孕妇（也包括所有人）尽早戒烟。尽管宝宝受到的危害受妈妈吸烟量的影响，但我们很少讨论“可接受水平”的范围，因为吸烟成瘾者很难准确汇报他们的摄入量，或者保持低摄入量。

准爸爸，或者其他与孕妇生活在一起的人，都应该戒烟，因为被动吸烟对宝宝的危害是相同的。

孕妇吸烟会导致胎死腹中，或新生儿低出生体重（他们的平均体重比正常儿要低200克）。

吸烟的危害在于，吸烟时会让血管收缩，从而导致进入胎盘的氧气量下降。

●**饮酒**：尽管各种医疗机构都确认了过度饮酒和偶尔狂欢性饮酒对胎儿健康的危害风险非常高，但仍有与之相反的关于酒精摄入“安全水平”的理论存在。英国卫生部的意见是，孕妇要彻底戒酒，但其也认同皇家妇产科医师学会的理论，即每一到两周摄入1～2单位的酒精是无害的。英国国家医疗保健和临床优化研究所（NICE）对一系列的数据进行了研究，并给出了指导方案：在孕期的最初3个月之后，每天可以摄入1～2单位的酒精。（1～2单位的酒精相当于一小杯红酒，850毫升酒精度为5%的淡啤酒，或1瓶含酒精的软饮料。）

酒精之所以会对宝宝造成危害，是因为它可以通过胎盘进入宝宝体内，需要宝宝的肝把它代谢掉，正如酒精在成人体内的代谢一般，而肝脏是宝宝最后才发育完全的器官。这就意味着，酒精在子宫内的代谢非常低效和缓慢，所以胎儿受到酒精的影响比孕妈妈更强、更久。

对宝宝来说，母亲饮酒带来的最高风险莫过于胎儿酒精综合征（FAS）。这种病症会造成发育受限，导致面部畸形和视力、听力、学习能力受损。最常见的危害是降低出生体重。

基于酒精摄入的“安全水平”的不确定性，英国有些机构建议为了避免其带来的伤害，孕期应该完全禁止饮酒。某些国家则全面禁止孕期饮酒。在美国，甚至有妇女因自身行为对孩子造成了实质性的危害而受到起诉。尽管如此，仍有某些机构不愿强行禁止孕期饮酒，因为对很多女性来说，饮酒是她们放松和社交的重要组成部分。这些机构认为这个问题应该由准父母自己来决定。

●**咖啡和其他含咖啡因的饮料**：很多饮料中都含有咖啡因，如咖啡、茶、可可和一些可乐饮料。咖啡因是一种作用于心脏和神经系统的兴奋剂，对身体有潜在的危害，例如让血压升高——当然是在摄入量过多的情况下才会出现。咖啡因也能够通过胎盘的屏障进入胎儿体内，但适量摄入目前还未发现对胎儿有危害。

某种物质尽管未发现对胎儿有影响，却不代表未来不会发现它具有危害性。况且咖啡因还会增加孕妇出现心悸的风险，或导致胃灼热。孕期摄入咖啡因的“安全水平”是，每天摄入量不能超过300毫克。（4～6

杯速溶咖啡或3杯滴滤咖啡，含300毫克咖啡因；每杯茶含15～75毫克咖啡因；每杯可可含10～17毫克咖啡因；一罐350毫升的可乐饮料含43～65毫克咖啡因。）

很多食物都可能携带导致食物中毒的感染源。没有人愿意食物中毒，但是有些食物携带的感染源尤其会对胎儿造成极高的危害，所以孕妇要尽量避免这些有潜在感染源的食物。

●**有成熟霉菌的软奶酪和蓝纹奶酪**：卡门贝尔奶酪和类似的软奶酪，以及蓝纹奶酪，如斯蒂尔顿奶酪（以及类似的山羊奶酪和绵羊奶酪），另外还有法式肉酱pâtés和蔬菜pâtés，这些食物中都有可能携带李斯特菌。李斯特菌病很少见（约2万个孕妇中有1例感染），但这种疾病会导致流产、死胎或新生儿重疾。

官方建议要尽量避免所有这类食物，并对于可能被污染的食物提高警惕，例如奶油类的熟食或冰淇淋都可能带有李斯特菌。

●**不洁或半熟的食物**：蔬菜、水果、生肉或半熟肉类，以及未经巴氏杀菌的山羊奶或山羊奶酪都可能带有寄生虫，导致弓形虫病。仔细清洗（或再次清洗袋装的沙拉和半成品食物）和彻底煮熟食物非常重要。被猫的排泄物污染的土壤或垃圾桶也可能传染弓形虫病。如果孕妇在孕期不可避免地要做这些家务的话，一定要戴手套，并且在做完后认真洗手。弓形虫病非常少见（在英国每年只有约50个胎儿被感染），但这种疾病可能会导致流产或死胎，即使胎儿幸存下来，也会导致视力和听力问题，以及各种脑损伤。

●**生或半熟的鸡蛋**：即使是有机鸡蛋，也和未煮熟的海鲜、畜牧肉、家禽，尤其是肉馅类食物一样，有可能带有沙门氏菌。以上这类食物都应该彻底煮熟。所幸我们可以用经巴氏杀菌的产品替代它们，如蛋黄酱里含有蛋黄，蛋白酥里含有蛋白。这些替代品随处都能买到。当然，溏心蛋的味道很独特，没有什么可以替代它，但最好不要吃。沙门氏菌病相对比较常见（英国每年有记录的病例约有14000例），由于孕期激素水平会改变，所以孕妇也是高风险人群。该病的症状较为强烈，患者会感到恶心，还会呕吐、腹泻，但是对胎儿没有影响。

●**大型油性鱼类**：新鲜的吞拿鱼、鳟鱼、鲭鱼和沙丁鱼都含有Ω－3脂肪酸，其对孕妇和胎儿的脑发育都有益处。同时，这些鱼类体内又含有一定量的汞，如果摄入过多，会影响胎儿的神经系统发育。建议孕妇每周食用两份油性鱼类，至少一次，但是不要超过两次，并且要避免食用大型鱼类，例如鲨鱼、吞拿鱼或剑鱼。因为这些鱼的寿命较长，体内堆积的汞的水平较高。

孕晚期是很好的社交时期，但是要注意自己的饮食。

分娩地点的选择

无论你生活在英国的哪个区域，都可以在英国国民健康服务体系（NHS）上选择以下地点分娩：在家、在助产士机构或在医院。

在哪里分娩十分重要，其取决于父母希望以什么方式迎接宝宝，以及如何规划和进行产前护理。如果准父母还不清楚家附近有什么样的选择，或者各种方式的区别，一定要好好研究一下：在网上搜索相关机构，或者实地考察。一定要时刻谨记，在进行详细的分娩规划（包含整个孕期和分娩过程）时，宝宝和孕妈妈的安全、健康是首要考虑因素，也是唯一决定性的因素。所以，尽情选择分娩地点吧，然后好好计划，确保所有参与计划的人都了解孕妈妈的需求。但是，不要太武断，看到与预期不同的情况时也不要马上感到失望。分娩过程中，孕妈妈越冷静、越自信，过程就会越顺利。因为分娩是一个由产妇激素决定的微妙过程。名为“催产素”的激素会让子宫收缩，但如果产妇太紧张或焦虑，就会分泌另一种激素，即肾上腺素，其会阻碍催产素发挥作用。

医院里人员的特殊服装、各种规章制度以及与外界的剥离感，会给某些人一种紧张的暗示，但也会让一些人感到身边都是专业人士，很安心。在家分娩的想法会吓到某些孕妈妈和准爸爸，但也会让一些人感到舒服和私密。

研究发现

无辅助分娩。每年只有十几位英国女性选择在毫无医疗辅助的情况下分娩，但这一数字在（缓慢）增长。皇家助产士学院与皇家妇科和产科学院强烈反对无辅助分娩，甚至告诉前来咨询的孕妇无辅助分娩是违法的。事实上，虽然我们不推荐无辅助分娩，但这种行为并不违法。支持无辅助分娩的伴侣或亲友也不构成犯罪。不过，假扮助产士参与分娩的人会被起诉。

双胞胎小贴士

如果怀上了双胞胎，孕妇会被自动记录为在医院分娩。孕妈妈也可以进行一些本地调查，选择在哪家医院生产。

在医院分娩

如果孕妇或宝宝有健康问题，则需要具有高科技设备的团队进行专业护理，准父母要对此心怀感激。但是，大多数女性的分娩都不需要高科技设备的参与，甚至有时最好不要有这些高科技，因为很小的干预都有可能导致恶性循环。医院一般对于产程的时间有标准的程序控制。如果初期阶段进行缓慢，静脉注射会帮助推进。但是，通过静脉注射加速的宫缩会更加疼痛。无痛（硬膜外麻醉）分娩会增加娩出的难度，导致产钳或吸出器的使用概率增加，同时意味着可能会有侧切和缝合的情况出现。

在家分娩

每一个期待简单分娩的健康女性都可以选择在家分娩，而且家中不需要特殊的设施。准父母需要准备一台座机电话（无论是否有手机），将室温控制在舒适的温度，以及一间浴室。助产士会准备其他一切所需的东西。如果选择在家分娩，那么整个孕期要由给产妇接生的同一组人员来护理，这样在分娩时，熟悉的环境和人员会让产妇感到安心。但是，在家不能进行无痛（硬膜外麻醉）分娩。因为这种分娩涉及腰部以下局部麻醉，需要麻醉师进行具体操作，而麻醉师只有医院才有。在规划完善的情况下，在家分娩同在医院分娩对产妇和宝宝来说同样安全。但是要注意，必须是“在规划完善的情况下”。预定在家分娩并不一定意味着宝宝肯定在家出生。如果在孕期出现健康方面的问题，或者胎位不正，则可能需要改成在医院分娩。即使已经在家开始分娩，一旦出现复杂的情况，就可能会转入医院。在分娩过程中紧急入院非同小可，但有研究表明，即使出现这种情况，产妇也认为有必要让在家帮助分娩的助产士继续照顾自己和新生儿。

分娩中心和助产士机构

如果孕妈妈健康状况正常，但是所居住的区域不能提供在家分娩的服务，或者准爸爸不希望在家分娩，又或者夫妻双方都不希望在家分娩，那么就可以考虑去分娩中心或者助产士机构分娩，它们的服务都很到位。由于干预率比医院低得多，所以这些地方顺产的概率要大得多。

在温水中可以帮助产妇放松和缓解疼痛。如果想在家分娩，可以准备一个分娩池（保证热水供应充足）。

产前检查

孕期的检查通常分为两种：筛查可以评估宝宝是否一切正常，或者宝宝出现问题的概率高低；化验能检查宝宝是否有染色体异常或者其他遗传疾病。

筛查

超声波扫描和血液化验检查都是定期进行的，有时这些检查的结果是一样的。第一次超声波检查应该在孕12周左右进行，检查能够告诉孕妈妈预产期和胎儿的发育情况。第二次超声波检查是在18～22周，称为“胎儿排畸检查”，会更加详细地检查胎儿的整体生长情况，如头型、心脏、脊柱、四肢和身体的其他部分。

产妇年龄越高就越会（轻度）增加胎儿患唐氏综合征和脊柱裂的风险。35岁以上的孕妈妈可能会被建议做一项名为“颈项透明层扫描”（NT）的检查，这种检查是通过分析胎儿颈后皮肤的厚度来判断唐氏综合征的患病风险。再经过2～3周会进行血液检测，检查孕期的4种激素指标，即甲胎蛋白（AFP）、游离β－人绒毛膜促性腺激素、游离雌三醇和抑制素A。两个检查的结果再结合孕妇的年龄，胎儿患病的检出率可达85%～90%。

心得分享

关于是否进行产前检查，有位父亲说：
“我们都很清楚，无论宝宝是什么样子，我们都不会放弃他。他就是我们的孩子，我们都不希望终止妊娠。所以，我觉得不用做任何检查，孩子是什么样子的我们都不在乎。但是安娜却说：‘我希望做羊膜穿刺检查，希望知道结果，这样就能做好更充分的准备。’”

虽然只有属于高风险人群的大龄孕妈妈需要进行综合检查（NHS通常会私下通知需要检查的孕妇），但多数女性都会进行血象检查，即“两项－三项－四项检查”。这种检查是将AFP与另一种（两项）、另两种（三项）或另三种（四项）孕期主要激素结合进行检测。测量的激素种类越多，结果就会越准确。四项检查的准确率为75%，三项检查的准确率为67%～73%，两项检查的准确率为66%。

筛查并非侵入性或不舒服的检查，并且不会对胎儿造成任何影响。其结果是科学客观的，它真实地反映出胎儿是否有严重的问题。当然，筛查结果反映的是一种可能性：结果为0.1%的可能性，就代表风险很低；而0.7%的可能性，就代表风险很高，但仍有可能宝宝是没有问题的。尽管每个地区和每个医院的筛查都不尽相同，但是否需要进行进一步的检查则取决于筛查结果。只要患病风险高于0.4%，就需要进一步检查。

化验检查

化验检查可能需要从胎盘取组织样本（绒毛膜绒毛取样，CVS），或从羊水中抽取细胞样本（羊膜腔穿刺术），又或从胎儿的脐带血管抽取血样（脐血穿刺术）。具体需要采取哪种方式进行检查，不仅取决于医院，而且取决于在孕期的哪个阶段发现的问

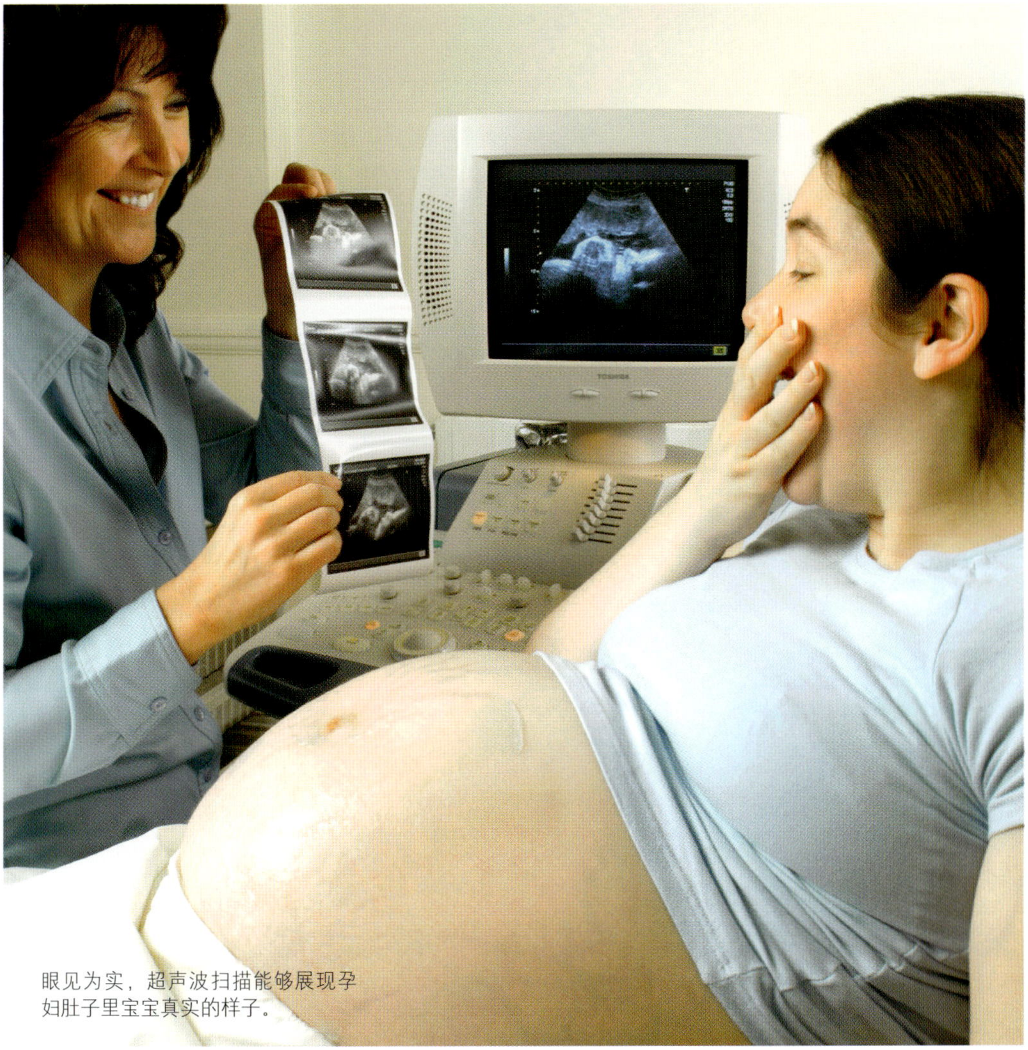

眼见为实，超声波扫描能够展现孕妇肚子里宝宝真实的样子。

题。CVS只能在孕11周左右进行，羊膜腔穿刺术在14～18周可以进行，脐血穿刺术则不能早于孕18周，也不能晚于孕24周进行。

化验检查属于侵入性检查，可能伴有不适感，还有极微小的造成流产的风险。在多数医院，这一风险的概率为1%。尽管如此，检查结果几乎可以帮助确定宝宝是否带有染色体异常，或其他遗传疾病。之所以说“几乎”，是因为这些检测结果会有一定概率出现错误，尤其是孕妇体重超重或低体重，又或者有糖尿病，并且在服用胰岛素。在2007年，（英国）颈项透明层扫描和羊膜腔穿刺术的结果约有3%是错误的。并不是所有被建议做羊膜腔穿刺术等化验检查的孕妇都是有问题的。

无论化验检查结果如何，准父母都要认真对待。如果准妈妈在发现问题后能接受终止妊娠的决定，例如确诊胎儿患有唐氏综合征（10位孕妇中会有9位做出终止妊娠的选择），那么检查是十分有必要的，并且要尽早做，越早越好。

关系的变化

一旦妊娠期开始，准父母双方都会发生改变，这意味着夫妻关系也在悄然发生变化。不仅是双方之间的变化，而且还可能包括双方家庭亲友间关系的变化。

当进入妊娠期后，伴侣之间原来的平衡关系有可能会被打破。但在这个特殊时期，伴侣之间更需要相互关心和理解，尤其是为了即将到来的宝宝。如果有问题存在，那么早晚都要受到一个事实的影响，即宝宝在妈妈的肚子里，而不在爸爸的。母亲可能会时不时地因妊娠带来的各种不便感到不悦，她们要不停地适应新的状况，更不用说宝宝出生后以及哺乳期所带来的一系列不适，而父亲却什么都不用做。但是，父亲的生理作用在使女方受孕的那一刻就已经结束，他可能因此感到自己被忽视了。准父母都有各自的问题需要面对，更需要好好地交流。如果在妊娠期，夫妻间形成一种模式，即女方会更多地跟自己的母亲或闺密交流（男方却不会跟朋友更多地交流），那么在以后的生活中，这一模式就会很难改变。现实中，这种情况并不少见。妊娠就意味着即将有新的家庭成员加入，这会让准父母的关系变得更亲密，也会拉近与双方父母的关系。更紧密的关系固然是好的，只要夫妻双方都这么认为，并且双方家庭也没有复杂的感情纠葛，但是有时往往事与愿违。因为新妈妈可能在这一时期会更需要自己的母亲，而婆婆和家庭里所有的男性都可能会觉得被排除在外。如果孕妈妈刚好是自己社交圈子里第一个怀孕的，那么她可能会跟已婚的人越走越近。而那些没有孩子的女性不会对任何妊娠期症状感兴趣，更不用说有关婴儿房的装修问题了，并且在得知孕妈妈即将休产假后，她们会感觉对方和自己的差异越来越大。新妈妈身边可能还会保留一些单身的朋友，也可能会收到她们的礼物，她们可能也会来看望宝宝，但在以后只有极少数会继续串门，而不是相约逛街。

双胞胎小贴士

有些家庭在得知即将迎来的是双胞胎的时候，会非常激动兴奋。而有些家庭，特别是那些家中从未出现过双胞胎，也不是通过人工授精（IVF）受孕的家庭，可能会大吃一惊，甚至感到惶恐。无论准父母是哪种心情，都可以尝试跟其他双胞胎家庭建立友谊。双胞胎其实是两个独立的宝宝，有关抚养他们和同时有效地管理他们的最有建设性的意见，一般都来自那些已经在抚养双胞胎的家长。

建立社交网络

如果准父母希望在为人父母后继续拥有社交生活，或者夫妻拥有共同的社交生活，那么准父母在这个特殊时期最好交一些朋友，最理想的人选莫过于其他准父母。不必在意与对方是否有很多的共同点，因为准父母面对的事情大体上是一样的，这便已经足够了。同样，这种友谊虽然持续的时间不长，并且大都围绕带孩子展开，但完全可以填补同事好友的空缺，并且有些友谊能维系到孩子长大成人之后。

在健身的地方——无论是健身房（图1）还是游泳池（图2），你都可以不必因体型或技巧而羞于结识新朋友。

另一个结识周围其他准父母的好机会就是参加相关课程和活动。如果孕妈妈不是一个外向的人，可能会不愿意参加这类活动。但是，这类活动和产前课程、家长技巧课程（孕晚期课程）一样，都十分有趣，能够帮助孕妈妈在妊娠期保持良好的体型，还能够交到新朋友。

孕期形体课

孕妈妈可以咨询家附近的健身房或活动中心是否有这类课程，也可以在网上搜索。

●**普拉提**：尤为适合孕期进行的运动，因为这是一种形式温和，并且能够帮助改善腹部肌肉和盆底肌的运动。课程内容往往会根据孕期的各个阶段，有针对性地进行设计，还会涉及一些有助于分娩的呼吸技巧。如果找不到孕妇专门课程，孕妈妈也可以参加普通的基础课程，但是在这种课程中结交其他孕妇的可能性会大大降低。一定要记得告诉教练自己处于妊娠期。

●**水中韵律操**：这种课程非常适合孕妇保持体形和柔韧度。随着孕周增加，浮力和流体力学压力会让在水中运动比在陆地运动感觉更舒适，因为它们可以减轻肚子给准妈妈带来的重量，也增加了乐趣。孕妈妈不需要会游泳，只要不怕水就能参加。当然，孕妈妈一定要提前告知教练自己不会游泳，以及避免到太深的水里去。

●**有氧运动**：有氧运动能让心肺和肌肉都更强壮，不仅对孕妇有利，对普通人也有益处。如果可以，尽量找专为孕妇设置的课程。普通课程一般很少有孕妇参加，因为其中包含一些孕妇不能做的踢腿和跳跃的动作。

●**瑜伽**：很多孕妈妈都觉得孕期瑜伽对她们非常有帮助，不仅能帮她们增强柔韧性，瑜伽的呼吸方法还能帮孕妇更放松，精神更集中。有些瑜伽，例如比克拉姆瑜伽不太适合在妊娠期练习，但是专门针对妊娠期的瑜伽是对分娩非常有帮助的。

●**分娩预演课程**：这类课程通常综合了妊娠期瑜伽和分娩预演。这类课程不仅有针对孕妇的，还有针对准爸爸的。课程中会让孕妇练习分娩的动作，以及准爸爸如何参与其中和按摩。有些课程可能还包含产后知识讲座，例如母乳喂养。

分娩准备课程

通常进入孕期的第三阶段之后，孕妈妈才需要开始参加这类课程。但是在很多地方，孕妈妈需要提前预约，尤其是私人课程。

产前课程多种多样，但无论准父母参加的是哪一种，都会遇到其他准父母，也许会交到朋友。在同样的年纪养育小孩以及整个孕期大约30周的相处，都可以培养出媲美学校同窗的感情。出生日期与自己的孩子只差一两周的家庭，或者曾经经历预产期过了很久才分娩的家庭，都会在未来成为同一个“产后互助小组”的成员。未来，父母还可能会在参加本地的亲子活动时结交一些朋友，例如参加婴儿抚触课程和观影活动时。

●**医院设置的课程**：孕期护理和（或）分娩选择在医院进行的孕妈妈都会参加其中设置的一些课程，但这些课程有的只有几次，甚至只是参观一下妇产科。助产士有时会提供附近由医院支持的课程的信息。

所有课程都会包含的内容是，什么样的信号代表分娩要开始了，分娩分为几个阶段，如何减轻分娩疼痛，以及医疗介入，如引产、辅助分娩和剖宫产。全部这些课程都是围绕医院分娩的，所以如果孕妈妈选择在家分娩，或需要水中分娩等信息，就要去其他地方获取。还有些课程会涵盖如何照料宝宝和母乳喂养的相关知识。有关做父亲的课程，则是由一些专门的“父亲课堂”来讲述。

●**其他独立课程**：总的来说，这些课程涵盖的知识范围都是类似的，但是会分为比较小的小组（通常不超过8对夫妇）来学习，并且内容更为详尽。通常一个课程分为14～20课时，而且互动性比较强，会教授一些分娩姿势和技巧，以及如何缓解疼痛。孕妇选择的陪产伙伴，无论是否为孩子的爸爸，都可以一同参加课程。

陪产伙伴

虽然第一次课程要到孕后4个月时才开始，但是提前报名却能让生孩子这件事的真实感强烈起来。此时也应该考虑由谁进产房陪产。虽然分娩过程别人替代不了，但有人陪产，还是能给产妇带来不小的心理安慰。

有些夫妻可能会希望由产妇的父亲或母亲来陪产。事实上，英国目前只有约10%的父亲没有目睹他们孩子的出生（其中还有

一些说法

有些妇产专家说，通常没有男性在场，只有女性的时候，分娩会进行得更快速、更顺畅。当然，这只是少数观点，很多助产士都认为有伴侣或家人陪产，对于大多数孕妇来说，有着很大帮助。

NCT只提供关于“自然分娩”的培训课程。这种观点大部分都来自那些在20世纪50年代分娩的女性。当时，NCT的全称是〝国家生育协会〞，而它的宗旨就是〝……倡导所有母亲都选择自然分娩〞。当然，现在已经时过境迁。NCT目前的宗旨是为所有即将迎接新生儿的人做好准备。

活动分娩讲座针对准父母的需求，将孕期瑜伽和分娩准备结合授课。

一些是因意外而错过）。当然，这些目睹了孩子降生的父亲所扮演的角色更倾向于旁观者，而不是真正意义上的陪产伙伴，所以让他们做陪产伙伴可能不是一个很好的选择。

一个全心全意的陪产伙伴要了解孕妇的整个怀孕过程，并且在全心投入的同时，要避免自己受到影响。也就是说，陪产伙伴能够利用自己之前学过的知识帮助产妇分娩，并且能给产妇身体上的支持。随着产程的推进，产妇可能会自顾不暇，这时就需要陪产伙伴来成为产妇的主心骨：替产妇和宝宝操心。助产士和医生反复检查产妇的情况，也会听一听产妇的感受，但当产妇对外界的感知逐渐变得模糊时，对助产士和医生的感知也会慢慢变得模糊，此时只有陪产伙伴还能唤醒产妇的意识，产妇也只能听到陪产伙伴的声音。这种情况会持续到宝宝的降生。

不过，也有人不喜欢让其他人陪伴自己分娩。所有即将迎来新生儿的夫妇，都需要找出适合自己的分娩方式，且不必在意是否与他人一样。在等候室焦急等待艰难产程的父亲，并不是一个不合格的父亲。同样，选择分娩室内全部由女性亲属陪产的产妇也没有什么问题。只要心在一起就足够了。

当然，也有一些孕妈妈整个孕期和分娩时身边都没有准爸爸或其他伴侣的陪伴。但只要条件允许，孕妈妈最好找一位陪产人员。如果孩子的爸爸不能胜任这个角色，那么夫妻双方最好一开始就沟通好这个问题。但这并不意味着准爸爸不能目睹孩子的降生，只是他只能作为旁观者（在某些分娩艰难的环节可以随时离开产房），而由其他人来作为陪产伙伴。如果确定准爸爸不能参与其中，那么陪产的人选就更加至关重要。准妈妈可以选择聘请一位导乐（专业分娩陪护），或者也可以请自己的母亲、姐妹或闺密来陪产。

心得分享

有位父亲分享了自己做陪产伙伴的经历：

“我妻子非常感激我会在那里陪她。整个过程中，我也没有想太多就配合下来了。在医院参加父亲日的活动时，我才知道其他准爸爸都陪同参加了所有的课程，练习了呼吸技巧，还有各种按摩方法等，这让我感到自己做得不够好。我虽然看了一些相关的书籍，但远远赶不上其他准爸爸做的，而且我看的越多就越缺乏自信。我和我妻子很顺利地抵达了医院，刚开始的一两小时也很顺利。她很喜欢握着我的手，并且喜欢听我讲的笑话。但是当分娩正式开始后，我感到自己完全没有用处。事实上，我感到很惊慌，不敢看她那么痛苦的样子，也不知道自己能做什么，还偶尔会挡住护士的路。虽然宝宝出生的时候我在那里，但是我被挤在人群外，没有看到她出生时的场景。”

制订分娩计划

分娩计划最基本的功能就是帮助孕妈妈和分娩伙伴充分了解分娩的过程，以及总结自己有哪些预期，而不是给助产士列“购物清单”。

如果孕妈妈想通过分娩计划让负责照顾自己的助产士更好地了解自己的需求，那么孕妈妈首先要确保这个计划适用于预定的分娩地点。如果孕妈妈想在家分娩，那么重心就不应该放在疼痛缓解的问题上，因为在家是不可能进行麻醉的。如果计划在医院分娩，那么就要放弃让自己的其他孩子陪产的计划，因为产房是不许孩子进入的。如果计划在助产士中心分娩，而那里又没有分娩池的话，那么准妈妈就不能进行水中分娩。

一旦分娩开始，一份详细的分娩计划能够确保很多细节的执行，帮助产妇缓解紧张情绪。因此，分娩计划还是很值得花心思去拟订的。分娩计划涉及产妇的多方面情况，所以在制订时，孕妈妈和家人需要多做研究，多跟助产士交流。

分娩计划需要考虑的问题

●**分娩池**：是否需要用到分娩池；如果要用到，是单纯用于缓解疼痛，还是进行水中分娩？

●**剖宫产**：希望保持清醒还是全麻？如果是保持清醒，是否想看到整个分娩过程？

●**分娩过程中的饮食**：请询问助产士推荐什么食物。

●**侧切**：如果存在撕裂的风险，就要考虑是否坚持不做侧切。

●**催产**：如果宝宝已经超过预产期很久还没有动静，那么就要考虑是继续等待，还是进行催产。

●**按摩**：考虑清楚自己分娩期间是否需要按摩；如果需要，是请助产士来按摩，还是他人进行。

●**活动自如还是连接监视设备**：考虑清楚自己在分娩过程中是否需要活动，是否能够接受一直躺在床上连接监视设备，例如无间断的电子监测，胎儿头皮电极监测，间歇电子监测，或者只能接受手持助听设备。

●**缓解疼痛**：是准备只通过呼吸机、体位技巧和按摩来缓解疼痛，还是需要经皮电刺激神经疗法（TENS）和安桃乐（一氧化二氮与氧气的混合气体）来止痛；能否接受哌替啶注射，还是坚决抵制；是进行无痛分娩（硬膜外麻醉），还是不考虑。

●**分娩第三阶段（切断脐带和娩出胎盘）的处理**：迅速处理是为了减少产后出血（产后血崩）。这其中包括宝宝已经娩出并且脐带已经剪断的情况下，（得到许可后）给产妇注射麦角新碱（或者替代药物），帮助促进子宫迅速收缩，使胎盘在20分钟内娩

双胞胎小贴士

如果怀的是双胞胎，那么孕妈妈则必须在医院进行分娩，而且要清楚地认识到自己进行剖宫产的概率比怀单胎的孕妇（进行剖宫产的概率为25%～30%）要高两倍（进行剖宫产的概率约为50%～60%）。当然，怀双胞胎的孕妈妈仍然有50%的概率可以自然分娩，所以还是要好好制订分娩计划。

出。不采取措施的、自然的第三阶段会延长宫缩和剪断脐带的时间，直到胎盘不再向宝宝供血为止才能剪断脐带，而且胎盘的娩出也要将近一小时才能完成。孕妈妈一定要考虑好在这两种方式中选择哪一种。

●**脐带剪断**：考虑好是否需要推迟剪断的时间，准爸爸是否要亲自剪断脐带，准妈妈是否希望宝宝出生后马上被放在自己的肚皮上，然后过几分钟再由护士抱开。

●**维生素K**：是否希望宝宝出生后接受维生素K的注射。

●**特殊护理**：如果宝宝需要进入医院的特护病房，是希望分娩伙伴陪宝宝一起去，还是留下陪伴自己，直到自己也能去。

即使分娩计划在分娩当天没有派上用场，但是整个思考和制订的过程也能够帮助准妈妈了解自己的期许和恐惧。

做好当父母的准备

很多人在宝宝出生以后都会抱怨自己在产前太过于关注分娩，而错过了了解育儿知识的机会。

其实问题不在于上了哪些课程、学了哪些知识，而在于父母自身。很多准父母都很难想象宝宝出生以后的生活，所以即使很多信息已经提供给他们，他们也很难消化吸收。很多父母都要等到宝宝出生以后，才能真正翻开“新生儿”的篇章，而到那时他们已经没有时间和精力去了解这部分知识了。

成为父母面对的不仅是一次分娩，而且是养育一个孩子。宝宝出生以后，至少要有一个人全心全意地照顾他到10岁。讨论到底谁来做这项工作，以及如何安排今后的生活，才会让准父母逐渐想象出与宝宝在一起的生活，才能意识到什么样的方式和态度是可行的。很多父母会说，我们可以一起照顾宝宝，但是事实上，爸爸和妈妈对于“一起照顾”或者“共同抚养”存在不同的看法。共同承担带孩子的任务是否意味着平均分配同样的时间，将涉及的全部事情分成一人一半，还是一个人做四分之一，另一个人做剩下的呢？有些父母是一个人全职上班，一个人兼职或不上班，以便腾出时间照顾孩子。对此，准妈妈打算怎么做呢？不要假设自己就是留在家照顾孩子的人，虽然大部分都是妈妈留在家，但并不意味着必须是。

在某些极端情况中，很多爸爸妈妈还对家庭角色抱有传统观念，认为妈妈的首要职责是照顾孩子，而爸爸只是辅助，但是不能替代。另外还有很多其他类型的父母，但无论孕妈妈属于哪种情况，在产假结束前都有可能发生改变。单就孕期来讲，最重要的是夫妻双方能互相为对方着想。

直到宝宝出生，孕妈妈或准父母两个人可能仍然认为理想的伴侣关系是，爸爸和妈妈没有角色分工。无论如何，准父母在分娩之前都需要认真思考一下角色分工问题。当下的育儿理念已经在颠覆传统的母性和父性角色，母亲与父亲的区别不可避免地来自生理方面的区别。人们不能通过否认性别和基因差异的存在来否认这些区别的存在，或者通过不提它们来回避这些问题。无论如何，正是这种不正确的方式才导致了性别歧视和优越感，造成了不良的社会影响。这是迫在眉睫需要改变的事情。不久之后即将成为“妈妈”或“爸爸”的人，本质上是一个独立的人，而性别是其最基本的属性，将决

一些说法

孩子是父母的纽带。事实上，第一个孩子会给婚姻造成极大的压力。那些单身或没有孩子的男女在工作场合形成的性别平等的概念，会因宝宝的到来而彻底颠覆。宝宝至少会在一段时间内破坏两性之间最紧密的纽带——性。他们还会给财务、生活方式和事业造成困扰，尤其是女性的事业。事实上，生育会成为同等条件下的竞争者的短板。尽管如此，多数父母还是会说孩子带给他们的天伦之乐是一种更深刻的情感慰藉，无可替代。

准父母的准备工作中很少涉及的部分：学习如何管理宝宝的用品和设备。

定自己和孩子的关系，就像在了解自己和他人的过程一样。我们应该打破陈规，不再纠结谁该照顾腹绞痛的孩子，而谁该给孩子哄睡盖被，谁又该与孩子玩什么样的游戏或其他特定的活动。我们该将陈旧的观念连根拔起，不要再说男人不能全职照顾孩子，而女人就一定可以。但是，无论父母与孩子做什么，都应该全身心地投入，孩子们会记得爸妈做事情时的差异，而这些差异能帮助孩子更好地形成性别意识。

家庭

孩子们总能记得爸爸妈妈的区别，或者爸爸妈妈和其他家人、照顾他们的人的区别。在童年时期，大部分孩子都会通过不同的家庭环境体验生活，也就是通过成人在家庭中的不同功能。如果父母离婚，各自组成新的家庭，那么就会形成多种家长和家庭角色的组合，给孩子带来新的爷爷奶奶、姥姥姥爷、叔叔姑姑或姨妈舅舅，以及未成年的继兄弟姐妹。领养的范围现在已经不局限于同一文化中的婴儿，更有跨越不同文化的领养关系。甚至在某些家庭，父母接受了捐献的卵子或精子才生出了孩子，导致孩子的外表与父母或兄弟姐妹有较大的差异，让家庭情况更加复杂化。但值得注意的是，造就母亲或父亲的并不是血缘关系，而抚养或照顾孩子的人也不一定就能代替父母。继父母和寄养父母是母亲和父亲角色的替代，更为重要的是，虽然有时可行，但绝对存在差异。即使是领养孩子的人，哪怕是作为孩子唯一的亲人，也只能成为他们认识的家长，而不能取代他们不认识但是生了他们的父母。人类有着追根溯源的本能。

从怀孕到成为父母只是一瞬间的事情，这两者不能分开讨论。有些女性在婴儿刚出生没多久、还不能进入角色的时候会安慰自己生出来总比在肚子里强，但这一般起不了什么作用。如果孕妈妈从未真正考虑过养育宝宝的事情，那么无疑会被一些问题搞得措手不及，所以孕妈妈需要立刻行动起来。另外，孕妈妈要和准爸爸一起讨论和思考孩子的养育问题，这样才能找出夫妻间意见不一致的地方。

心得分享

关于是否给宝宝切包皮，有位妈妈说：

“我以前从来没有想过这件事，但当我得知孩子要做这项手术的时候，我有些崩溃。为什么要让宝宝受那种罪？为什么？绝对不行！但我婆婆却说‘当然要做’，而我老公却不发表意见。当时的场景真是非常尴尬。”

包皮环切术

这真是一个重要的问题。对于生了女孩的父母来说，不存在这个问题，而有些家庭则是父母都同意实施这个手术。但如果是其他情况，那么准父母需要提前讨论好这个问题，因为讨论的过程很可能会出现各种争吵和哭泣。

总体来讲，这个手术会造成疼痛和心理影响。阴茎会因此疼痛数日，对于新生儿来说可能会感到很不舒服。不过，父母可以要求医生使用一些缓解疼痛的手段。如果在出生后数日内进行这个手术，那么新生儿需要进行全身麻醉手术，这也会带来一定的风险。

每一天都很重要

孕妈妈需要快速做出决定的事情，不能用单纯的好和不好来确定。但要确保自己和伴侣所得到的信息是对等的（两个人都了解一些要好过只有一个人了解很多，而另一个人一无所知），并且有相似的世界观，或者至少有开放的思想。

● **喂养**：对于初为父母的人来说，他们对于如何喂养宝宝的认识，有着惊人的差异。当然，最后的决定肯定取决于女方，因为要么是母乳喂养，要么是人工喂养。但是，女方仍然要确保自己的伴侣对此有所了解，并且要清楚伴侣的想法。如果准备进行母乳喂养，那么伴侣的支持对于女性开始和坚持母乳喂养都有很大的帮助。换句话说，如果没有他的支持，或他对此置之不理、不闻不问，甚至不同意，那么女方早晚会改成奶瓶喂养。如果不准备进行母乳喂养，或者还没有考虑是否会进行母乳喂养，那么伴侣坚持进行母乳喂养或认为应该进行母乳喂养，就会和女方产生较大分歧。

研究发现

包皮环切术比例变化。当代包皮环切术的数量比以往有所下降。在美国出生的男孩只有一半进行了包皮环切术，该国曾将包皮环切术定为标准流程，但现在官方已经不推荐做了。其他非英语国家则只有不到10%的手术率。NHS不提供包皮环切手术。如果在手术过程中不进行麻醉，那么会给孩子带来很大的痛苦。实施局部麻醉不能保证孩子完全不会感到疼痛，而全麻手术则存在一定的风险。手术本身也是有风险的，其中包括引发全身疼痛。而疼痛和持续存在的压力都会影响婴儿喂养和增重。另外，手术还可能导致感染或出血，即便这种可能性很低，但仍有不到1%的概率会发生。

尽管如此，有些人已经形成了包皮环切术对健康有益处的观念，并且这种观念已根深蒂固。接受了包皮环切术的男性，阴茎癌的发病率比较低，也会降低他们的伴侣患宫颈癌的概率。另外，他们携带或传播性病的概率也比较低，其中包括人类免疫缺陷病毒（HIV）。

世界卫生组织和联合国艾滋病规划署目前正在推行全体男性接受包皮环切术。美国疾病控制中心在艾滋病发病率高的城市普及包皮环切术，并准备起草在全国范围内推广该手术。NHS发表了针对非洲学生进行的有关包皮环切术和艾滋病调查的数据，但是尚未得到验证。

其实，夫妻之间相互交流一些对于某些问题的看法和意见，不要急着做决定，也会加深彼此的了解。例如，是否跟宝宝同床，或者在父母的房间设置婴儿床等。

●**睡眠**：睡眠不足，或者睡眠总被打断，对于很多家长来说都是很头痛的问题。事实上，很多孩子已经长大了的家长仍然认为睡眠被打扰是生育后最痛苦的事情。

很难说遇到这种情况会是什么感受，但事先做好思想准备还是很有必要的，至少要想一想这会不会成为自己的问题。新生儿和稍大一点的宝宝都需要喝夜奶。所以有很多家长选择跟宝宝同床，这样夜间醒来和喂奶更方便快捷。但是也有很多家长选择和宝宝分床睡，因为他们宁愿起来去看宝宝，也不愿意放弃自己的隐私。

无论哪种方式，都各有利弊（见103页）。有些卫生机构认为，和宝宝同床睡有很微小的可能会让宝宝成为婴儿猝死综合征的受害者。但就全球角度来讲，还是同床的情况更常见。事实上，有些研究表明，让宝宝在父母的床上睡比让他自己睡小床更安全，除非父母有饮酒或服药的情况。也有家庭采取两者折中的选择，即用共眠摇篮或者床边床。

另一种选择就是让宝宝从一开始就独立睡小床（当然最好是与父母在同一个房间里），而且要尽量确保他都睡在小床里。这样做的好处是，只要宝宝睡得好，父母就能好好享受自己的睡眠。这样做的坏处是，宝宝夜里每次醒来或者哭闹，父母都要起来去看他，并且要保持清醒，直到宝宝重新睡着才能再回去睡觉。

当准父母讨论这个问题的时候，有三件事需要注意。首先，父母要清楚地知道，如果宝宝能自己选择睡觉的地方，那他肯定是跟父母一起睡，而不是自己睡小床。宝宝喜欢跟着家长睡，一旦他跟着大人睡几个星期后，想改变这个习惯就会变得非常困难，而且很难再独立睡觉。其次，如果让宝宝独立睡小床，并打算在他哭的时候不理他，认为他哭累后就会睡着，那么请打消这个念头。我们现在已经了解了，对宝宝哭闹置之不理会对他的脑造成损伤。最后，宝宝睡眠和苏醒模式，并不会随着他不需要夜间喂养而改变。很多宝宝会继续在夜间醒来，有时是因为噩梦，而当他换牙、感冒或者臀部不舒服的时候，他醒来后会哭闹得更加严重。无论属于哪种情况，宝宝总会在夜里醒来，而一旦他醒来，就会需要父母的抚慰。

●**尿布**：这绝对是一个应该引起父母重视的问题。对于宝宝来说，他并不在意用哪一种尿布。真正护理宝宝的时候，父母就会发现自己不喜欢的尿布是哪种，例如传统布尿布还是一次性纸尿裤，或者哪种材质的纸尿裤等。更难以决定的是，由谁来换尿布，谁来洗尿布。

如今可选择的尿布种类可谓五花八门，当然父母首先要决定的是用一次性的，还是重复利用的。有些一次性尿布是环保型的，由可生物降解的材料制成。另外，由定型布料制成的尿布，外层有分离的隔湿表层，该层材料几乎与一次性尿布一样方便快干（通常由竹纤维制成）。这两种尿布都很环保，但是都比市场上卖的一次性尿布和普通尿布要稍微贵一些。在不久的将来，随着一项循环利用计划的实施，便宜的一次性尿布也会变得绿色环保。

双胞胎小贴士

父母不要只沉浸在怀了双胞胎的喜悦中，而忽略了其他事情。夫妻间要好好交流彼此的感受，例如母乳喂养问题，宝宝是自己睡还是和父母一起睡等。只有当父母想清楚，并掌握了针对某一问题的解决办法时，父母才能做好养育双胞胎的工作。

可行的计划

就像每天都要想象即将成为家长的感觉一样，准父母还需要认真思考这种新的生活方式在何种情况下才是最理想的。第一个要考虑的是，夫妻俩各自能享有多少产假、陪产假或亲子假，其中有多少是带薪的。

生育权利和法规是非常复杂的。准父母应当尽早弄清楚，单位规定的产假到底有几天，又有哪些国家规定的福利，或者单位根据自己的规章制度对于新父母还有什么特殊待遇，因为这其中有些可能是需要提前申请的。

●**怀孕员工**：英国的法定产假是52周（26周正常假，26周附加假）。这一假期与工龄、工作时长和薪金都没有关系，只需要提前书面通知雇主即可。通知的内容应该包括宝宝的预产期，以及自己准备从什么时候开始休产假。其必须以书面形式呈现，在不晚于预产期前15周递交给雇主。如果孕妈妈想更改开始休产假的日期，那么要在开始休产假前28天，或者在合适的时间段，提前通知单位。孕妈妈不能早于预产期前11周休产假，也不能早于分娩后两周（如果在工厂工作则为4周）提前结束产假。

●**带薪产假**：法定产假薪酬（目前分娩后6周大约为每周120英镑，6周后是薪酬的90%）是基于，无论是全职还是兼职，都要自入职至预产期前15周时至少已干满26周，以及收入至少是每周95英镑（税前）。如果孕妈妈的情况不适用于法定产假薪酬，那么孕妈妈可以申请产假津贴（基于同一水平）和（或）一定范围的家庭补助。

在仍有空闲时间的时候，孕妈妈一定要好好安排自己的生活。怀孕时还能享受购物的乐趣，以后就不太可能了。

●领养假：在英国与产假一样为52周，并且同样享受法定领养带薪假。

●陪产假：英国在职准爸爸可以享受2周的陪产假，并且跟产假一样是带薪的。如果准爸爸想从宝宝出生那天开始休陪产假，那么要提前3周以书面形式向所在单位提交申请，说明预产期。

细心地规划

不是所有人都能休满产假，准父母需要提前做好家庭经济规划。不要认为直到宝宝出生之前，准父母都不会休假。很多女性都一直工作到出现分娩迹象才开始休产假，就为了省下产假来陪伴宝宝。现在的产假时间已经非常宽裕，孕妈妈可以提前几周休息，给自己放松、休闲的时间，这对于产妇和宝宝来说都非常好。如果家里有大孩子，那么这样做也可以使孕妇有机会和大孩子好好交流，并趁此机会增进与孩子的感情，一起开心一下。

如果孕妈妈想好好收拾一下家里，不要等到最后一分钟才动手做，否则一旦宝宝提前到来，就会让孕妈妈措手不及。

研究发现

带薪产假属于健康福利。根据国际研究，新生儿的死亡率和发病率（生病）每生存10周就会下降5%。其中起着重要作用的是，长时间的产假能让母亲更好地喂养宝宝。另一种解释是，长时间的产假能让在职孕妈妈在休假之前更好地安排后续工作，而不会因假期太短要一直工作到分娩那一天。

双胞胎小贴士

做好抚养双胞胎的规划。无论是同卵双胞胎，还是异卵双胞胎，无论他们的性别是男是女，双胞胎都有可能长得很像或不像。出生体重的差异可能让同卵双胞胎的长相差异很大，如果家族本身带有很强的长相特征，那么即便是异卵双胞胎，外人有时也很难区分。在养育双胞胎的日子里，父母需要建立一个家庭规则，即双胞胎的物品和衣服要有所区别。

最好的规则莫过于“越简单越好”。宝宝永远不会忘记他们是双胞胎，家里人同样不会忘记，所以为什么要逆向强调呢？最好是强调他们容易被遗忘的一点，即他们是家里两个同龄的成员。

穿着一样衣服的双胞胎很可爱，并且很吸引眼球（尤其是女孩），但这并不是买同样衣服的最好理由。他们长大后可能会喜欢穿得相像，或者喜欢穿同一款衣服的不同颜色，但是直到他们自己做出这样的选择之前，最好让他们穿不同的衣服。换句话说，父母不能强迫孩子穿一样的衣服，但是在有些不得已的情况下，也可以让他们穿得相同。至于玩具或其他东西，双胞胎通常会拥有相似的，因为他们的年龄、家庭条件相同，但是不要给某个孩子固定一个颜色的东西，例如红色的牙刷和杯子属于X，蓝色的是Y的。

如果双胞胎长得越来越像，那么为了祖辈、老师或邻居等人能够更好地辨认他们，就需要给他们做一个区分，免得同他们打招呼时只能说“你们好，双胞胎”。如果不同的发型起不到区分作用，那么可以尝试戴写有名字的牌子或不同颜色的手链。但无论想出什么办法可能都对淘气的3岁宝宝不起作用，因为他们总是喜欢互换身份捉弄别人。

准备“宝宝月”

大家都认为度蜜月理所应当，可以给新婚夫妇一段平静的时间了解彼此，而重视“宝宝月”的人却屈指可数。其实，当代新婚夫妇在婚前已经对彼此有了很深的了解了，至少比他们对新生儿的了解要深，所以更应该重视“宝宝月”。

如果说人会对另一个人，抛开时间、地点和限制，就凝视着他的眼睛，无言地拥抱他很多次，那么这个人只可能是自己的宝宝。

如果这是家中的第一个宝宝，那么事先计划用几天时间好好地关注一下宝宝，对新爸妈来说是很有意义的。新妈妈在分娩后可能需要将家里打扫一下，并且失去了很多休闲的时间。除了这些，新妈妈还需要在冰箱里准备好可口的食物和一些自己喜欢的零食饮料。如果是自己住，新妈妈很可能会需要有个人陪伴自己几天：一个能在新妈妈一心一意照顾宝宝的时候，悉心照顾新妈妈的人。

心得分享

对于“宝宝月”，一位妈妈说：

“我们生头胎的时候确实度了‘宝宝月’，但我怀的可是双胞胎！怀第二胎的时候，我们已经有了两个2岁大的孩子，所以事情就变得没那么简单了。我确实大部分时间都躺在床上陪着宝宝，当然，这样也可以看着两个双胞胎抱一抱宝宝。我宁愿过得稍微枯燥一点，因为这样大孩子过不了多久就会离开我和宝宝了。孩子的爸爸确实陪双胞胎的时候多一点，但是也没有减少陪小宝宝的时间，因为每当爷爷奶奶打电话问‘我们能帮上什么忙’的时候，我们就会让他们带双胞胎出去玩。等他们一走，孩子的爸爸就会马上冲回卧室……”

客人和保姆

过多的客人会让人感到疲惫，尤其是当他们不提前通知就带了花和送给宝宝的礼物登门拜访，然后喝点东西（还要刷杯子），给宝宝更多的拥抱。最好的客人是提前打电话告知他们要来，或者受到邀请才来，然后不停地夸奖宝宝，并认真倾听新爸妈两个人对于整个分娩过程的不同看法。如果新爸妈有很多亲戚都想尽早看到和问候宝宝，尤其是生了双胞胎的时候，新爸妈可以考虑让他们一次性全部来家里做客。让每个前来的客人都带一个菜给大家（如果客人之间起了攀比心，那么新爸妈就会收到很多可口的食物），然后留下最靠谱的人帮着在活动结束后收拾屋子。

当房间里挤满兴奋的人时，新爸妈最好在宝宝睡着以后把他放到其他房间，然后让想看他的人悄悄地进入房间看看他。当新妈妈喂奶的时候，不要让所有人都围观，或争相抱一抱孩子。只让祖辈抱抱孩子，用“宝宝要注意别被传染感冒”等理由来拒绝其他人的请求。

找对帮手能让新父母在宝宝出生后几周内的生活不会发生很大的变化。对的帮手是指乐意做除了照顾宝宝以外的家务的人，让家里保持有条不紊。最理想的人选就是同样为人父母者（孩子的奶奶或姥姥），他们还能在准妈妈需要的时候给出建议，或者告诉准妈妈做某件事最简单的办法，但不要让他们的方法给自己增添麻烦，或者让自己不舒服。即使他其他方面都很完美，也不要请那种会引起任何家庭成员不满的人。

如果生的是双胞胎的话，要应付好最初的几周，对于新爸妈来说是个不小的挑战。有很多双胞胎妈妈很怕长时间一个人带两个宝宝，所以在爸爸陪产假结束后，会请其他人来帮忙，即使那个人不是自己的首选。

新妈妈虽然很感谢他人对自己的帮助，但可能不习惯有不太熟悉的人住在家里。所以，在照顾宝宝上变得越来越熟练时，新妈妈可以通过一些中介寻找家政人员定时来帮忙，让亲戚朋友时不时地过来看看即可。

双胞胎小贴士

仅由夫妻俩决定双胞胎宝宝的养育是不够的：准爸妈还要考虑家人的感受，因为如果夫妻俩更关心宝宝的个性，而不是共性，那么一开始就要与家里人明确这一点。

双胞胎的到来总能让家里人感到兴奋（尽管双胞胎现在已经不像以前那么少见了），而且大多数人都期待宝宝能长得一样，或者至少很像。甚至，有些亲戚会因为双胞胎长得“不像双胞胎”而感到失望。

平静，警醒和注视：妈妈和宝宝总能很快地熟悉起来。

何时结束孕期

没有人能精确地回答孕期结束的时间，除非孕妈妈将接受剖宫产。一旦确认妊娠，或者在孕期第一阶段做过超声波扫描后，孕妈妈就会知道自己的预产期，但是极少有宝宝在预产期当天出生，在预产期那一周出生的宝宝也只有不到50%。

在预产期37周至41周之间分娩都属于正常。双胞胎宝宝的妊娠期平均为37周，而不是40周。孕周不足37周出生的宝宝属于早产儿，超过42周的属于过期产。

理想条件下，宝宝会自己催动分娩。当他们准备好出生的时候（通常在40周左右），他们的肾上腺会分泌一种激素（脱氢表雄酮，DHEA），从而催动胎盘产生雌激素，继而引发宫缩。

有时分娩会在最佳时间之前开始，有时当宝宝或者母亲处于风险时，也会通过引产将分娩提前。因为我们很难精确地计算宝宝在子宫里待了多久，所以催产或多或少会存在风险。也就是说，预计已经足月的宝宝很可能还没足月，催产导致他成为早产儿，或者本来判断是过期产的宝宝，其实并没有过期。早产引发的问题取决于宝宝的周数：36周左右出生的宝宝一般没有什么问题；33周出生的宝宝问题没有30周出生的宝宝那么严重。

有时候，催产的原因就是在正常的孕期周数之后，孕妈妈的肚子还没有动静。虽然过期产的很多问题我们都没有像早产那样重视，但问题是同样存在的。如果宝宝和妈妈都很正常，那么超过预产期一周或一周多都是正常的。有时候，超过孕42周仍然没有分娩，可能是因为实际孕周并没有估计得那么久。这可能是受孕日期计算有偏差导致的，也可能是因为母亲的月经周期比较长，或者实际受孕日期比较晚。这些情况所估算的42孕周，可能只有41周左右。

如果宝宝不能自己发动分娩，需要催产，孕妈妈可能会感到有些遗憾。但如果等待时间过长，会带来一定的风险，因为胎盘在孕期快要结束的时候就已经达到了它的使用极限。这也就是为什么在到达预产期或超过预产期后，宝宝的情况会被严格监控的原因。

小于胎龄儿

人们通常很难决定是让宝宝继续待在妈妈的肚子里，还是催产。同样，要判断宝宝是否为小于胎龄儿（SGA）也很困难。

如果宝宝遗传了小个子基因，那么他个头小就很正常。这种宝宝一般称为“本质性小”，导致的原因主要是孩子的妈妈或者爸爸，甚至整个家族普遍个子小。但也有一些宝宝不属于这种情况，而是比胎龄应该达到的水平要小，他们属于“宫内发育迟缓”（IUGR）。造成这种情况的原因是，他们可能有健康问题，或者他们没有从胎盘得到足够的营养。区分本质性小的宝宝和发育迟缓的宝宝很重要。本质性小的宝宝应该可以和其他正常宝宝一样发育成熟，但是发育迟

看看是妈妈先过生日，
还是宝宝先诞生。

缓的宝宝随着时间的推移，可能产生更多的风险，尤其是当妊娠期接近尾声或者逾期未分娩的时候，容易造成死产。除了有个头较小和早产的风险以外，一个不能正常发育的宝宝必须在他足月之前进行救治。

研究发现

胎儿的体型。 如果对胎儿的体型有顾虑，那么可以通过精确扫描检查和定制的产前发育表，也就是妊娠期理想体重（GROW），来追踪胎儿的发育情况。GROW表格能够计算针对妊娠期各个阶段的个体化的体重标准，以及估算预产期，并通过母亲的身高、妊娠初期体重、种族等各种细节进行调整。这个图表可以用来估算胎儿的体型和体重，并与标准发育点进行个体比较。

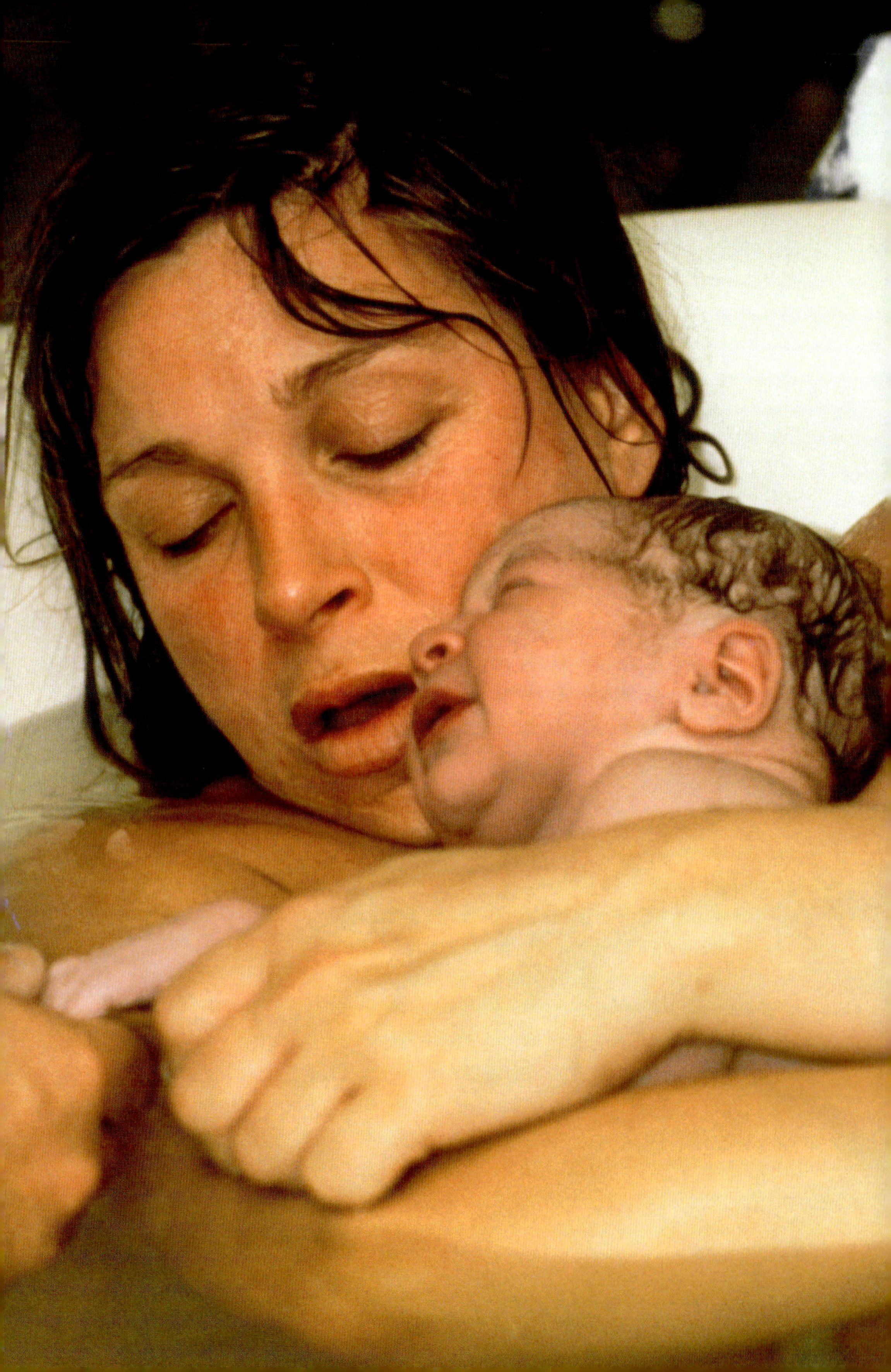

分娩

经过长达几个月的等待、讨论和疑惑，终于迎来分娩的感觉就好像进入了高潮。当然，事实并不是这样。孕妈妈等待的并不是分娩，而是即将出生的那个人。

宝宝来到这个世界，与爸爸妈妈分享生活，才是妊娠期真正的高潮，而且从成为父母的那个时刻起，新爸妈就必须尽职尽责。当然，分娩也很重要。出生本身是人生最重要的环节之一，但不要在这段时期对自己或者他人抱过高的期望。学习、思考和计划整个分娩很有必要，但是孕妈妈的身体和宝宝都不可能完全按照计划做出反应，事情有时候会变得完全不同。孕妈妈只需记住，整个分娩的目的就是把宝宝从肚子里“请”出来。评价一次分娩是否成功的唯一标准就是在宝宝出生的过程中，产妇和宝宝都处于最佳状态。只要做到这一点就可以，至于过程怎么样都没关系。只要夫妻双方都能接受这种分娩和处理疼痛的方式就可以了。自己因过度关注“自然分娩”而转移了注意力，忽视了可能需要的医疗辅助是不正确的。无论何时产妇觉得需要缓解疼痛都没问题，告诉自己的陪产伙伴不要说“亲爱的，你不是说不接受这些吗”之类的话。另外，不要完全不考虑疼痛这个问题，因为分娩开始的时候都会感到疼痛，之后才能采取无痛的措施。还可能因为分娩开始的时候，麻醉师恰好很忙，不能马上给产妇安排麻醉，所以产妇需要等待。孕妈妈要对自己的能力有信心，坚信自己能把宝宝生下来，还要时刻做好应对任何状况的心理准备，并且清楚这才是最重要的。如果一个女人在生下了一个健康的宝宝后，却因为自己太“小题大做”或没有人听自己的而感到失败和生气，那就太可悲了。

我们都很清楚分娩对于孕妈妈来说意味着什么，但对于宝宝会有哪些感受却知之甚少。人们都想象宝宝像是洞穴人，从一个几乎不可能穿过的狭窄通道挤出来。但通过我们实际了解，从宝宝飞快变化的心率和休克反射来看，这种体验本身非常具有生理戏剧性。

宝宝首先会受到刺激被迫离开子宫，从一个黑暗、潮湿的环境，进入一个空气清爽、明亮、嘈杂和粗糙的环境，激活自己的肺功能，开始自主呼吸。虽然脐带里的血液仍在给他提供氧气，但是负责将血液中的氧传递给宝宝的胎盘已经不再工作了，所以宝宝必须开始自主呼吸。

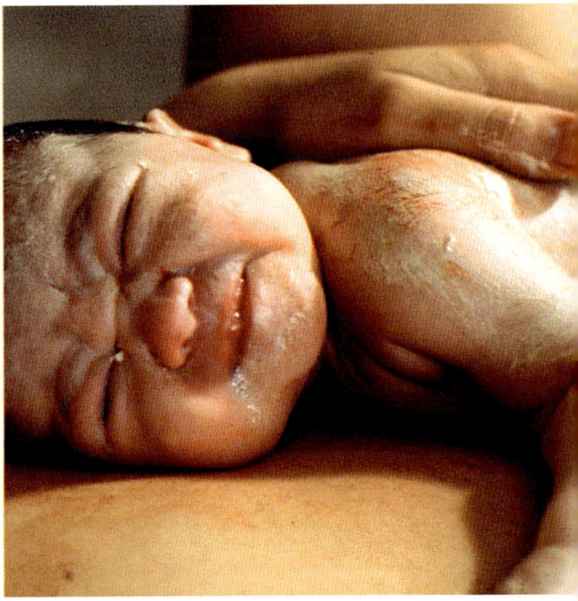

妊娠的真正高潮是宝宝的诞生。

新生儿在鼻子、口腔中的羊水和黏液被清理干净之前，都还不能呼吸。所以，除非他能够自主呼吸，否则助产士会温和地清理他的外呼吸道。他能够安全地呼吸后，妈妈可以把他放在自己的肚子上，让他有时间休息，整合他的新功能，慢慢习惯外面的世界。到此时，宝宝已经安全地诞生在这个世界上了，他不需要明亮的灯光，喜欢安静、柔和的环境，这样能够让感官慢慢适应这些不再受遮挡的光线和声音。

如果宝宝的新世界里所有的一切都很柔和，处于一个平和的环境中，他会开始放松下来，适应这个外面的世界。妈妈会看到他的脸慢慢舒展开，呼吸趋于平缓。他甚至

分娩的选择

可以享受NHS服务的父母，NICE会提供看护服务，并提供父母能得到的其他帮助。如果该机构没有提供，那么父母有权向其索取。

- 父母要明确机构提供的看护都有哪些，是否能在需要的时候提供，并按照父母的选择进行。如果存在宗教信仰、种族、文化问题，或者因为其他原因，例如身体的或者学习障碍、语言不通等问题，父母还要弄清楚机构能否提供相应的服务，甚至在有必要的情况下，能否提供翻译。
- 父母可以随时提任何问题，并且随时改变主意。
- 无论父母选择在哪里分娩，助产士都应该能够提供以下这些缓解疼痛的方法：呼吸和放松技巧；利用热水（除非医院的分娩池不能随时让产妇使用）；让分娩伙伴给产妇按摩；“安桃乐”（一氧化二氮和氧气）；哌替啶（或者其他通过注射的麻醉药物）。无痛分娩需要麻醉师进行麻醉，所以只有医院能够提供该服务。
- 如果选择了无痛分娩，那么麻醉师在一开始会先给产妇低剂量麻醉，这样产妇还可以下床四处活动。一旦分娩正式开始，那么麻醉师会持续给药，直到胎盘娩出和其他所需的缝合完毕。
- 一旦分娩开始，产妇就不应该独处，除非是产妇自己提出的要求。除了鼓励分娩伙伴陪着产妇，助产士也会提供一对一的看护。
- 如果宝宝存在健康问题，那么助产士会在告知家属后，用手持设备每15分钟或更频繁地检查宝宝的心跳。其间，家属可以通过设备监控过程（可能只是很短的一段时间）。
- 一般医生会鼓励产妇多走动，或者用产妇觉得舒服的姿势休息。产妇最好不要一味地平躺着休息，而且在分娩的第二阶段，医生不会鼓励产妇这么做。只有当正常分娩下宝宝，需要进行缝合的时候，医生才会让产妇平躺在妇科床上。产妇完全可以采取站着、跪着、坐着、半蹲，甚至全蹲的姿势，只要自己感觉舒服就可以。这些姿势都有助于分娩的第二阶段和缓解疼痛。
- 一旦宝宝出生，就应该立刻放在妈妈的怀里，进行肌肤碰触肌肤的接触。如果环境温度低，可以用毛巾或者毯子盖住妈妈和宝宝来保持温度。并且应该在妈妈觉得可以的时候，立刻把宝宝放在乳房上哺乳。
- 通常在进入分娩的第三阶段后，医生会采取积极的方式减少出血（产后出血），但是如果产妇出血的风险很低，那么可以在第三阶段选择自然方式处理，也就是让脐带仍连接在胎盘上，直到它不再供血给宝宝，然后等产妇的身体自行分娩出胎盘。
- 一旦分娩的第三阶段结束，产妇至少有一小时的时间可以跟宝宝待在一起，直到助产士把他带去称重和穿衣。

宝宝平静下来之后，就会开始享受趴在妈妈肚皮上的感觉。

能将头抬起，开始伸展四肢，像要爬上来找奶吃。只要帮他找到乳头，就会马上开始吸吮。第一次吃奶会让宝宝发现新的愉悦。

这种愉悦很有意义，目前普遍认为它比称重、擦洗、滴眼和给脐带残端敷药、穿衣、包裹等其他一切准备，以及为产妇清理和擦洗、换衣等都更有意义。虽然这些都需要做，但都不是必须马上做的事情。宝宝出生后，如果很健康，一家三口就可以面对面、肌肤对肌肤，进行亲密接触。

研究发现

阿氏（APGAR）评分。助产士会对照评分表对宝宝的状况进行评分，出生后1分钟进行第一次，5分钟后再进行一次。这个评分表由弗吉尼亚·阿普加医生设计，并以它测评的项目缩写命名，即外表（appearance，颜色），脉搏（pulse，心跳），表情（grimace，对刺激的反应），活动（activity，肌肉紧张度），呼吸（respiration）。最高分是10分。7分及以上的宝宝一般都没有问题；4～6分的宝宝，一般建议辅助呼吸，例如清理呼吸道和吸氧；4分以下的宝宝需要特殊护理。

如何建立亲子间的感情

第一次见面和问候对于所有人来说都很重要。对于宝宝来说，离开子宫后与妈妈的第一次身体接触的体验，会让妈妈成为宝宝新生活的中心。

虽然第一次的身体接触很重要，但不是最根本的。这些产后时光不是所有母子都能拥有，因为身体的健康和安全才是首先要考虑的，所以有时候这些因素会影响第一次身体接触。如果宝宝出生后需要马上进行专业护理，妈妈也不要认为自己错过了建立感情的最好时机，或者没能给宝宝一个人生最好的开端。那平静的片刻时光令人喜悦，但即使没能拥有，也不会对亲子关系造成任何永久性伤害，要给自己以信心。如果妈妈对此还是感到不安，可以回顾家族几代人的经历，从中就会发现很多母亲都在麻醉中完成了分娩，而父亲们则大都在产房外徘徊，在此情况下，家长和孩子的亲子关系仍然很牢固。

母亲和助产士都知道，亲子之间联系的建立可能就是在分娩后母子相对的那一瞬间（“你好，宝贝，没想到是你呀”）。母子之间的联系是分分秒秒、日复一日积累起

妈妈和宝宝的联系即使不是建立在一瞬间，母子的心也肯定是相连的。

来的，有时候甚至需要几周时间才能完全建立起来。所以，无论妈妈和新生儿之间的接触是哪种形式，都比没有强。但是，要把母子之间这种即刻的接触写进产房规则或者助产士标准操作流程，又或者过分强调这一接触环节，反而会造成很多没能第一时间跟宝宝亲密接触的母亲的困扰。她们会觉得这是自己的失误，甚至心理上会受到打击。事实上，有些母亲分娩后感到的是惊慌失措，而不是喜悦，不明白自己刚刚经历了什么。很多母亲对于孩子的第一感觉往往被疲惫或者分娩终于结束了的感觉所取代，感情联系不能马上建立。

毋庸置疑，新生儿必然会跟妈妈建立感情联系，而且这种感情可以强到孩子还在子宫里时母子身心一体的程度。虽然我们总说宝宝是个“独立的生命体”，他能够自己呼吸、吃奶、排泄，但他在生理上依旧依赖着妈妈的身体来调节：喂养他；借给他免疫力来抵御外界的感染，保持他的体温；调节他的心率和血压；控制他的激素水平；分散压力激素，以及通过妈妈的抚摸来调节肌肉活动。

但对于妈妈来说，情况却是不同的。现在宝宝已经不在肚子里，要感受到自己和他是一体的，需要妈妈在感情上接受他。这可能需要数小时，甚至数日才能建立。直到几周后当宝宝的早期交流形成，有了眼神接触、声音互动和第一次的笑容，妈妈才能感受到自己的爱被回应了。显然，母亲和新生儿之间也需要时间来熟悉对方，这不仅指出生后的几小时，更是指出生后数周的时间。当妈妈把宝宝的需求放在首位，并当成自己的需求时，就是母子之间情感建立起来的时候。

多数男人觉得自己很难理解母子之间这种互相依赖的关系，所以男人会担心，甚至有时会不喜欢新生儿的到来。男人不完全拥有像女人对待新生儿的那种感情，所以这种感觉有时会阻碍他们分担养育责任或形成父亲意识。同时，女性又无法确切地描述她们的感觉。有这种感觉的夫妇在他们的宝宝出生4周后即便很努力地做了尝试，想要了解彼此的感受，妈妈也会觉得很难离开宝宝去参加计划好的聚会，而爸爸则觉得十分失望和受伤。妈妈不能只站在自己的立场或宝宝的立场，而是要在短时期内作为妈妈和宝宝的共同体——两位一体来考虑事情。一个男人和女人需要面对的事实是，同样作为家长，却很难同时拥有相同的感受。

心得分享

关于外出要不要带孩子，以下这对夫妇分享了他们的经历。

艾米丽不想出门，她的丈夫马克思问她是否是不放心保姆。艾米丽否认了，她知道宝宝跟保姆在一起很安全。她的丈夫又问她，是不是过分担心宝宝，而她再次否认了。她跟他确认，自己并没有担心宝宝，她知道宝宝会没事。

马克思仍感到很迷惑，认为她可能只是不想去参加这个聚会；她可能只是拿宝宝当作留在家里的借口。但艾米丽仍然否认了。事实上，如果不是为了宝宝（或者她可以带着宝宝一起去），她是很愿意去参加的。

有点生气的马克思说，艾米丽不必如此牺牲自己，但是她也否认了自己做了牺牲，她也解释了并不是为了孩子才留在家里。她感到和宝宝如此相连，知道如果他醒来的时候看到她在身边会更开心，而她也会因此感到高兴。

建立感情时会遇到的障碍

对于大多数家长来说，建立感情也是适应家长身份的过程中会遇到的一个问题。大部分人都需要时间来适应。外部因素既会提供帮助，也会造成障碍，但这些障碍都是很轻微的。如果一个母亲不能跟孩子建立起感情，原因往往不是什么实际问题，而在感觉。人与人之间的屏障是建立在感觉之上的，只有找到勇气审视和解决这些问题，才能逾越这些屏障。即使分娩过程顺利，出生对于宝宝来说也是非常艰难的。分娩过程中经历的身体上的巨变，以及通过他们从未使用过的肺进行呼吸，都让宝宝非常需要安抚和慰藉。同样，分娩对于妈妈来说也很艰难。但如果妈妈不能意识到让一个活生生的宝宝平安降生已经是一个伟大的胜利，反而觉得分娩没能像自己计划的一样不使用药物很失败，丝毫感受不到喜悦，那么妈妈可能会无法放下分娩的事情，而集中精力照顾宝宝。

有时候，妈妈不能为宝宝提供所需的安抚，因为分娩给她们造成了影响，需要别人的同情和关怀。如果妈妈出现了这样的情况，那么必然无暇顾及宝宝，也不能为他做什么。妈妈需要照顾、慰藉自己和可以倾诉的对象，并且刻不容缓。如果长期得不到帮助，那么妈妈慢慢就会觉得是宝宝造成了自己的压力，甚至有可能将宝宝当成敌人，而不是把他当作自己辛苦得来的回报。

还有些妈妈很难把活生生的宝宝当成自己曾经梦想的宝宝，多数是因为宝宝的外形或身体有问题：腭裂，脊柱裂等脊柱损伤，或者脸上有一大块胎记。如果宝宝有这种问题，那么夫妻两个人作为家长必须认识到问题所在，以及可能的治疗方案。谈论得多了，事情带来的震撼感会慢慢消失，保护欲则会慢慢盖过抵触的心理。

还有一种父母，他们的宝宝需要急救。这种父母往往会觉得很无助。他们认为自己什么也不能为宝宝做，他只能依赖专家和那些高科技机器才能活下来。

这种感情很少见，但却很正常，所以不要因为有了这种感觉而给自己平添更多的压力，导致负面感情堆积。当然，每一对父母都希望除了爱，不会对新生儿产生其他感情。无论如何，这样的感情会慢慢建立起来的。如果不是一味地用沉默压抑自己真实的感受，导致自己的伴侣也沉溺于此，夫妻间的倾诉能让事情更快地往好的方向发展。大多数新妈妈需要跟其他人倾诉自己分娩的过程，而且过程越艰难，就越需要倾诉。妈妈会觉得跟助产士或者陪产伙伴倾诉更容易，也可以同自己的母亲和朋友聊一聊宝宝，或者与产前培训班的伙伴互相交流一下。只要对方愿意听，妈妈可以跟任何一个人倾诉。

不要觉得自己变得啰唆，跟任何想听的人一遍又一遍地讲述自己分娩的故事。妈妈就是要不停地讲，而且所有刚刚分娩完的妈妈都需要这样倾诉。不久之后，妈妈就可能会变成倾听的人，而倾诉的人则是以前的倾听者。在讲述的同时，妈妈可以更清醒地了解整个分娩过程，找回自我，最终把一切抛诸脑后。这样才能把宝宝放到首位，才有心思照顾宝宝，与孩子的爸爸或家庭里的其他成员建立起新的关系。

宝宝的健康成长（判断宝宝是否正常）

通常杂志和电视广告中那些完美的宝宝都已经有一周大，甚至可能已经有一个月大了。虽然对于多数人来说那些宝宝看起来还很小，但是对于刚生完宝宝的人来说就会发现他们与新生儿的差异。刚出生的宝宝，皮肤皱皱的、脏脏的，通常都紧闭双眼，有着油腻腻的头发（如果有头发的话）。事实上，新生儿通常都不是很好看。而且，妈妈

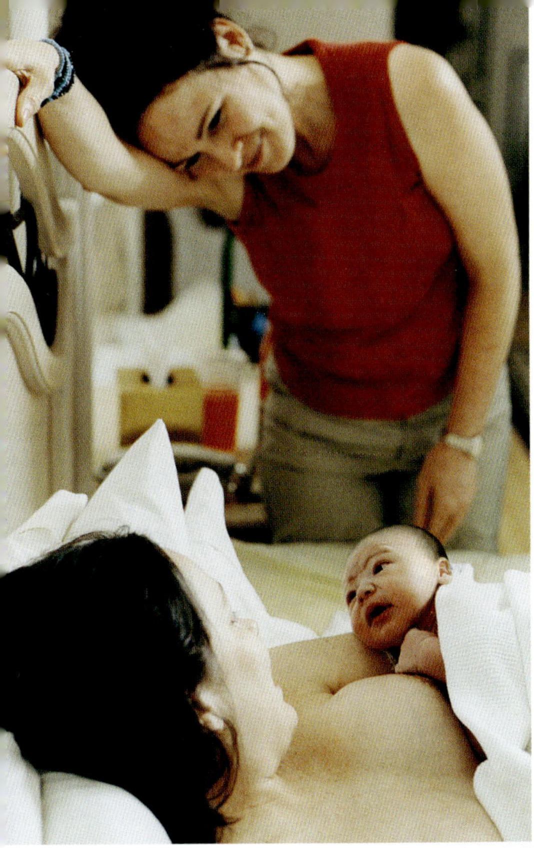

无论分娩的过程是一波三折还是充满喜悦，或者两者兼有，聊一聊这个过程对妈妈来说很有帮助，可以让她很快接受这件事，从而投入到母亲的角色中。

可能会认为自己的宝宝是这世上最美丽的宝宝，但见到刚出生不久的宝宝后，访客和家里年长的孩子可能都会吓一跳。

助产士会在接生和把宝宝放在妈妈胸前的时候，好好看一看宝宝，然后将孩子的性别告诉妈妈，并告知他是否一切正常。

等到了给宝宝清洗穿衣的时候，助产士会给宝宝称重。鉴于新生儿的体重和身长的正常范围是一个比较广的区域，大众仍如此关心新生儿的体重就显得很奇怪。重点是，体重多一点或少一点并不重要，无论体重多少，都是宝宝成长的起点。

平均体重儿

宝宝的平均出生体重以3.4千克为基准，上下浮动在一个很广的范围中。有95%的新生儿体重都在2.5千克和4.5千克之间。男孩通常要比女孩重一些，同一个妈妈的第一个孩子比后面的孩子要轻一些。需要分享同一个子宫和共同资源的孩子们，如双胞胎或多胞胎，通常会比其他同胞要轻。同时，基因对宝宝的出生体重和身长也有很大的影响，个子较大的父母，孩子通常也比较大。

巨大儿

如果孩子出生时的体重达4～4.5千克，妈妈可能会为自己成功地把他生下来而感到骄傲，还可能觉得他比别的宝宝看起来更丰满、更好看。然而，助产士和儿科医生可能会因他的超重感到焦虑。过大的宝宝并不意味着会特别健康。事实上，一些宝宝之所以超重，是因为他们的妈妈患有糖尿病或者糖尿病前期，导致过多的血糖通过胎盘，影响宝宝的体重。这些宝宝都会较早出现代谢问题，所以如果助产士格外关注宝宝的情况也不要感到意外，这是为了确认宝宝是否健康。

低体重儿

如果宝宝体重在2.5千克或只高出一点，那么他虽然会被列为平均体重儿，但是医生仍会提醒妈妈要频繁喂养。如果宝宝轻于这个重量，为2.3～2.5千克，那么即使他看起来很健康，也可能需要进入特别看护室。但妈妈不要慌张，这只是为以防万一采取的措施。有些低体重的宝宝可能会出现自主呼吸不畅，不能保持体温或者不能吸吮乳汁等情况。所以，为了保险起见，所有2.5千克以下的宝宝都会先被特殊看护，以便能够及早发现问题。如果没有问题出现，那么几小时后宝宝就能回到妈妈身边。

低体重儿通常都会留在医院观察、照顾，直到他们的体重超过出生体重，或者达到一定的体重标准。除此之外，决定宝宝能

这两个满37周出生的宝宝，虽然看起来很健康，但是其中一个明显比另一个个头大。

否出院回家的标准还有宝宝的状况，尤其是宝宝进食的状况。

体重低于2.3千克的宝宝，可能看上去比实际体重还要轻。体重越低的宝宝，越需要特殊关照。当然，关照的具体需求取决于造成宝宝体重偏低的原因。

非足月儿

多数造成宝宝体重低的原因都是宝宝未足月就出生：未能在子宫里待足40周。少了在子宫里的这段时间，不仅成长未能完成，而且会耽误发育。缺失的时间越多，宝宝对独立生活准备得越不足，出生后所面临的问题就越多。36～38周出生的宝宝，妊娠期就少了4～2周，可能只需要额外的一点保暖和加氧，以及更频繁的母乳哺喂即可。如果是更早出生的宝宝，则需要更多的帮助。他可能在各方面都没有准备好独立生活。这样的宝宝可能无法自主呼吸，需要呼吸机的帮助，或者不能吸吮乳汁，需要将一根管子插到胃里喂食。

小于胎龄儿

小于胎龄儿是指出生时要小于同胎龄儿童的平均体重。这种宝宝有宫内发育迟缓（见36页）。有宫内发育迟缓的宝宝尽管已经在母亲肚子里待足了40周，但出生时仍然较小。这种宝宝即使早产，也比应有的个头要小。

无论是早产儿，还是小于胎龄儿，低体重新生儿的治疗方式都类似，但也要加以区分。

小于胎龄儿，也就是患有宫内发育迟缓的宝宝，通常是在子宫内不能获得充足的营养。这可能是胎盘问题导致的，也可能是多胎妊娠导致多个孩子在子宫内分享营养造成的。宫内发育迟缓的宝宝不一定会有后期发育问题。事实上，热量需求降低导致的发育迟缓是一种保护机制，让宝宝在营养不充足的时候减缓发育速度，但最终也能够发育完全。如果子宫内营养不足的原因可以被找到，那么今后再孕育宝宝就可以避免此问题的发生。

特殊护理

特殊护理专为有问题的胎儿或宝宝提供服务。婴儿特殊护理病房具有很多有着丰富经验和能力的医护人员。

如果提前预产期数周就开始阵痛，有时可以通过药物停止阵痛，推迟分娩，这样就能够给医生时间来评估胎儿的状况，从而改善他的情况。极早产儿的肺部没有发育成熟，他们很容易患有呼吸窘迫综合征（RDS）。当宝宝还在子宫里的时候，通过调整激素水平能够加速宝宝肺的成熟，增加他出生后自主呼吸的机会。

一旦宝宝出生，妈妈的身体就不能再给他提供各种功能的辅助，这时就需要恒温箱（或保育箱）作为缓冲，让宝宝从身体需要依赖的胎儿逐渐成长为身体功能完全独立的新生儿。恒温箱能提供最基本的温度、可控的湿度，有些还能提供氧气，宝宝从中能够得到一切所需的帮助，来辅助他身体的各种功能。有时，宝宝还需要呼吸机来帮助进行呼吸。有很多结构复杂的机器可以用来监控宝宝的情况，当他需要帮助的时候它们还可以提供可视、可听的警报来提示医护人员。当宝宝待在婴儿特殊护理病房时，经验丰富的护理专员和医疗队伍会时刻关注宝宝的情况。恒温箱对于宝宝来说是最安全的地方了。

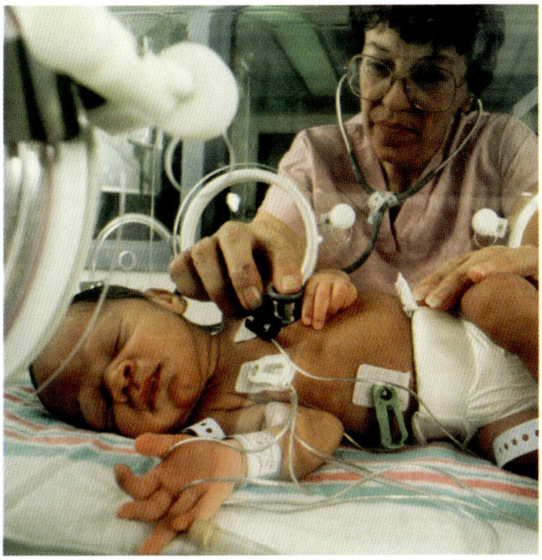

如果宝宝还不能适应在母亲身体外的生活，那么他可以住进婴儿特殊护理病房，得到所需的帮助。

心得分享

关于婴儿特殊护理病房，一对父母分享了他们的经历：

“看着医生把宝宝快速推进特殊护理病房，即便后来我们知道了那些机器和专家对宝宝的帮助，它仍是我们一生中最可怕的经历之一。”

如何看待婴儿特殊护理病房

父母总会对自己的宝宝待在特殊护理病房感到害怕，但父母越担心，情况可能会越糟。如果家里还有其他孩子，或者特护宝宝还有双胞兄弟姐妹，那么过于担心的父母可能很难同时尽心照顾他们。如果妈妈还经历了剖宫产或辅助分娩，可能会对未来的育儿丧失信心。在这段时期，仅有父母两人是不够的，要注意寻求他人的帮助，例如孩子的祖辈等。

对于父母来说，尽可能多地陪伴在宝宝身边是很重要的。虽然他还不能离开特殊护理病房，但并不意味着他没准备好接受父母的爱。

在妈妈的肚子里时，他感到很温暖，就这样平安地度过数个月以后，他来到了外面的世界，却不再有妈妈相伴，他就会觉得有些孤单。他需要亲近妈妈，虽然医护人员对他来说是必不可少的，但也不要把宝宝完全交给他们。

婴儿特殊护理病房会尽可能地让妈妈参与照顾宝宝，使妈妈成为护理团队的一员，而不是一个旁观者。护理人员受到的训练和具备的专业知识让他们不仅能够照看生病或早产的宝宝，而且能够为家长提供帮助。他们会尽力向家长解释宝宝的状况，讲述宝宝周围那些设备的用处，因为家长越了解整个事情的前因后果，越能激发出对宝宝的爱。

双胞胎小贴士

双胞胎宝宝会被放在同一张育婴床里吗？有关是否将双胞胎放在同一张育婴床里的规定，各个医院不尽相同。如果妈妈希望宝宝待在自己身旁，医院应该是可以安排的，会在病房里提供足够大的婴儿床给宝宝。

在婴儿特殊护理病房，尽管把双胞胎放在一起更能让他们感到舒适，但是为了避免引起医疗方面的混淆，会将他们分开放，以避免一个孩子获得了双份特护，而另一个孩子却没能获得，也可以防止他们扯掉对方身上的管子。

研究发现

“袋鼠育儿法”。南美地区为了应对恒温箱缺乏和婴儿高死亡率问题，发明出了将只穿着尿布、戴着绒线帽的婴儿用毯子裹在妈妈胸前，让母子面对面，肌肤相亲。这就是“袋鼠育儿法”。这样带大的南美宝宝，跟那些在恒温箱里的宝宝成长得一样好。目前有很多欧洲医院也采用这种方式作为附加手段，养育那些需要恒温箱的宝宝。有些研究甚至发现，即使是短时间采取“袋鼠育儿法”，例如每天一小时，也能提高婴儿体重增加的速度，能让他提早准备好吸吮，甚至提早出院。“袋鼠育儿法”不仅能帮助宝宝，而且能帮助父母战胜恐惧心理，让父母不再只能看着恒温箱里的宝宝独自为生存奋斗。

如何参与照顾特护儿

只要宝宝不是极度脆弱，医护人员会鼓励妈妈先通过恒温箱的手套口多多抚摸宝宝。妈妈习惯后，他们会教妈妈如何给宝宝拍背和按摩，以及如何辅助他们做恒温箱内的身体护理。抚摸对于妈妈和宝宝来说都很重要。妈妈多久才能把宝宝从恒温箱里抱出来，取决于宝宝的状况和医生的判断。即使宝宝很小，身上还连着各种管子，医生也会鼓励妈妈把他抱在怀里，进行“袋鼠育儿”，这样就好像把还没有做好充分出生准备的宝宝，重新放回妈妈的肚子里去。

宝宝虽然在医院里被监控起来，但他本质上还是妈妈的小宝贝。妈妈可以给他一个最重要的东西，一种全世界任何人都无法给予的东西，那就是可以哺喂他的乳汁。所有早产儿或病弱的宝宝在能喝其他奶之前都非常需要妈妈的乳汁。当他需要喝奶的时候，他可能还没有强壮到能够自己吸吮，所以可能需要通过管子或滴管进食。但是，即使宝宝还没有完全准备好吃奶，妈妈也完全可以提前做好准备，因为当他强壮起来的时候会需要妈妈哺喂。医院有比手动吸奶器更有效的自动吸奶器，目前几乎已经不用手工挤奶了。医护人员会教妈妈如何使用吸奶器，即使妈妈必须出院回家，宝宝留在特殊护理病房，妈妈也需要继续保持泌乳。当宝宝仍留在特殊护理病房

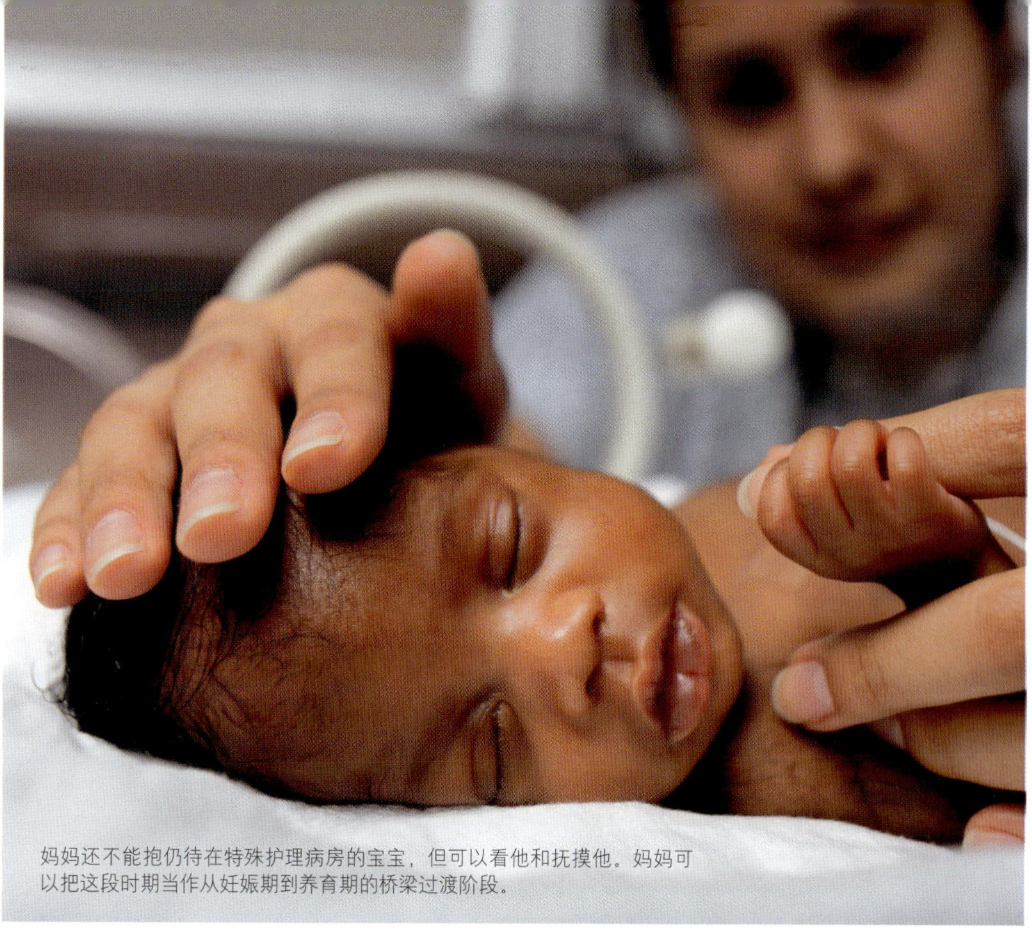

妈妈还不能抱仍待在特殊护理病房的宝宝，但可以看他和抚摸他。妈妈可以把这段时期当作从妊娠期到养育期的桥梁过渡阶段。

时，医院会用奶库里的奶喂养他。妈妈只有定期挤奶才能保证正常泌乳，这样等宝宝回到家里就可以进行母乳喂养了。

妈妈可以把宝宝留在特殊护理病房的时间当作妊娠期的延长，只不过妈妈能随时看到他。宝宝会在实际出生日期到预产期之间的时间里，继续生长发育，但这个过程与在子宫里是不一样的：恒温箱不如子宫那么精密。与其他同龄的宝宝比较的时候，一定要考虑到他的早产情况。与所有宝宝一样，早产儿的实际出生日期就是他的生日。虽然3个月后他已经是3个月大的宝宝了，但是跟足月出生的3个月大的宝宝可不能相提并论。早产儿通常没有发育完全，要到他预产期之后的3个月才能跟足月儿一样。在宝宝出生后的前两年里，妈妈要时刻谨记自己的妊娠期或者说宝宝的“纠正”年龄。随着年龄的增长，早产儿与正常儿的差距会逐渐减少，直至消失。如果宝宝已出生2个月，但“纠正”年龄是2周，那么他此时和其他2个月大的孩子之间巨大的差异，会在他们都到2岁的时候完全消失。

心得分享

关于特殊护理，有一对父母说：

“宝宝早产6周，我们都觉得在特殊护理病房的最初一周是最难熬的。当时，孩子的状况给我们带来巨大的打击，我们感到极其悲伤、失望。她不能与我们在一起，让我们觉得非常扫兴。在那之后，我们就把这段时期看作妊娠期的延长：一段特殊的时期，从宝宝在肚子里到他从肚子里出来加入家庭生活的过渡。”

确保宝宝健康

宝宝出生之后，儿科医生会立刻对他进行彻底的检查。如果妈妈计划在分娩后数小时内就回家，可能会因为医生不能及时给宝宝做检查而被耽搁。不要急，要耐心等待检查完才能出院。

为了进行新生儿身体检查而等待是非常值得的，因为这不仅能让医生确认宝宝的情况，还能让医生好好地给妈妈讲解相关事情。医生通常会先给宝宝进行称重和量体。正常宝宝的平均体重在3.3千克到4.5千克之间，平均身长在45厘米到55厘米之间，平均头围是35厘米，正常范围是32～37厘米。

儿科医生的初次检查

医生的检查一般从头开始，先检查宝宝的囟门，也就是颅骨还未闭合的位置（这样才能让头部在分娩过程中稍微压缩），然后会用手指检查婴儿的口腔，看婴儿是否有腭裂。

医生会用听诊器听宝宝的心跳和呼吸。即使医生说听到有心脏杂音，爸爸妈妈也不要急着认为孩子的心脏有问题。这种杂音在新生儿中很常见，但很少是真有问题的。医生会把一只手放在婴儿的肚子上，另一只手放在背上，检查婴儿的肾脏、肝脏和脾脏。医生还会检查婴儿腹股沟的脉搏，查看生殖器是否正常。如果是男宝宝，还会检查睾丸是否已经下降，或者是否能够矫正。

医生还会检查宝宝的胳膊和腿，以确保它们的长度相同，手指和脚趾的数量正确，腿和脚可以并拢。

医生会检查宝宝的髋关节（宝宝可能会感到不舒服），查找是否有错位，或者是否有任何不稳定因素可能导致错位。

医生检查结束后，会把宝宝面朝下放在他的小臂上，使宝宝重新平静下来。然后，医生会用拇指从头至尾捋一遍宝宝的脊柱，检查椎骨是否都在正确的位置。

有些妈妈想趁着医生检查宝宝的时候问一些问题，但通常得不到完整的解答。因为宝宝往往会哭，妈妈自己也可能没有盘算好要问什么，而医生也很忙，没时间回答。如果妈妈和宝宝会在医院住几天，那么总可以找到人提问。一旦回到家里，助产士会有随访，并给妈妈留下自己的电话号码，以便在过渡时期解答妈妈的问题。但在过渡时期，妈妈会感到有些艰难和漫长，因为有太多的事情需要担心。

新生儿的身体需要数日来适应离开子宫的生活，并且使各种功能运转起来。同时，新生儿的生理功能还不像大一点的孩子一样，而且会出现各种各样的问题，例如体表颜色变化、小肿块、红疹、水肿和分泌物，有些情况看起来非常特殊。如果这些问题出现在成年人身上，可能意味着真正的身体问题，但在新生儿身上却很平常，或者至少没什么大问题，尤其是在出生后的第一周到第二周的时候。下面列举了一些新生儿最常见的症状，以及它们出现的原因和意义。如果妈妈需要专业解答，或者宝宝出现这些情况时已经有两三周大了，那么妈妈可以咨询助产士和医生。

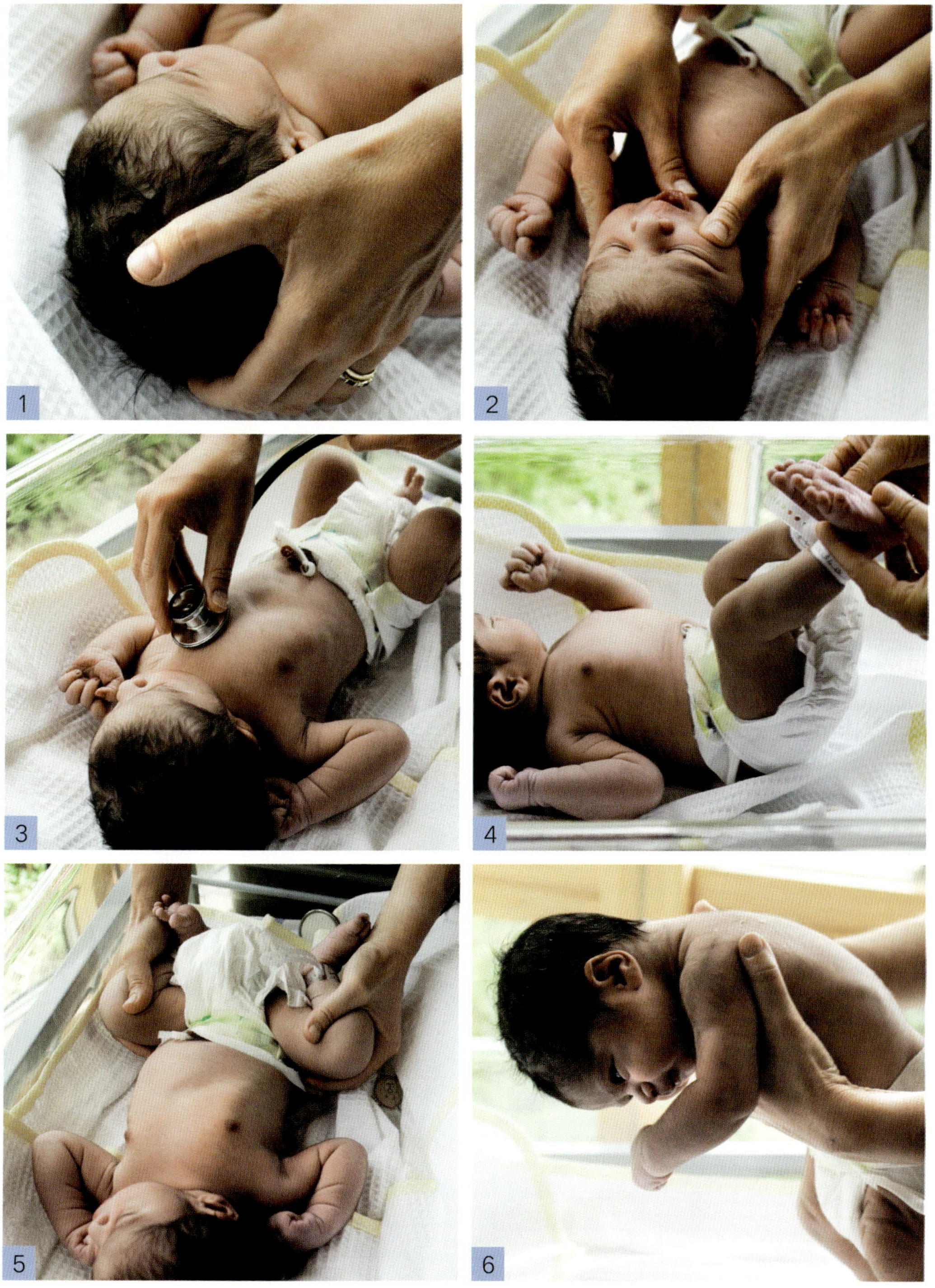

图1，医生检查新生儿的囟门，也就是颅骨尚未闭合的地方。 图2，确认口腔和上腭完整，没有腭裂。 图3，用听诊器确认心肺声音正常。 图4，检查四肢长度，手指和脚趾的数量。 图5，检查髋关节是否有错位或者不稳。图6，检查脊柱是否笔直，并且所有的椎骨都没有错位。

初见新生儿的身体

●**头发**：宝宝可能没有头发或者有一些头发，但无论多少都正常。胎发会慢慢脱落，被替换掉。无论胎发是什么颜色的，后来的头发都可能会变成完全不同的颜色。

●**体毛**：在子宫里的时候，宝宝全身都覆盖了一层绒毛，称为胎毛。有些宝宝，尤其是早产儿，通常从肩胛骨一直沿脊柱向下，会留有胎毛的痕迹，但出生后1～2周会逐渐脱落。

●**头型**：新生儿的头型可能看起来会有点奇怪，尤其是当头发很少的时候。宝宝的头骨有着能够通过妈妈产道的特殊构造。如果是顺产，那么在产程的第二阶段，宝宝的头部可能会被挤压成狭长的形状。产钳可能会造成瘀伤或者留下真的（临时的）凹陷，若使用吸引术，真空吸引器会在宝宝的头部留下一个圆环形的肿印。这些难产造成的痕迹只能说明宝宝在出生阶段遇到了困难，并不意味着他有损伤或畸形。

●**囟门**：这个区域是指宝宝头骨没有闭合的地方。其最明显的特征是，位于宝宝头顶靠后的区域。没有闭合的骨头被一层非常硬的膜覆盖，这层膜能够承受所有正常的接触（甚至是幼儿的抚摸）。如果宝宝头发不多，甚至可以看到他囟门下动脉的跳动。如果囟门看起来是向下凹的，那么宝宝可能有些脱水（可能由于天气过热或发热引起），需要立刻哺喂。紧致的囟门在婴儿没有啼哭的情况下也是向外凸起的，则代表宝宝可能快要生病了，需要马上就医。

●**肿眼泡**：分娩过程中的压力可能造成宝宝眼睛肿胀或者充血。肿胀可能会让宝宝第一次睁眼有些困难，但很快就会消退。

●**斜视**：宝宝可能看起来总斜着眼睛看东西，但其实他的眼睛非常正常。这通常是由于内眼角褶皱的皮肤导致的。在宝宝的肌肉变得有力，并且能够控制它们之前，宝宝很难把两个眼睛保持在同一方向，聚焦在同一事物上。当宝宝看向妈妈的时候，妈妈可能会发现其中一只眼睛慢慢地转向了其他地方。通常在宝宝6月龄以后，这种“涣散”的眼神会自行修复。但父母要及时跟医生沟通，以便随时观察恢复的进度。如果宝宝的两只眼睛总是不在同一个方向，那么宝宝可能真有斜视问题。妈妈一旦发现宝宝有“固定斜视”，需要立刻告知医生。早期治疗非常重要，并且成功率很高。

●**耳朵**：宝宝的耳朵可能看起来非常突兀，但并不意味着他的耳朵过于突出。新生儿的耳朵都非常柔软有韧性，随着宝宝头部的发育和头发的增长，耳朵可能会变得完全不同。

●**肤色**：新生儿的肤色可能看起来有点奇怪，并且布满斑点。由于皮肤非常薄，所以在变为真实肤色之前，全身看起来都是粉红色。由于宝宝的循环系统尚未健全，当宝宝长时间平躺时，血液会淤积在下半身，让他看起来一半红，一半白。有时，当宝宝睡觉的时候，他的手和脚可能看起来有点发青，那是因为没有足够的血液进入。一旦把宝宝抱起来或者翻个身，皮肤的颜色就会变回去。

●**胎记**：胎记各种各样，只有医生能判断出宝宝身上的印记是否是胎记，并且告知家长其是否会消失。要知道，红色的胎记，尤其是长在脸部的，通常是由于分娩的压力造成，会在1～2周内消失。

第一次仔细观察宝宝

●**乳房肿胀**：在最初的3～5天，妈妈可能会发现宝宝的乳房有些肿胀。造成这种情况的原因是激素。在分娩之前，妈妈所需要的激素会通过胎盘进入宝宝体内。宝宝的乳房绝对不需要进行任何处理，即使里面有少

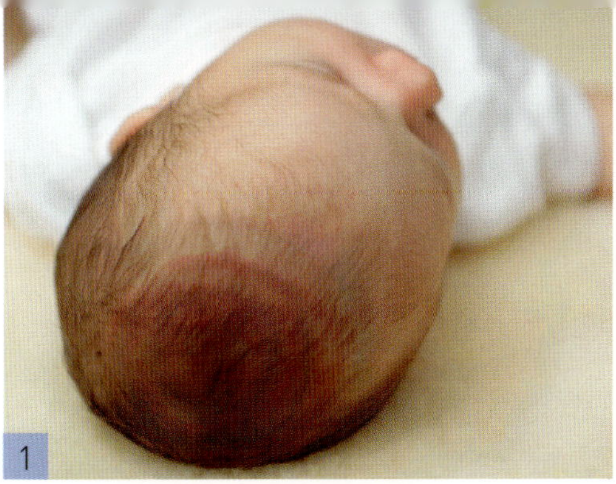

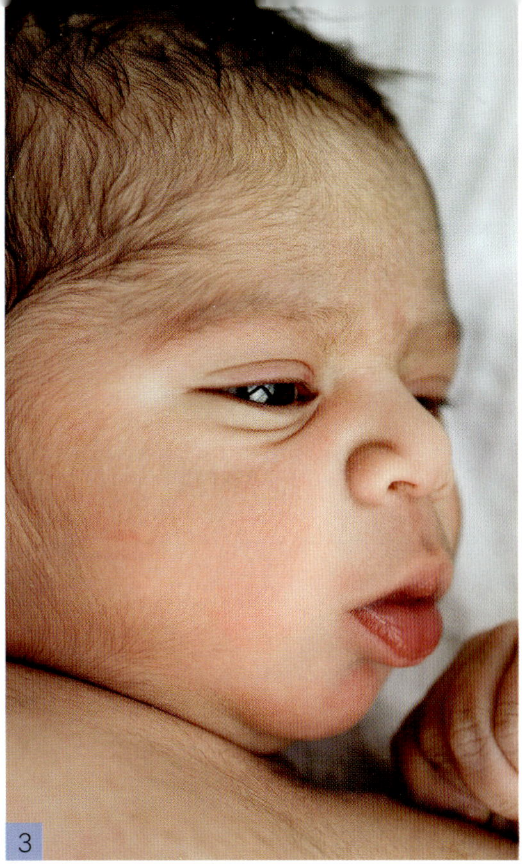

图1，新生儿头部的圆环形肿印看起来有些奇怪，但不需要担心，这是吸引术的真空吸引器造成的；图2，宝宝的眼睛看起来像斜视；图3，肿眼泡和覆盖脸部、身体的柔软毛发（胎毛）。

量的液体，也不要尝试挤出，否则可能会造成感染。随着宝宝自己开始调整激素水平，肿胀会在几天内消退。

●**生殖器**：该部位可能看起来显得很大。男孩和女孩的生殖器都会看上去比起身体的其他部位显大，而且在青春期之前会一直如此。出生后的前几天，生殖器会显得更大，阴囊和外阴看起来还会又红又肿。造成这种情况的原因是由于母体内的激素进入了宝宝的血液中。宝宝的生殖器可能看起来明显又奇怪，但是不用担心，这很正常。接生的助产士和医生会检查宝宝是否正常；红肿会很快消退，随着宝宝的生长，这些看起来很大的器官也就不那么明显了。

●**脐带**：它可能看起来很奇怪，但是助产士和医生会教妈妈如何清理和包扎，让宝宝的肚脐保持洁净，以便愈合。只要没有感染的迹象，就不需要担心，一旦发红或流脓，要立刻告诉医生或助产士。

●**脐疝**：这是指在肚脐旁边的一个小凸起，当宝宝啼哭的时候会更加突出。虽然不能说它是“正常的”，但在新生儿身上很常见。形成的原因是由于宝宝的腹部肌肉轻微无力，让里面的内容物凸了出来。几乎所有这种脐疝都能在1岁的时候完全自愈。医生大多都认为只要没有缠绕的情况，宝宝会很快恢复。极少有需要手术的情况。

●**隐睾**：男宝宝的睾丸是在肚子里发育，通常在足月出生前下降到阴囊内。当医生在对新生儿进行检查的时候不能触及它们，那么它们有可能“收缩”了，也就是它们已经下降，后来又缩回腹部，造成的原因很有可能是医生的手太凉，触碰之后导致了回缩。通常处理的方法是把它们像挤奶一样挤下来，或者等待它们自行降下来，恢复正常的位置。隐睾通常是指足月出生的宝宝或早产儿在达到预产期后，睾丸仍不能下降到阴囊里。如果妈妈既看不到也摸不到宝宝的睾丸，一定要在第六周宝宝进行体检的时候告知医生。

最初的日子

妈妈可能会注意到以下的一些情况，它们严格来讲不能算“正常”，但也不需要过度担心。

皮肤

●**小肿块**：新生儿的皮肤非常娇嫩，容易受伤，尿布疹可不是唯一常见的衣物擦伤。小肿块非常常见，因为新生儿的毛孔还不能有效地工作。最常见的小肿块是“新生儿荨麻疹”，一种中心有红色凸起的皮疹，经常在几小时内于身体的不同部位反复出现；“粟粒疹”（通常叫作“乳斑”），是一种很小的白色肿块，通常出现在鼻子和脸颊上，可能持续数周；“中毒性红斑”虽然名字看起来吓人，但其实无害，是一种不规则的红色疹块，中心是白色，看起来像被虫咬的小包。这些小肿块看上去都有些严重，但本身不会导致损伤。

●**青斑**：这是一种小面积的、由皮下堆积的色素形成的非永久性斑块，叫作“蒙古斑”。通常在非洲裔宝宝、蒙古裔宝宝，以及任何肤色较深的宝宝身上较为常见。它们不是瘀青，也不是任何血液疾病。

●**脱皮**：大多新生儿的皮肤都会在最开始的几天脱皮。通常脱皮最明显的部位是手掌和脚掌。过期产的宝宝皮肤会更加干燥，非洲加勒比或亚洲血统的宝宝通常比欧洲血统的宝宝皮肤更加干燥。

●**头皮屑**：这跟身体其他地方的脱皮一样常见，不需要特别处理，但要注意保持卫生。“乳痂”是一层厚厚的覆盖在宝宝头部的头皮形成的棕色痂，对宝宝没有危害，但看起来会让人感到不舒服。有时乳痂会扩散到宝宝的眉毛和耳后。医生一般会建议用一些特殊的洗发水、软膏或油来清洗乳痂。

口腔

●**“连舌”**：如果妈妈觉得（或者有人提到）宝宝有点“连舌”，可能因为宝宝的舌头被舌系带拉住的比例要比成人多。有些宝宝的舌系带皮肤的褶皱过长，以至于舌头完全不能动。过去，人们认为除非剪开舌系带，否则宝宝不能正常吸吮和学说话。目前已知真正的“连舌”（随着宝宝长大不能自行矫正）是很少见的。第一年里宝宝舌头的生长多数都在舌尖的位置，等到宝宝1岁的时候，舌头一般就可以自由活动。同时，舌头的连接处也没有不良影响。

●**上唇水泡**：宝宝因吸吮导致上唇出现“吸泡”。只要宝宝还在吃奶，就有可能长出这种水泡。水泡会（或者不会）在两次喂养之间消失。其对健康没有影响。

●**舌面发白**：纯母乳喂养的宝宝舌面会变白，这非常正常。如果是感染或疾病造成的白色斑块则属于另外一种情况，即“淡红舌”。

●**上皮珠**：这是一种无害（常见的）的囊肿，又称“马牙”。当宝宝打哈欠嘴张得很大时，可能会看到他口腔上腭里面有发黄的白点。虽然看起来好像是生病了，但其实是新生儿的正常现象。出第一颗牙的时候，这种情况就会慢慢消失。

阴茎

●**包皮过长（包茎）**：一般新生儿不会有这种问题，因为他们的阴茎和包皮在胎儿时期是一体的，出生时还结合在一起，会在出生后第一年里慢慢分离。不要尝试推开包皮或清洗包皮里面，因为它还没发育到可以推开的程度。

分泌物和体液

●眼睑和睫毛上的黄色分泌物（眼屎）：这是一种常见的轻度感染，由分娩中与血液接触导致。这种情况不严重，但需要让医生看一下，一般用眼药水或冲洗眼睛就能缓解。

●耳朵流出物：宝宝耳朵唯一正常的排泄物是耵聍，这是一种保护耳道的杀菌剂。如果妈妈发现宝宝耳朵里出现不像耵聍的物质，请咨询医生。如果是耵聍，那么不用处理，其会自动排出；如果是脓，那么需要立刻进行治疗。

●尿布内容物：喂养，消化食物，排泄废物，整个过程需要几天的时间来慢慢建立。如果妈妈只给月龄较大的宝宝换过尿布，那么新生儿尿布里的东西可能会让妈妈感到惊讶。新生儿大便里一开始都是胎粪，看起来像是一堆墨绿色的黏稠物。这些胎粪是宝宝在子宫里的时候堆积在肠道里的，需要在正常的消化开始前排出体外。大多数宝宝会在出生后24小时内排出胎粪。如果宝宝是在家里出生的，或者在回家前没有排出胎粪，并且第二天仍没有排的话，需要告知助产士。

●大便带血：个别新生儿在出生后的前两天会大便带血。这通常是由于分娩中宝宝吞下了一些妈妈的血，然后通过身体代谢进入了粪便。但为了确保宝宝的健康，要让助产士继续查看宝宝的排泄物。

●红色尿：新生儿早期尿液中通常含有一种无害的物质，称为“尿酸盐”，当它接触到尿布的时候会呈现红色。它完全无害，但是看起来很像血，妈妈拿不准的时候可以让助产士确认一下。

●阴道出血：如果女婴在出生后一周内阴道有很少量的出血，在尿布上留下一些痕迹，是一种常见情况，没有危险。这是母体内的雌激素在分娩前进入了宝宝的身体里导致的。如果阴道里有透明或白色的分泌物，也很正常。这些情况会在几天内消失。

●频繁小便：一旦尿排泄建立起来，宝宝通常会在24小时内尿湿30次。换句话说，这个阶段的宝宝如果4～6小时都没有排尿，就需要助产士和医生检查一下孩子的情况。宝宝可能是严重脱水，或者有排尿障碍。

●鼻涕：宝宝的鼻子里可能会堆积很多黏液，所以在出生后的前几天会打喷嚏或流鼻涕，但这并不意味着宝宝感冒了。

●眼泪：大多数宝宝哭的时候都没有眼泪，直到4～6周以后才会有。不过，新生儿偶尔流一两滴眼泪也是没有关系的。

●眼睛泪汪汪：如果宝宝在没哭的时候流眼泪，可能是因为泪管没有完全打开，导致分泌物无法通过鼻子流出。泪管通常会在宝宝1岁左右打开。

●出汗：新生儿的头部比起身体其他部分来说要大，所以宝宝一般利用头部调节体温。很多宝宝的头部会出很多汗，或者当头部没有被盖住的时候，脖子就会出汗。这通常不会产生什么影响，除非宝宝有其他发热或生病的情况。所以，妈妈要经常帮宝宝擦干净头部和颈部，以免汗液中的盐分留在脖子的皮肤褶皱中刺激皮肤。

●呕吐：在喂奶后，或者当宝宝被拍嗝的时候，吐出一点奶液（通常称为“吐奶”）很正常。由于其中混合了唾液，并且流得到处都是，所以看起来像吐了很多。有两种情况的呕吐需要立刻就医：出生后前10天内吐出绿色或黄色的呕吐物，可能意味着宝宝有肠梗阻；呕吐时压力巨大（喷射呕吐），需要排除幽门狭窄的可能。

新生儿，新父母

发现新生儿

很多刚当上父母的家长都期待着接下来和宝宝相处的日子里会充满喜悦和欢快。一部分父母的确是这样，但有些父母不完全是这样。对于有些父母来说，这是个非常感性且茫然的时期，有消极情绪，也有积极情绪；对于母亲来说，这也是一段令人感到筋疲力尽的时期。

分娩之所以在英文中还包含“劳动”的意思是有原因的，在生完孩子之后，妈妈可能会觉得有一种前所未有的疲惫感。事实上，妈妈的感受可谓五味杂陈：疲惫和欣喜，愉悦和伤痛，骄傲和恐慌。当然，这其中包含很多身体原因，例如激素水平已经完全失控，乳房全力为了哺乳做准备，宫颈还未闭合，无论有没有侧切，小便的时候都会感到刺痛。但不要把这些当借口，因为妈妈不需要借口。刚分娩完的产妇会觉得自己很伟大，即使她们没有说出来也是如此。新爸爸也会产生类似的感觉，虽然他们不用生孩子，但迎接一个小生命的到来，也是一种特殊的经历。

宝宝的出生对于个人或夫妇两个人来说，一切都会改变。这种想法对于那些等到自己终于安顿下来，并且有了一定的成就和稳定的工作，才要孩子的人来说尤为可怕，因为他们可能很害怕这种改变。有些新父母一开始拒绝承认他们身上发生了翻天覆地的变化。如果他们否认自己会因某些原因受到打扰或感到失望，那么困扰本身就容易被

父母所有的感觉都被放大：新生儿简直太让人惊喜。

谁要一切如旧？

忽略；如果困扰被忽略了，它就会消失。人们都说“生孩子是件很自然的事情”，或者“大部分人早晚都会生孩子，我们的这些经历没什么大不了”，但是造成困扰的可不是宝宝的出生，而是宝宝本身，况且他是不会消失的。不要认为熬过最初的日子，一切就还会像以前一样。千万不要让自己有这种想法，日子不会再像从前一样了。

形成新的日常

“回到正常状态”对于不同的人来说有不同的意义。不幸的是，新爸爸和新妈妈通常对此有着不同的理解。对于男人来说，“正常”很明确就意味着工作，所以“回到正常状态”对于他们来说，就是回去工作。无论新爸爸休几天或几周的陪产假，他最后都会回去上班。男人从一开始就已经意识到，重新工作让他有理由远离自己的“父亲事业”；愿意将家里和床上那些激动人心的时刻转换成令人安心的、非个人的、千篇一律的工作时间。他会在晚上和周末回归家庭，当然，即使如此，他可能仍会拿重返工作岗位为借口，不去融入家庭生活。当他工作一整天后回到家中的时候，他已经筋疲力尽，所以不要对他有过高的期待。他第二天还要早起上班，所以睡眠对于他来说也很重要（有些父亲会像鸵鸟一样把头埋在枕头下面）。等到了周末，繁重的家务虽然能增加他的参与感，但也使他无法参与情感交流和倾听他人的感受……大多数这种类型的新父亲并不是不在乎家庭，也不是大男子主义，他们是关怀体贴的，只是有点不知所措。

不要让“回到正常状态”变成边工作边带孩子。

妈妈当然与爸爸一样也会回归职场，但不同的是，对于妈妈来说，工作并不是逃避的方式。妈妈不能把“回到正常状态”当成回到怀孕前的状态，因为对她们来说，由于挺着大肚子不能趴着睡觉或站着的时候看不到自己脚趾的状态已经过了好几个月。她们也不能回到怀孕的时候（虽然有段时间很美好），因为她们现在更多的是要思考如何以宝宝为中心生活，而不再是为分娩做准备。事实上，她们已经无法回到过去的生活，因为宝宝的到来就像打翻了拼图，将生活搅得七零八落。对于妈妈来说，唯一的应对方式不是回归过去，而是向前看：待到她重新想起自己不仅是个女人，更是位母亲的时候，就会把照顾宝宝当作自己日常生活的重心。

毋庸置疑，这一天总会到来。如果能顺其自然而不是尝试把所有的碎片拼凑起来回到往日，那么这一天就能来得早一些。有些女性无法忍受生育给生活造成的混乱：日子过得懒散，到下午还没有整理床铺，最后一分钟才想起来叫外卖，没有什么比洗个澡更有成就感。当然，这些混乱很可能只是暂时的，虽然使人感到很累，尤其是当身体的伤口仍然酸痛或者乳房涨奶时，但这些就像生病一样都会过去，不必为了得到一种平静而“苦熬”。处于这种情况的女性可能会说，她待在家里等到“感觉好一些”就会计划宝宝出生后如何回归工作，如何进行一次夏日远足，或者任何能让自己感到有归属感、自由且不用带孩子的活动。当被问道她工作的时候谁来看孩子，或者出去玩怎么照顾孩子的时候，她却只能干着急而不知道如何解决问题。这样的计划只是自由的幻想，日常生活根本实现不了。

逃避现实的家长就是拒绝按照他们的感受生活，因为他们拒绝感受，所以不需要适应他们的感受。如果家长养育孩子，却不容孩子改

宝宝的到来使一切都发生了改变，妈妈需要向前看，把他当作自己生活的一部分。

变他们（因为他们拒绝面对自己的情感），他们就会试着改变孩子，而不顾孩子的感受。如果他们在生活中不去适应宝宝的需求，宝宝就必须适应他们的需求。毋庸置疑，这种适应一定很可怕，最终导致全家都感到束缚。

如果这种自我逃避只持续了一段时间，那最多算一种浪费时间的行为。但是自我逃避往往比浪费时间更糟糕，因为和孕期一样，压抑感受通常会导致抑郁症。有着多种症状的产后抑郁症（PND）或者产后疾病（PNI），通常被描述为女性在分娩后立刻出现的问题，但是与宝宝有关的抑郁症并不只出现在母亲身上，也不只在宝宝出生后的第一年才有。男性和女性一样，也会出现抑郁症。一旦出现这类问题，宝宝也会受到影响。抑郁会让人封闭自己，拒绝跟他人有亲密接触。而宝宝需要这种接触，就像需要食物和照顾一样。如果没有这种接触，就不能形成独特的人类双向关系，宝宝就无法成功发育成长，父母也无法获得天伦之乐，可见双方都依赖这种接触。

产后沮丧

超过一半的新妈妈在从分娩的喜悦中冷静下来的时候，情绪会持续低落，直至抵达疲惫的深渊，导致缺乏自信和内分泌紊乱。通常这种情况被称为“产后沮丧”。尽管她们可能忧伤、沉闷和恐惧，但这些情况通常不会持续

如果妈妈由分娩的愉悦心情变成情绪持续低落，就需要立刻向他人求助。

太久。事实上，部分女性发现她们的情绪跟母乳供应量有关，随着泌乳开始，用母乳喂养宝宝，她们的心情就会好转，而宝宝开始喝奶粉，泌乳逐渐停止，心情就又会变得低落。

产后抑郁症

产后抑郁症和上述情况完全不同。在分娩后的数日（有时是数周），100位女性中会有10～13人受此影响。这是一种潜在的严重疾病，需要早期确诊并进行治疗，病程可能持续数月。

有些男性，尤其是医务人员，喜欢把所有的产后抑郁问题归为“激素问题”。当然，刚分娩完的产妇，激素确实会有起伏，但这不是导致所有问题的原因。这一时期的特点导致女性容易患上抑郁症。一旦戏剧性的分娩结束，并且宝宝很健康，大部分围绕在产妇身上的关心和担忧都会慢慢消散，她的生活中仅剩下自己和宝宝。母亲看着天真的宝宝用小手握紧着自己的手，感受自己的身份，体会这种无法替代的母子之间的羁绊。这时，有些母亲就会产生常见的焦虑性抑郁，甚至会有更罕见的抑郁。

在多数以孩子为中心的社会中，产后抑郁症（或者产后沮丧）如此少见，以至于人们很难接受这个概念。有些西非地区的人对此的反应是：“这女人不开心是因为没有抱她的孩子？”然而，问题的答案既有可能是肯定的，也有可能是否定的。宝宝从妈妈的肚子里出来以前，由于妈妈对肚子里的宝宝很敏感，所以她会感觉宝宝是自己的一部分。当她有这种感觉的时候，她跟宝宝的连接是十分紧密的，会因宝宝的痛苦而痛苦，也会因宝宝的喜悦而感同身受（“爱我，就要爱我的宝宝”），宝宝是局内人。宝宝有时也会扮演一个入侵妈妈的个人空间和生活的角色。

如果一个妈妈得了抑郁症，那么她的言语会变得灰暗，会钻牛角尖，陷进焦虑的旋涡。这样的妈妈可能仍会尽力照顾宝宝，或者安排其他人去照顾，但是抑郁症会削弱自己在宝宝身上看到的喜悦，继而剥夺他带给妈妈的快乐。如果妈妈觉得自己不是产后沮丧，而是产后抑郁症，一定要在医疗方面、情感方面和实际生活中寻求帮助。这对于妈妈和宝宝来说同样重要。

妈妈可能会感到自己无法应付产后的生活，这时是否需要寻求帮助完全取决于妈妈自己。当妈妈感到自己一文不值时，她可能会觉得自己一直在浪费生命。如果早上起来后感到穿衣服都无法正常进行，即使觉得自己根本无法做到去就医，也要尽可能地预约医生并向他讲述自己的感受。有时，妈妈需要别人帮自己寻求帮助。爸爸、祖父母和朋友应该预见到妈妈患产后抑郁症的可能性，比起鼓励妈妈说“请你振作起来”，倒不如帮妈妈预约医生。闺密此时可能比家人更有用。产后抑郁症和女性认为有用的帮助是因人而异的，但是几乎所有受此折磨的妈妈，都会从其他妈妈那里得到宝贵的帮助和友谊。

生活的新形态

无论如何，父母总会慢慢接受宝宝的存在

研究发现

产后抑郁症。有很多症状都意味着抑郁症，有很多患者可能会出现多种症状。这些症状来势汹汹，使人无力招架。

- 哭泣；
- 绝望；
- 焦虑和恐慌发作；
- 自尊低下；
- 失眠；
- 头痛；
- 易怒。

大约三分之一患有产后抑郁症的妈妈无法与孩子建立情感。

男士需要努力争取做爸爸的时间和空间。

带给自己的感觉。父母需要接受他的需求，在给予中寻找快乐，接受家中新成员的到来。做到以上每一点，都要求父母有开放的思想能接受自己和生活的改变，因为这是父母所做的，或者可能做的最大的改变。

一旦宝宝离开妈妈的身体，他就应该得到应有的重视。曾经对于父母来说重要的事情，在宝宝面前都不值一提。宝宝不是玩具，不是当父母玩腻了，或者想要其他东西了，就可以收起来的。抚养孩子也绝不是一种爱好。父母不能把孩子硬塞进已经超负荷运转的生活中。父母对孩子的照顾才是中心。

在父母把孩子放在生活中心的过程中，社会起到的作用微乎其微。父亲有时在无奈的情况下只好忽略了养育孩子的责任，只能偶尔充当父亲的角色。雇主不仅不会给当父亲的弹性的工作时间和奖金，甚至还会让他们加班，美其名曰“你多了一张嘴需要喂饱”。母亲也不能再继续像以前一样过日子，甚至不能装作像以前一样，也不能再像以前一样对待外人、自己的伴侣、家庭、朋友或者自己。等过一段时间，可能3个月、6个月或9个月，母亲就会发现自己内心深处没有任何事情比宝宝更重要，那些对于宝宝来说无关紧要的事情对自己也不再有任何意义。即使曾经过着一切只为了“照顾好自己”的生活，母亲此刻也无法再将“自己”和“宝宝”区分开，而会感到彼此是对方的一部分。即使不在宝宝身边，把他留给爸爸或其他人照看，看不见的感应仿佛仍然把母子时刻连接在一起，让母亲无法彻底远离。母亲不仅是宝宝的保护者、榜样和玩伴，也是他的一部分；最初的几个月，他是不能离开母亲生活的。即使母亲没有说出口，她自己和周围人的心里也都清楚这一点。

很多初为人母的女性都会对自己的情感力量感到惊讶，如果旁人认为这种情感不恰当，那么更令人惊讶的是，母亲会感到惊恐和沮丧。人们有时不会对母亲说“没关系，你可能会有一点这种感觉；宝宝需要你有这种感觉，放松，接受它，陶醉其中”，却会说一些相反的话。产房的护士会说：“你现在需要好好睡一觉，好好享受在这里的时间。我们会照顾好宝宝。”“宝宝”是妈妈的孩子，而且他刚刚出生一小时，妈妈最不想发生的事情就是为了让自己单独休息而把他抱走。孩子的姥姥可能会说：“我希望你不会把他整夜放在自己的卧室。他最好单独待在隔壁自己的房间里……”可孩子才出生6天，不久以前还待在妈妈的肚子里。如果现在让母子分开睡，妈妈应该准备一个伸手就能摸到宝宝的摇篮，或者将摇篮放在离自己不远的地方，能够清楚地听到宝宝醒来的声音。

不需要多久，就会有人说妈妈“正变成一头奶牛”，“过度保护”孩子，或者是一个“挑剔的母亲”。妈妈要试着不去理会这些话。用乳汁哺育孩子比起奶牛难道不更像母亲吗？当宝宝渐渐长大不再需要妈妈的时候，妈妈也就会以特定的方式不再想着去喂他或者安抚他了。对于一个完全无助的、妈妈可以置自己的生死于度外的孩子来说，怎么会保护过度呢？至于说妈妈“挑剔”，如果“挑剔”意味着尽自己所能让宝宝的生活更好、更舒适、更完美，包括半夜宝宝病了给医生打电话，或在诊所问47个问题，那么请妈妈继续这样“挑剔”下去吧。如果妈妈不这么做，没有人会为了宝宝而挑剔。如果妈妈坚信全心全意地照顾宝宝在接下来的几个月是一种非常可取的方式，那么妈妈就能够把这一段时期当作自己生命中最独特的经历。妈妈要有坚持下去的决心。尽管如此，妈妈的内心深处难免会告诉自己不要被宝宝的事情淹没，在成人世界中永远迷失。要把自己的时间分配给孩子，且毫不吝惜、全心全意地付出。对于父母的整个人生来说，照顾孩子的这几年只是人生很小的一部分，无论因此失去了什么，收获对于父母来说都更大。

妈妈是宝宝的一部分，如果妈妈不替宝宝考虑，那么没有人会这么做。

满足新生儿的需求

新生儿的生理需求很少，也很简单，就是在不停地重复。他只需要食物、温暖、舒适和适当的清洁度。但是，他的需求需要平静地给予满足，很多父母发现这一点最难做到。

新生儿的需求每次得到满足后都会形成一次新奇的体验，对宝宝全新的神经系统来说尤为重要。妈妈可能会因为以前从未给宝宝洗过澡而有些害怕，而宝宝从自主呼吸开始还没见过水这种东西，所以倍感好奇。为宝宝做所有的事情都要小心再小心，尽量平和缓慢。他不需要大人的额外刺激，他要渐渐适应子宫外的生活，以及各种感官刺激。他会感到皮肤上温度的变化，发现光亮和黑暗；感到饱腹和饥饿，潮湿和干燥；感受在空气中移动，被抱起，被放下，被移来移去。他会听到噪声；他必须自己吸吮食物和水；他会感到下肢的运动，感受皮肤接触到的不同材质，嘴里的不同味道。他太忙碌了，在生命最初的几周里，只要是醒着的时候，对于他来说都是认识新世界的时候。尽管他有反射、反应和各种感官帮助自己，但他搞不懂那些冲击他的感觉是什么。他只被设定为将注意力集中在妈妈身上：看妈妈的脸，听妈妈的声音；但他不知道妈妈和他是两个独立的个体，他是他，而妈妈是他的妈妈；他被设定为只求生存，不求了解。

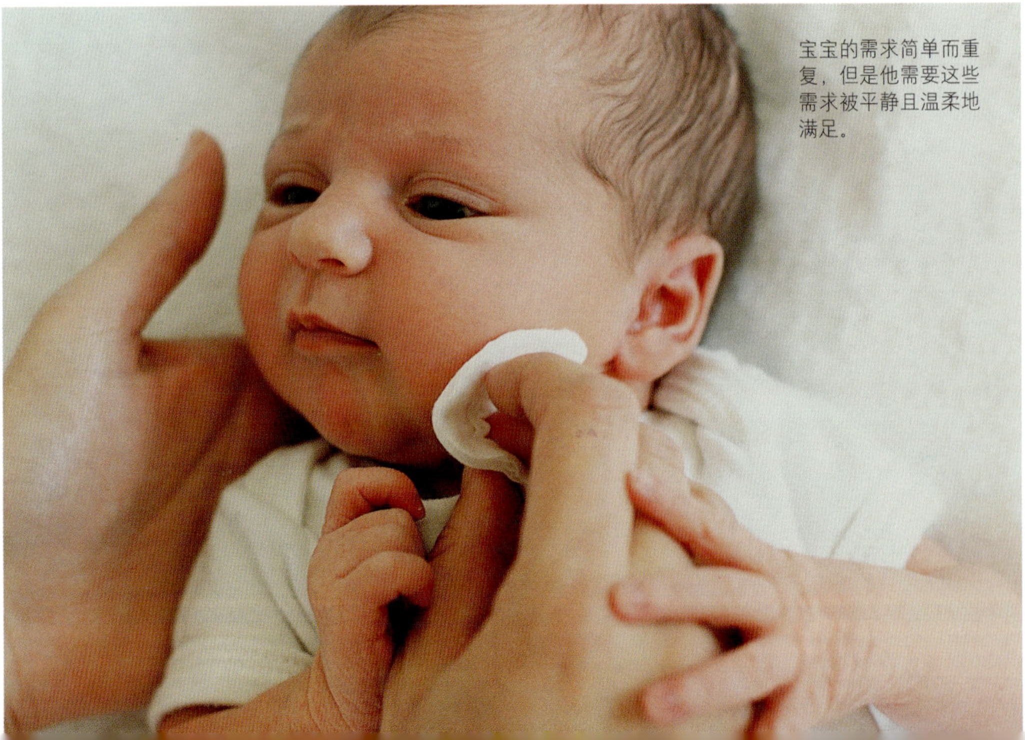

宝宝的需求简单而重复，但是他需要这些需求被平静且温柔地满足。

研究发现

新生儿脑细胞。在子宫里的时候，宝宝的脑已经发育了数以十亿计的细胞，但是直到出生之后，它们才开始建立成为有功能的神经元。这些连接会形成智力，尤其是社交能力，家教以及与家长和其他人的关系会促进神经元的形成。

生活伴随着不确定性

新生儿的行为没有固定模式，所以很难预测。宝宝可能在6小时内每两小时就大声哭闹表示饥饿，然后在接下来的6小时呼呼大睡，不吭一声，也不吃一口奶。他的“饥饿”仍未形成规律，固定下来；他的消化还不稳定，还不能区分饥饿的感觉。宝宝的睡眠亦是如此。他可能整宿只睡了20分钟，但并不意味着他白天肯定会睡很久。妈妈千万不要认为晚上没睡，白天就会睡。而宝宝的哭泣唯一可以确定的就是，他肯定出了什么问题，但是具体出了什么问题和什么时候开始哭，什么能让他在此刻停下来，可就不好说了。

这些不确定性让照顾新生儿的父母、家人或专家都束手无策，因为他们没有任何基准来衡量宝宝的行为和对他们的照顾。妈妈可能对宝宝有着很强的了解，但宝宝哭泣的具体原因却并不了解。如果不知道他正常和开心的时候是什么样子，那么妈妈如何判断他到底是生病了还是不高兴？宝宝已经在妈妈身边这么久，所有的事情都已经成为日常，妈妈怎么能知道他今天的啼哭、吃饭或睡觉是否正常？如果不清楚，如何能判断他今天的啼哭不是预示着问题呢？或者他是否吃饱了，是不是睡足了？宝宝的健康掌握在父母手中，所以父母需要对宝宝的情况做一些评估，承担一定的风险来决定自己该做什么。随着宝宝渐渐习惯在子宫外的生活，父母也会渐渐习惯自己的角色。

爱

与此同时，父母即使还没有开始真正地爱宝宝，也不要感到意外或者惊愕。跟宝宝建立感情可能是（可能不是）一瞬间造就的事情，但爱却不同。对于“爱”这个字，有很多不同的定义，但是无论选择哪一种，都意味着两个人慢慢地开始了解彼此，并且想要更加靠近对方。现在，父母还没有认识宝宝这个人，他也还不了解爸爸妈妈。宝宝还没有开始发展人格，没有真正成为一个独特的个体，所以还不可以去爱。父母爱他，因为他是那个期待了很久的宝宝；父母的梦想终于成为现实，但是还不能立刻以爱一个人的方式去爱他，因为直到在父母的生活以外找到自己的生活，宝宝才会成为一个完整的人。

爱的积累也会催发化学作用的产生。作为宝宝的亲生母亲，只要愿意，即使他还没有成长为一个人，妈妈的身体也会开始爱他。即使妈妈的脑子还对当母亲存有很多疑虑，但是身体已经在等待中为宝宝做好了准备。当抱着宝宝的时候，妈妈的每寸肌肤仿

双胞胎小贴士

有些家长担心他们会偏疼其中一个孩子。有些家长承认他们确实偏心。当家长同时陪伴两个宝宝的时候，一个宝宝个子大一些、更活泼、更漂亮，一个个子小一些、有雀斑、更娇气些。家长对孩子的感情通常会在几周后变得平衡，但是如果每次只单独跟一个宝宝相处的话，这一过程会快一些。父母这时就会发现（并且开始疼爱）眼前的宝宝，而不会去想另一个宝宝。

宝宝的幸福掌握在父母的手中。

研究发现

新生儿行为。宝宝的行为可能会受分娩的影响。分娩和出生可以说是再"平常"不过的事情，然而无论对于宝宝还是妈妈来说，都会给他们带来各种不同程度的压力。如果宝宝的情况需要辅助分娩或者他的阿氏评分较低，那么他爱啼哭、易激惹或在最初的几周很难安抚，都是额外压力的表现。

"安静警觉"状态。宝宝大多数时间都在睡觉、吃奶或啼哭、不安分，但是在这些状态之间会有"安静警觉"状态，这就给早期社交和学习提供了机会。很多宝宝在出生后会有一段相对较长的安静清醒时间，这时他会专注地注视家长，还可能模仿对方面部表情，例如吐舌头。

佛都在欢迎他。宝宝的小拳头会抵住妈妈，揉妈妈的肚子，依偎在胸前，把又硬又热的小脑袋放在颈窝和肩膀。宝宝出生后被抱到妈妈身边，马上就能愉快地吸吮初乳。一旦妈妈开始泌乳，就能体会到照顾宝宝时身体感受到的乐趣，还有自己和宝宝之间存在的联系也会越变越紧密。

不过，爱不需要生理条件。即使不是孩子的生母或生父，好好感受把宝宝抱在怀里的感觉，把宝宝完美可爱的小手握在自己的手里，轻轻抚摸宝宝像小猫一样的小脸蛋，让宝宝能更快地感受到爱，形成爱。如果父母与宝宝离得很近，他不会只是被动地躺着，还会努力靠向父母。宝宝的生存依赖于父母的爱，所以他会跟父母拉近关系。

所以，不要认为现在自己的心情五味杂陈，就会影响自己爱孩子，总有一天父母会爱上自己的孩子。虽然会被宝宝突然的哭闹激怒，但是也会因为他的小手握住自己的手指而感到欣慰。父母可以在家中接待一些客人，向他们展示自己已经骄傲地成为家长，但是父母也会突然意识到，自己再也不是一个完全独立自由的个体，而要投身于照顾孩子当中。确实，成为父母会彻底改变所有的事情，但是也不会再受到感情的摇摆带来的困扰，所以不要惊慌。即使父亲已经回到工作中去了，母亲也不要感到沮丧无助。父亲需要时间来适应自己的新角色，在离开宝宝身边回到工作中之前，要好好建立父子关系，告诉自己没有比这更重要或更持久的事情。最有意义的事情已经到来了，当回到工作中去的时候，也应该作为一个父亲的身份回去，而不是为了逃避当父亲的责任而回去。

在最初的一年，当父母还没有开始了解宝宝的时候，或者还没适应当家长的时候，父母可以看看有关孩子抚养计划和条例的书，掌握其中的一些规则，这样能够给混乱的生活带来秩序。但自己制订计划和规则对

时刻跟宝宝保持近距离接触，他会努力爱上父母，父母也会因此爱上他。

于父母来说没有用，因为养育孩子需要具体问题具体分析，而父母（或任何人）不能从新生儿身上获得一致性。照顾宝宝最好的指导就是他的身体需求、反应能力和反馈。让宝宝从子宫内的生活平稳地过渡到外面的世界。

保持事情简单化

宝宝的需求并没有多复杂，但是内容却

千变万化，而且当他有需要的时候，必须立刻得到满足。

●奶，既是宝宝的食物，也是他的水源。

●柔软舒适的衣服和床铺，温暖舒适的怀抱，一张安全的小床。

●皮肤保持足够的清洁。

●保护，让他远离危险，还有恐惧和挫折。

儿童用品卖场中那些吸引人的、漂亮的衣服，好玩的玩具，精巧的设备，以及铺天盖地的尿布，会让人有些应接不暇。但是，新生儿还不需要这些东西，而且最好远离这些东西。新生儿只需要柔软温暖的包裹。先不要打扮他，宝宝讨厌被打扮，而且也不在乎穿什么。只给宝宝穿舒服的衣物。不要用婴儿车推他出去，因为颠簸会吓到他，而且他也还不需要“呼吸新鲜空气”。紧紧地抱着他，慢慢地移动他，轻柔地放下他。除此之外，宝宝需要父母做的事情只有在他发出饥饿信号的时候喂饱他，给他清理脏的地方，把自己的脸放在宝宝的小脚心里，当他看着父母的时候轻柔地跟他说话。除非出于健康原因或者宝宝处于医疗看护中，否则父母不需要做任何让宝宝感到害怕或不高兴的事情。如果父母的照顾让宝宝感到放松和满足，就证明做得很对；如果让宝宝感到讨厌，就证明做得不对。如果让宝宝的反应来引导父母，宝宝会渐渐发现他的需求都会得到满足。这就意味着，当宝宝适应了子宫外的生活时，他会认为外面的世界是个美好的地方——这就是对于宝宝来说最好的开始。

心得分享

关于开车带新生儿回家这件事，有位妈妈说：

“那天孩子出院回家，发生了一件非常糟糕的事情，就是装不上宝宝的汽车座椅……我们费了好大劲。本来我们已经浪漫地幻想我坐在车里抱着宝宝回家，宝宝用我妈妈给的可爱毯子包着，结果医院说儿童乘车没有汽车座椅是违法的，我老公（也是一夜没有合眼）才开始安装座椅……”

新生儿管理

即使像大多数女性一样选择在医院分娩，分娩后不到24小时，新妈妈也可能会与自己的伴侣一起回到家中独立照顾宝宝。新妈妈可能已经看过助产士是怎么抱孩子和给

研究发现

婴儿提篮/汽车座椅。所有新生儿汽车座椅都没有面向前方的。宝宝体重没达到13千克之前，都不应该面向前方乘坐汽车。在宝宝达到这个体重之前，全身四分之一的重量都集中在头部，所以一旦发生事故，颈部很有可能过度屈伸而受伤。宝宝的汽车座椅也不能安装在副驾驶位置，因为那里有气囊。

在撞击中，宝宝体位越直立越好。但对于日常来说，平躺最好。大多数座椅都设置让宝宝的身体保持45度。这也就意味着，宝宝在汽车座椅里乘车不能超过两小时，否则有产生呼吸问题的风险，甚至会出现血氧含量降低的情况。

有些婴儿提篮可以固定到折叠式婴儿推车上。而且，把正在熟睡的宝宝从车中他的座椅中提出来，直接放进推车就可以逛街或者与朋友见面，实在是一种很实用的设计。但千万不要因为这种方便的设置就让宝宝半天都待在提篮里，即使提篮放在推车上能让宝宝保持一个接近平躺的姿势。平躺就是平躺，绝不是接近就可以了。

新妈妈只需要好好和宝宝相处，就能学会照顾宝宝。

他穿衣服的。助产士可能也演示过怎么给宝宝洗澡，如何让他锁定乳房吃奶。但仅有这些经验是远远不够的，却也没有人能教新妈妈更多的技巧。除非是非常幸运的人，曾养育过孩子或帮朋友带过小孩，否则一般人都是边做边学。

新生儿可不自带“使用说明书”，他们刚刚出生的时候还是有很多关于如何照顾他们的事情需要新妈妈去学习的，尤其是双胞胎。如果家中没有一位有爱心的奶奶或者一位灵巧的月嫂，也不用担心。新妈妈可以利用产假这段平静的时光，好好地抱着宝宝，看着他，跟他相处，并通过宝宝的反应来学习所有照顾他的时候要知道的事情。

无论新妈妈是否已经计划了最初几天的“宝宝月”，最好的学习照顾宝宝的方式都是和他一起躺在大床上，当他有兴趣的时候把他放在自己的胸前，看着他，拍拍他，抱抱他，而不用担心把他从婴儿床里抱出来的时候掉在地上，或者在屋里移动他的时候把他的头碰到门框上。

双胞胎小贴士

两个孩子需要两个大人。同时抱起或者放下两个脖子软软的宝宝是非常困难的，甚至有些家长永远都学不会要领。现在，两个宝宝需要父母双方都投入照顾，此时任何对于父亲是否平等参与照顾的质疑都消失了。在家里，当新妈妈抱着一个宝宝做事情的时候，一定要安排好另一个宝宝待在安全的地方：把一个宝宝放在尿布台上的时候，要确保另一个宝宝安全地躺在婴儿床里；在车上的时候，可以先让两个宝宝都躺好，然后再一个接一个地扣好汽车安全座椅的安全带。

新生儿的反射功能

父母最先会注意到的事情可能是宝宝皱巴巴的外表。新生儿还不会平躺或直立；无论把他以什么姿势放下，他都会以又大又重的头部为中心蜷曲，因为头部是他身体其他部分活动的中心。

新生儿的大头就像身体的锚，限制着他的活动。他能够稍稍抬起头，还会为了避开东西而转头，但是因为蜷曲的体位，手臂和腿的活动会受到限制，而且头部会经常侧向一边，使他不能看到正上方的东西，例如妈妈的脸。不要尝试把他掰直。如果希望宝宝看什么东西，要将东西放在他的视线之内。爸爸妈妈从第一天起就会发现宝宝的肌肉控制在慢慢发育，而且是从上向下发展。等到他1月龄的时候，他就能够控制脖子支撑头抬起几秒钟，但是现在他还不能。如果妈妈托着宝宝的膝盖和肩膀将他抱起，这时他的头会向后仰。当妈妈面对面抱着他，将他放在肩头的时候，他会把头靠在妈妈的身上，但如果不贴身抱他，并且手没有支撑他的颈部，他的头就会低下。

●**莫罗反射**：如果成人不支撑宝宝的头部，或者成人（或比他大的孩子）抱他的时候比较粗鲁，他就会感到自己快要掉下去了；如果放下他的时候太粗心，在他还没有感受到结实的床垫接着自己的时候就松手，宝宝就会出现最原始的反射动作，试图保护自己，这种反射动作就是“莫罗反射”。当他的头往后仰的时候，他的手会抓向成人，腿会痉挛似的抬起，想要找到一个身体来接住自己。宝宝多半会吓哭。最好不要见到宝宝出现莫罗反射，因为这明显在告诉成人要更加小心地对待宝宝。

部分其他反射行为有着与莫罗反射完全不一样的意思，所以父母要仔细辨别。在刚出生的第一周里，宝宝的肌肉功能尚不健全，甚至不能保持自己头部的平衡，但在几周内他可能就会看起来像是要爬甚至是要走路。其实，此时的他还不能完成这些动作。反射行为并不意味着宝宝的自主行为；事实上，反射行为必须完全消失才能为出生后的发育腾出空间。

重要提示

了解新生儿的反射功能。观察新生儿的反射行为能够帮助父母搞清楚他希望如何被照顾，以及自己做的是否正确。

“莫罗反射”和“抓握反射”对于人类史前祖先来说可能十分重要，因为他们的宝宝需要一直抱着妈妈。现代人类的宝宝无法像猴子那样抱住成人，但是他们看起来也很想抱。几乎所有新生儿都喜欢大人面对面抱着他，并用一只手拖住他摇摇晃晃的头部。稍大一点的孩子喜欢用他们的手臂环绕着大人的脖子，或者把他们的手指缠绕在大人的头发里，又或者放在最近的耳朵旁边。

当新生儿没有被抱着的时候，用包被“裹住”他们，会令他们感到平静和高兴。当他们部分或全部身体赤裸的时候，大部分新生儿看起来都能感觉到自己暴露在外。

●“**爬行”反射**：如果把宝宝趴着放下，蜷曲的体位就会让他的腿和胳膊曲起来，甚至“两腿乱蹬”，使他看起来就像要爬似的。当宝宝能够自己伸直和平躺的时候，这种反射就会消失。

●**踏步反射**：如果将宝宝直立抱起，将他全部的重量都集中在脚上，例如让他站在成人的大腿上，他会非常慎重地“踏步”，即将脚轮流抬起落下。这种行为很快就会消失。一周后再将他置于这种姿势，他的腿只会垂下。

●**抓握反射**：宝宝会抓住任何碰到他掌心的东西，例如成人的手指，他会抓得十分用力，甚至有报告说新生儿抓住成人的手后，成人用这根手指将其拎起来，都不会掉下去。当然，不要在家做此尝试。这种抓握反射也会在几天后减弱。

不同于爬行或踏步反射，抓握反射并不需要完全退化再重新学习。虽然抓握的力度很快会减退，但是这种反射会在宝宝的身体中留下印记，最终将与宝宝的手部发育融合。

宝宝的手会抓住任何接触到手掌且他能抓住的东西，例如其他人的手指或玩具。如果尝试将抓握物拿走，那他的小拳头会攥得更紧，这是他尝试抓住的反射。这种反射会持续数周时间，直到宝宝准备好主动去抓握东西。

图1，踏步反射会在生后1周左右消失；图2，爬行反射只会持续到宝宝学会平躺之前；图3，抓握反射是如此有力，甚至能够承受宝宝的体重，但要小心，在生后几天之内这种反射就会变弱；图4,这是家长不想看到的反射——莫罗反射，其意味着宝宝在表达“我害怕掉下去”。

新生儿感官

宝宝出生的时候具备所有感官，并且功能齐全。从离开妈妈身体的那一刻起，宝宝就会受到各种视觉、听觉和其他感觉的强烈刺激。

宝宝不需要学习如何看、听和感受皮肤接收到的触感，甚至闻或品尝，但是他需要学习这些感觉意味着什么。虽然宝宝能够看到其他人的脸，但是目前他还完全不知道看到的东西就是“脸”。

宝宝从一开始就在靠感官认知这个世界。如果父母仔细观察，很快就会发现什么画面、什么声音和什么感觉是宝宝不喜欢的。

触摸和被触摸

前面已经讲过，触摸会激发新生儿的某些反射。如果宝宝感觉到手中有东西，就会尝试抓住它，或者脸颊感到触碰就会开始找奶吃，当宝宝被竖着抱起，脚下感到坚实的平面时，就会开始做踏步的动作。

触摸本身非常重要。宝宝很喜欢触摸，但不仅如此，他们也需要被触摸。肌肤之亲能够让新生儿感到舒适和放松，让他们呼吸更深，从而获得更多的氧气。新生儿的肌肤从未感受过其他材质、湿度、压力或温度的变化，所以非常敏感。对于宝宝来说，衣物的柔软性非常重要，尿布不要包得太紧，给他洗脸的水不要太冷也不要太热。

从出生的第一天起，即使房间里很温暖，当宝宝脱掉衣服以后，他也有可能会感到暴露和不高兴。当他脱光以后，将材质柔软的毛巾、尿布或妈妈的衣服搭在他的肚子上，通常可以起到一些安抚的作用。

无论是新生儿，还是稍大的宝宝都会因他们的身体正面感到温暖、柔软、结实的触感而平静下来。事实上，有一件永恒不变的事情就是：所有人都喜欢拥抱。

嗅觉和味觉

新生儿和成人对气味和味道有很多同样的反应。例如，当闻到坏了的鸡蛋时，新生

研究发现

怎样才能知道宝宝的感受和想法？有很多研究独辟蹊径地研究了那些因太小还不能互动或交流感情的宝宝，寻找各种途径测量他们的反应，并将这些反应进行对比。如果给宝宝选择的机会，他们都会先看自己感兴趣的东西，有时还会看很长时间；我们就是以此方式得知宝宝为什么喜欢脸部的图画，而不是丰富多彩的抽象画。

同样，我们都知道，新生儿能够识别出妈妈的声音，并且只喜欢妈妈的声音。因为通过耳机给宝宝听两种不同的声音，一种是妈妈的呼吸声，另一种是其他人的呼吸声，两天大的宝宝就会辨别出哪个呼吸声是妈妈的，并将自己呼吸的频率调整得与妈妈的呼吸频率同步。我们还知道，宝宝能够辨别自己妈妈乳汁的味道，因为把妈妈和另一位女性的乳垫分别放在宝宝的两侧，在全部试验中，有75%的宝宝会将头转向自己妈妈的那一边。

儿会带着感到恶心的表情把脸转开，而尝到酸味或苦味的时候，会退缩甚至啼哭。在刚出生没多久的时候，宝宝对轻微的气味和味道的变化可能会比成人敏感。他能够分辨出妈妈和其他人乳汁的味道，精确地区分没味道、微甜和非常甜的水，越甜的水吸吮得越用力、越久。

听觉、听力和制造声音

宝宝在出生之前就有听觉，在出生后再听到以前曾听过的声音，会感到欣慰。巨大的和突然出现的声音，例如手机突然在宝宝头边响起，会吓他一跳。反而非常大且沉重的声音，例如打雷，却不会打扰到宝宝。对于宝宝来说，打雷就好像一盘子刀叉掉在地上发出的尖锐、突然的响动。宝宝通常喜欢真正有旋律的音乐，但他也喜欢有节奏的、机械发出的、砰砰的“音乐”，例如滚筒洗衣机。

宝宝能听到所有上述声音，以及其他很多声音，但是他最喜欢的，而且最能集中起注意力倾听的，还是人的声音——说话的声音。他对人声的兴趣是本能，因为他的生存仰赖于成年人。

宝宝对妈妈的声音不一定总是表现出明显的兴趣，因为在刚出生的几周里，他的听力系统和视觉系统还是互相分离的，所以当他听妈妈说话的时候，即使看着妈妈，也不会形成“是妈妈在说话”的意识。仔细观察就会发现，宝宝在看到妈妈之前，就会对妈妈的声音做出反应。如果宝宝在啼哭，妈妈一边说话一边走向他，当到他身边的时候，他可能已经不哭了。如果他正躺在游戏垫上，妈妈开始跟他说话，他就会动起来，并且看起来很高兴。如果他正在晃动手臂，一旦他听到妈妈的声音，就会停下来不动，转而注意听妈妈的声音。当他听到妈妈的声音，他会倾听，如果妈妈是对着他讲话，他的心跳就会加速。

当然，宝宝现在还不能明白妈妈的话，

肌肤贴着肌肤，脸对着脸——宝宝最喜欢这种拥抱，并且对他的成长也很有益。

一些说法

过去曾有研究认为很小的宝宝并不会真的感到疼痛。这就是说，他们对疼痛的检查还不会产生反应，例如采血的时候刺破一点皮，他们只会有一点反应而已。但有研究反驳了这一20年前粗鲁的谬论。研究显示，新生儿对疼痛的反应跟成人类似，可能更加敏感，所以如果是成人觉得痛苦的检查，那么宝宝一定也会觉得痛苦。

眼睛天生就具备“看”的功能。宝宝会由上至下扫视整个脸部，从发际线直至下巴，并且习惯注视他人的眼睛。

这还需要几个月。但作为新生儿，他已能察觉妈妈说话的语气，并且做出反应。他会对轻柔的话语感到愉悦，而大声、激烈的对话会引起他的警觉。如果妈妈抱着宝宝的时候对某人用尖锐的语气说话，或者训斥家里的宠物，宝宝可能会哭。

在刚出生的几个月里，宝宝唯一能自主发出的声音就是啼哭。由于宝宝的哭声在不同的环境下非常不同，有人曾努力尝试研究“啼哭的语言”，试图让家长弄明白宝宝为什么哭。尽管如此，成人从宝宝的哭声中能够分辨出来的只有音量、音高、强度的变化。当然，崩溃或恐慌的哭与哼哼唧唧之间的差别，一般人都可以分辨出来。但是，每次哭哭啼啼真的代表不同的含义吗，或者哼哼唧唧真的代表孩子因没有得到及时回应而马上就要崩溃大哭吗？倾听宝宝的啼哭，能让妈妈分辨出孩子的各种情绪和状态。但即使妈妈能够分辨，也无法真正回答最重点的问题，那就是“他为什么哭，是否因为同一原因或有其他原因”。

一些说法

2007年，一位澳大利亚母亲写了一本叫作《宝宝的神秘语言》的书，并且在美国著名脱口秀主持人奥普拉的节目上进行了宣传。书中列出了“啼哭字母表”，包括“嗯”（表示需要拍嗝），“哪”（表示饿了）和“噢”（表示困了）。最近，有一款宝宝监控器，叫作“为什么哭”，号称能够将宝宝的哭声转换为数字声波，然后加以辨别，分析出宝宝啼哭的原因，如压力、愤怒、无聊、困倦或饥饿。宝宝的啼哭是不可能以科技手段分析的过程，而且比起使用高级设备，倒不如好好地观察和倾听宝宝。

视觉

曾经，人们认为新生儿的视力很差。事实是，尽管他们能够在不同的距离将眼睛聚焦在要看的事物上，但在他们的肌肉发育完全、能控制眼睛之前，这是很难做到的，所以新生儿往往就不费那个力气了。对于新生儿来说，比较适宜的聚焦距离是距鼻梁20～25厘米的范围内。在这一距离内，宝宝能够清楚地看到东西，但是超出这一范围就会模糊。如果宝宝躺在妈妈的床上，面前没有任何能够看到的东西，那么他就会注视窗口和被风吹动的窗帘。所有近视的成人都知道，动作和光亮更容易被看到。

就如人的声音对于宝宝听觉能力的发展很重要一样，人的脸也是发展视觉能力的关键。宝宝天生会抓住每一个机会来学习观察人的脸。他的聚焦范围正好是吃奶的时候跟妈妈脸的距离，这绝不是巧合，就是为了让宝宝有足够的机会观察人的脸。可能看不清远处的事物对于宝宝来说正是有利的生存条件，帮助他更好地将注意力集中在照顾他的成人脸上。

宝宝研究成人的脸并不是因为和这个成人有密切的关系，而是因为它是一张脸。他会集中注意力观察所有进入视线范围的脸，如果没有可以观察的对象，那么他会聚精会神寻找像脸的东西。

研究发现

观察“脸”。很多研究都是关于具备什么特征，能让东西看起来像脸。对于宝宝来说，这些特征就是发际线、眼睛、嘴和下巴。如果一张图或者素描拥有所有这些元素，宝宝就会把它当成一张真正的脸。仔细观察宝宝的眼睛就会发现，他会从上方开始扫视发际线，然后慢慢下移到下巴，最后凝视眼睛。

新生儿啼哭

妈妈正在床上舒服地享受着美好的“宝宝月”时光，可宝宝过不了多久就会啼哭。总的来说，在出生后的第一个月里，当宝宝不舒服或不高兴的时候就会哭，经常想让人来安抚他。

新生儿可能会因为饥饿、疲倦、寒冷或让他受到惊吓的事情而哭，例如尖锐的声音、刺眼的光线、粗糙的床单或突然的运动。但成人不可能知道宝宝每一次啼哭的具体原因，而且在新生儿时期，啼哭的背后可能根本不存在什么特殊的原因。新生儿无特定原因的啼哭通常被认为是“发育性”的，也就是说这种啼哭通常是由于婴儿在适应离开子宫的生活的过程中经历的内部焦虑导致的。发育引发的痛苦对于宝宝来说，就像“人类生存环境”给成人造成的痛苦一样。当然，这种类型的啼哭虽然不能给家长一个有帮助的直接解释，但至少可以告诉家长，这不是他们导致的。无论如何，从整体的舒适和满足，到非常不适和痛苦，宝宝都能体验到，但宝宝的脑还没有发育完全，还不能处理这些感觉。宝宝能够感觉到潜在的威胁：下脑的区域（杏仁核）负责这一功能的部分已经在出生时发育完全。但他还不能解释这些警示信号。当爸爸坐到床上让宝宝的小床产生振动的时候，宝宝会做出像人类史前祖先遇到剑齿虎或遇到地震时的反应。

如果小宝宝刚睡醒就开始哭，却没有什么可引起他啼哭的事情发生，那么他的啼哭可能没有“原因”，不适来自于内部：可能是饿了（尽管他还不能了解需要食物的感觉），也可能是肚子胀气不舒服，还有可能是被大便的奇怪感觉吵醒了。其实，如果妈妈真的不知道他为什么哭也没关系，因为他需要的只是妈妈能帮他再次感觉舒适而已。也就是说，妈妈要尽可能尝试所有能让他舒服的方法：把他抱起来，紧紧地抱着他，让他吃奶，检查他的尿布。

一些说法

宝宝的啼哭没有任何意义，就是为了练习肺活量，或者通过啼哭控制成人。以现代的观点来看，这简直是胡说。宝宝啼哭是因为他们有不舒服的感觉或者不高兴，并且需要成人帮他们进行调整，让他们再次达到舒适的感觉。肺通过一生当中无间断的呼吸就能得到足够的锻炼，但控制别人则需要复杂的思考，还需要一种叫作“谷氨酸酯”的化学物质在脑前叶（或者皮质层）参与作用。这种谷氨酸酯系统在新生儿脑中尚未建立起来，所以宝宝还不能思考那么多，更不用说控制成人了。

研究发现

所有哺乳动物的宝宝都会哭。不是只有人类宝宝的基因中包含通过啼哭寻求帮助的能力，如果让小狗或者小猫离开同胞或者它们的妈妈，它也会哭上几小时。

如果宝宝不会哭，大人怎么能知道他是否一切正常呢？

安全养护

父母希望自己的小宝宝开心，并且想保护他们不受任何伤害，但这并不像说起来的那么明确和简单。当宝宝持续啼哭又不是什么明显的原因引发时，他的哭声就会显得非常难以忍受，不过这正是用来提示成年人，宝宝有需求了。如果父母感到自己的压力水平在升高，为了保护孩子，就要让他远离自己。愤怒情绪会导致父母在照顾宝宝的时候变得很粗鲁，甚至有可能会摇晃宝宝，对于宝宝来说，这可是致命的（见274页）。这时最好让其他人来照顾宝宝，如果没有别人，那就把宝宝放在小床里，离开他一小会儿，让自己可以休息一下，喘口气。

新生儿喂养

吃奶对于宝宝来说不仅是为了生存，而且是他离开子宫以后最首要的享受。对于妈妈来说也一样，它是满足感的源泉，会带来很多喜悦。

母乳喂养绝对、明显、无可争辩地比奶瓶喂养要好。益处从第一天就会体现，并且会持续很多年，很可能会持续一生。母乳喂养对于妈妈来说也绝对是更好的选择。当然，要不要母乳喂养，和母乳喂养多长时间，都取决于妈妈，毕竟身体和宝宝都属于妈妈。但要提前做好功课，并且跟家人及时沟通自己的选择。一旦功课做足，妈妈就会发现要如何喂养宝宝并不只是生活方式的选择，还要顾及家庭和家人能接受的方式。如果能够进行母乳喂养，那绝对是最好的。如果孩子的爸爸没有因自己不会哺乳而放弃参与，其不懈的支持也是进行母乳喂养的最好帮助。

一些说法

奶瓶喂养更适合现代家庭，这样爸爸也能参与到喂养当中，还可以让妈妈在宝宝喝夜奶的时候得到休息。得了吧！所有父母都知道，吃奶是宝宝的首要需求，比爸爸的快乐和妈妈的睡眠都要重要。一旦妈妈和宝宝在一个月左右的时间里建立起喂奶和吃奶的规律，爸爸也可以用奶瓶喂妈妈挤出来的奶。

心得分享

关于母乳喂养与奶瓶喂养，一位妈妈分享了她的经历：

"当我怀孕以后，朋友经常告诉我，我会在很长一段时间里无法摆脱喂养的烦琐，也无法享受生活。可我却发现，奶瓶喂养的朋友都忙于冲奶粉，还要随身携带足够的热水，并确保它们的温度，而我的宝宝需要的只有我。"

做出自己的决定

除非有身体上的原因，或者内心完全不能接受母乳喂养，否则都应该以母乳喂养为首选。

这是为什么呢？因为即使妈妈对于是否进行母乳喂养还不是很确定，出于对母婴健康的长期考虑，也要先尝试母乳喂养。如果妈妈觉得哺乳过程很不舒服，也无法克服或忍受，那么妈妈可以随时（慢慢地）以奶瓶替代母乳。如果一开始就用奶瓶喂养，那么就不太容易换成母乳喂养了。除非妈妈保持规律的挤奶（尤其是当宝宝是早产儿，最开始不能自己吃奶的时候），否则就无法从奶瓶改回母乳，因为妈妈已经停止泌乳。

无论是乳头小、平或凹陷，乳头打环的乳房，甚至某些植入过假体的乳房，都能尽如人意地支持宝宝的喂养。

当看到好处列表的时候，人们会惊讶地发现，有如此之多的科学依据能证明母乳喂养的好处。但不是所有人都能做到母乳喂养。妈妈的乳汁是为宝宝量身定制的，为了满足他当前与以后的不同需求。它能够将抗体从妈妈的身体里带给宝宝，保护他或者修复很多感染。母乳含有有益菌，能够保持宝

是否母乳喂养主要还是看妈妈的情况，但最好让其成为首选项。

研究发现

母乳喂养的禁忌。患有以下疾病或正在进行以下治疗的母亲就不适合母乳喂养了：未治疗的活动性结核病（TB），成年T细胞白血病和淋巴瘤，乳腺活动性疱疹损伤，化疗和正在服用各种特殊药物，如锂类药物。母乳会传播HIV，但是风险较低。HIV阳性的母亲如果有安全的配方奶来源，应该使用奶瓶喂养，如果没有，那么母乳就比卫生条件差、不清洁的水源所带来的风险低得多。药物依赖的母亲进行母乳喂养的话，会诱发宝宝产生药物依赖。患有罕见的遗传代谢紊乱疾病也就是半乳糖血症的宝宝，决不能吃任何乳类，需要特别喂养。

宝消化道的健康，还含有很高成分的必需脂肪酸。事实上，母乳中含有的营养物质至少比配方奶要多400种。

母乳喂养的益处

母乳喂养已证实的益处有以下几点。

●母乳（记住是孩子亲生母亲的，而不是其他人的）是针对自己宝宝而产生的，它会按宝宝的年龄、阶段和状况进行调整。所以，如果天气特别热，宝宝需要额外的水分，母乳就会按照情况调整，提供给宝宝。

●母乳在每次喂奶的时候都有变化，以便满足宝宝的食欲。这不仅意味着会带给宝宝更多的满足感，还能降低肥胖的风险。宝宝从每个乳房喝到的前段乳，热量都很低，让宝宝的第一次吸吮获得更多的乐趣享受且不会吃得太饱。当他快要喝完的时候，才会吃到高营养的后段乳。

●吃母乳的宝宝患呼吸道感染、感冒迁延不愈、气喘和胶耳的概率比吃奶粉的宝宝要低。

●吃母乳的宝宝患泌尿道感染、胃肠道感染和腹泻的情况也较少。

●吃母乳的宝宝不容易出现青春期糖尿病。

●吃母乳的宝宝较少在童年时期出现肥胖症。

●母乳喂养可以提高宝宝免疫系统的功能，即便是有家族史的宝宝，也能降低患某些疾病的风险，例如哮喘、湿疹。

●母乳喂养甚至能够降低婴儿猝死综合征的发生率。

母乳喂养可能存在的益处有以下几点。

●有研究显示，母乳喂养的宝宝长大后更聪明。近来有大量研究都表明，在6岁孩子的智商和行为测试中，母乳喂养的宝宝比非母乳的平均得分高5.9分。

●儿童白血病的患病风险更低。

母乳喂养已证实的对妈妈的益处有以下几点。

双胞胎小贴士

如果需要哺喂两个宝宝，妈妈的乳房也能像喂养一个宝宝那样，用同样的条件来同时满足他们两个：宝宝可以随时想吃就吃，而且想吃多久就吃多久。一旦妈妈的泌乳规律起来，喂养两个宝宝其实跟喂一个宝宝没有什么区别，妈妈可以同时满足他们两个的需求（也就是让他们建立同样的作息）。刚开始哺乳的时候，妈妈可能需要分开喂奶，让他们学会如何含接乳头，但这就意味着妈妈几乎一直都在喂奶。一旦宝宝学会含接乳头，妈妈就可以请教有哺喂双胞胎经验的人或者带过双胞胎的人，用什么样的姿势同时给双胞胎喂奶。对于多数妈妈来说，一个用常规喂奶的姿势，另一个以〝抱橄榄球〞的姿势放在一侧手臂下方，是比较常用的姿势。

只要有足够的铺垫，两侧能同时用〝抱橄榄球〞的姿势给双胞胎喂奶。

●进行母乳喂养的母亲能够更快地恢复到孕前的体重。

●喂奶时产生的激素能使妈妈放松下来，对抗压力。在夜间喂奶之后，这种激素能让妈妈再次进入睡眠。

●子宫能够更快地恢复到孕前的状态。

●母乳喂养过的女性在更年期前较少出现乳腺癌或卵巢癌。

●母乳喂养过的女性不易骨质疏松，所以年老后也不易骨折。

●母乳喂养过的女性患Ⅱ型糖尿病的更少。

●母乳喂养过的女性患产后抑郁症的更少。

●对于月经周期，从长远的角度看，母乳喂养通常能够缓解经前紧张（PMT）。

一定要记得，即使妈妈的月经还没有恢复，也不代表母乳喂养就能可靠地避孕。

母乳喂养对亲子关系潜在的益处有以下几点。

●对于很多女性来讲，规律的喂养会带给她们非常美好的感觉。这种感觉不仅是情感上的，还有身体上的，因为它能把妈妈和宝宝的关系拉得更近。

●母乳，并且从妈妈的乳房吃奶，是宝宝最想要的，也是最喜欢的，而且妈妈是唯一能做到这一点的人。当母乳喂养进行得很顺畅时，妈妈的感觉棒极了；如果不顺畅，也不至于感觉太坏。最初的几周也许很有挑战性，但只要坚持下去，妈妈就会发现一切努力都是值得的。

●母乳喂养能够让频繁的喂夜奶变得简单一些。

●进行母乳喂养的时候，妈妈一般会坐着或者躺着，这就意味着妈妈有更多的时间休息。

●一旦母乳喂养稳定下来，妈妈和宝宝都会感受到这件事情带来的方便：宝宝不用等待，随时可以进食；而妈妈也可以自由安排自己的生活，而不用担心飞机延误或没带奶瓶会耽误宝宝吃奶。

只要妈妈愿意，可以随时随地喂奶而不用担心延误，因为乳房里总会有宝宝需要的奶。

研究发现

母乳喂养和婴儿猝死综合征。近年来，大范围的关于婴儿猝死综合征的调查工作显示，不仅全母乳喂养，而且部分母乳喂养也能减少婴儿猝死综合征的风险。

母乳喂养的开始

最理想的母乳喂养时间是一年，但如果只能喂养几个月，对于宝宝来说也是值得的。哪怕只能喂养一周，宝宝也可以从中获取珍贵的初乳。

从妈妈的角度来讲，只哺乳2～3周并不理想，而且妈妈很有可能会经历一段很糟糕的母乳喂养过程，而没能从中体会幸福的感觉。但其也会给妈妈的身体带来很多好处。

总的来说，母乳喂养对于妈妈和宝宝来说都比不喂好得多，但三心二意地进行母乳喂养不会进行得十分顺利。不要管周围的人说母乳喂养很累，或者奶根本不够宝宝吃等，母乳喂养整体上是一件令人愉悦的事情。

这些耸人听闻的警告有时候会给妈妈带来不小的影响，尤其在分娩后最初的几天，妈妈容易因此而丧失亲自哺乳的信心。多接触那些能给自己信心的人，告诉自己能够提供足够的母乳给宝宝，以满足他的所需。

当然，不要认为开始母乳喂养是件容易的事情。也不要因为朋友能够随时随地地给孩子喂奶，还能一只手抱孩子另一只手做其他事情，而自己却要将精力全部投入其中而感到气馁。因为很多人没有意识到，对于第一次做母亲的人来说，刚开始的时候因为喂奶而感到担忧、陌生和不适，甚至痛苦，都没有什么不正常的，只要坚持下来，在后面的时光里就会体会到快乐。想要对母乳喂养增加信心，让奶像有魔法一样随时随地提供给宝宝，可以请教那些曾经进行过母乳喂养的母亲。因为她们知道，无论最初的几个星期遇到怎样困难的问题，她们都不会放弃，因为以她们的经验来说，只要坚持下去就能赢得回报。

研究发现

吸吮反射。这一反应在觅食反射之后才开始发育，对于新生儿特别是早产儿来说，其还要与呕吐反射竞争发育。对于新生儿来说，把黏液排出呼吸道比把食物吃进肚子里更紧要，所以当宝宝含住乳头后干呕，或吐出乳头并没有吸吮或吃奶的时候，不要觉得惊讶，或者感到被拒绝。

利用宝宝的觅食和吸吮反射

宝宝还太小，不够成熟，所以不知道饥饿的感觉是什么；食物让他再次感到舒适，而吸吮乳头或奶瓶能够使他获取到食物。这些经验都是宝宝通过妈妈和之前的经历学习的，并建立在觅食反射和吸吮反射的基础之上。

宝宝的觅食反射让他能够在遇到任何像乳房一样温柔的物体或抚摸他脸蛋的时候，把脸转向触碰物，然后噘起小嘴准备吃奶。如果噘起的小嘴碰到像乳头一样的东西，他就会将嘴巴张大，准备含住。

用文字来叙述这一过程，会使它看起来非常复杂。事实上，如果母乳喂养从一开始就进行得比较顺利，那么妈妈大可不必去关注婴儿的反射行为或学习行为。如果宝宝第一次吃奶不太顺利，那么如果能够有明确的说明告诉妈妈整个哺乳过程，可能会比较有帮助，至少妈妈可以参照进行而不会做错。

●**避免相互矛盾的暗示：**宝宝会把脸转

乳头碰到了宝宝的左脸颊，于是他就把头转了过去，嘴噘起来，然后张开，准备含住乳头并吸吮。

向受到抚摸的一侧，所以如果妈妈同时触摸他两侧的脸颊，他会不知道该转向哪边。如果妈妈尝试捧着他两侧的脸蛋转动他的头，他大概会反抗。

●**按照正确的顺序给宝宝暗示**：他需要在真正开始吸吮前自己寻找乳头，所以妈妈不要在喂奶的时候直接把乳头塞进他的嘴里。

●**找到正确的时机**：如果宝宝已经张嘴准备含住乳头的时候，妈妈却还没有解开胸罩，那么妈妈可能需要重新暗示宝宝，否则他无法含住乳头。

●**按照宝宝的节奏进行**：妈妈不能强迫宝宝吸奶，最好也不要尝试这么做。

为早期喂养提供正确的环境

哺乳可以采取很多不同的姿势，但一定要选择妈妈觉得舒服的，所以妈妈要不断尝试。 而宝宝需要知道的最重要的一点就是：

吸吮=有奶吃=舒服。

如果在吃奶过程中感到很舒适和平静，宝宝就能学会吃奶，并对吃奶这整件事产生热情。宝宝越有热情，妈妈就会越发感到舒服和平静。

在哺乳的过程中，妈妈的舒适多数由宝宝是否完全含住乳头决定（见88页），但是在最初几次喂奶的过程中，妈妈体内的催产素所造成的不适可能会让自己吓一跳。催产素是一种刺激分娩收缩的激素，它同时也会在产后刺激子宫，让它逐渐回到妊娠前的大小。毫无疑问，妈妈会因此而感到疼痛，其有点像很严重的痛经。哺喂宝宝会刺激母体产生催产素，使这种疼痛更加严重。同样会让妈妈感到意外的是，催产素刺激射乳反射，妈妈会感到乳房有一种温和的刺痛感，然后在宝宝吸吮乳房时开始释放乳汁，有时候另一侧乳房会同时分泌出乳汁。

●**不要尝试在宝宝非常生气和尖叫的时候喂奶**。此时，宝宝已经完全被自己的感觉淹没，所以不会意识到吃奶能让自己平静下来，也不能很好地含住乳头。对于母子二人来说，较好的方式是在他崩溃大哭之前就给他喂奶，但如果他已经等了很久，而且很不高兴，在准备给他喂奶之前，最好安抚一下。妈妈可以试着轻轻摇摇他，抱着他走一走，或者亲密地抱一抱他。

●**如果宝宝吃奶的时候被其他声音和响动转移注意力，可以尝试几天单独喂奶**。妈妈也可以用自己的身体挡住宝宝的视线，让宝宝直视妈妈的脸。如果妈妈能让他的注意力集中在自己身上，其他事情就不会吸引他的注意力了。另外，妈妈无间断的乳汁也能让他不再注意其他响动。

●**如果宝宝太困不能吃奶，不要强迫他吃**。如果宝宝吃了几口奶就睡着了也没关系，他饿了，过一会儿会自己醒来吃奶的。尽量避免为了让他保持清醒“好好吃奶”，就摇晃宝宝或者弹他的小脚丫。宝宝不高兴是吃不好奶的，况且也没有妈妈想让他因吃奶而感到压力。

刚开始哺乳对于妈妈和宝宝来说都会遇到困难。如果妈妈乳房还不够充盈，只有一些初乳，那么乳房会有点柔软，可能会在宝宝吃奶的时候堵住他的鼻子，使他感到惊慌。妈妈可以挪挪宝宝的小屁股，让他更靠近自己一些，这样他的额头就会略微移开，或者妈妈可以用空闲的手指稍微按住乳晕上方，给宝宝创造出呼吸的空间。

重要提示

宝宝如何含住乳头的重要性。一个母乳喂养的宝宝绝不应该嘬乳头。如果宝宝嘬了，那他只会喝到一点点奶，或者根本喝不到，而妈妈则会觉得非常酸痛。宝宝应该通过用牙龈和他的舌头挤压乳晕边缘的位置，以便让奶水从乳头喷出来。也就是说，他应该把大部分的乳晕下半部分含入口中，舌头放在下面，然后把乳头对准他的口腔根部。

双胞胎小贴士

无论用什么样的姿势喂奶，一定要确保周围有足够的枕头和靠垫，这样当其中一个宝宝没有含好乳头，或者需要休息的时候，妈妈就可以将他放到一旁，而不会打扰另一个宝宝。妈妈还能腾出一只手来安抚和轻拍没有吃奶的宝宝。

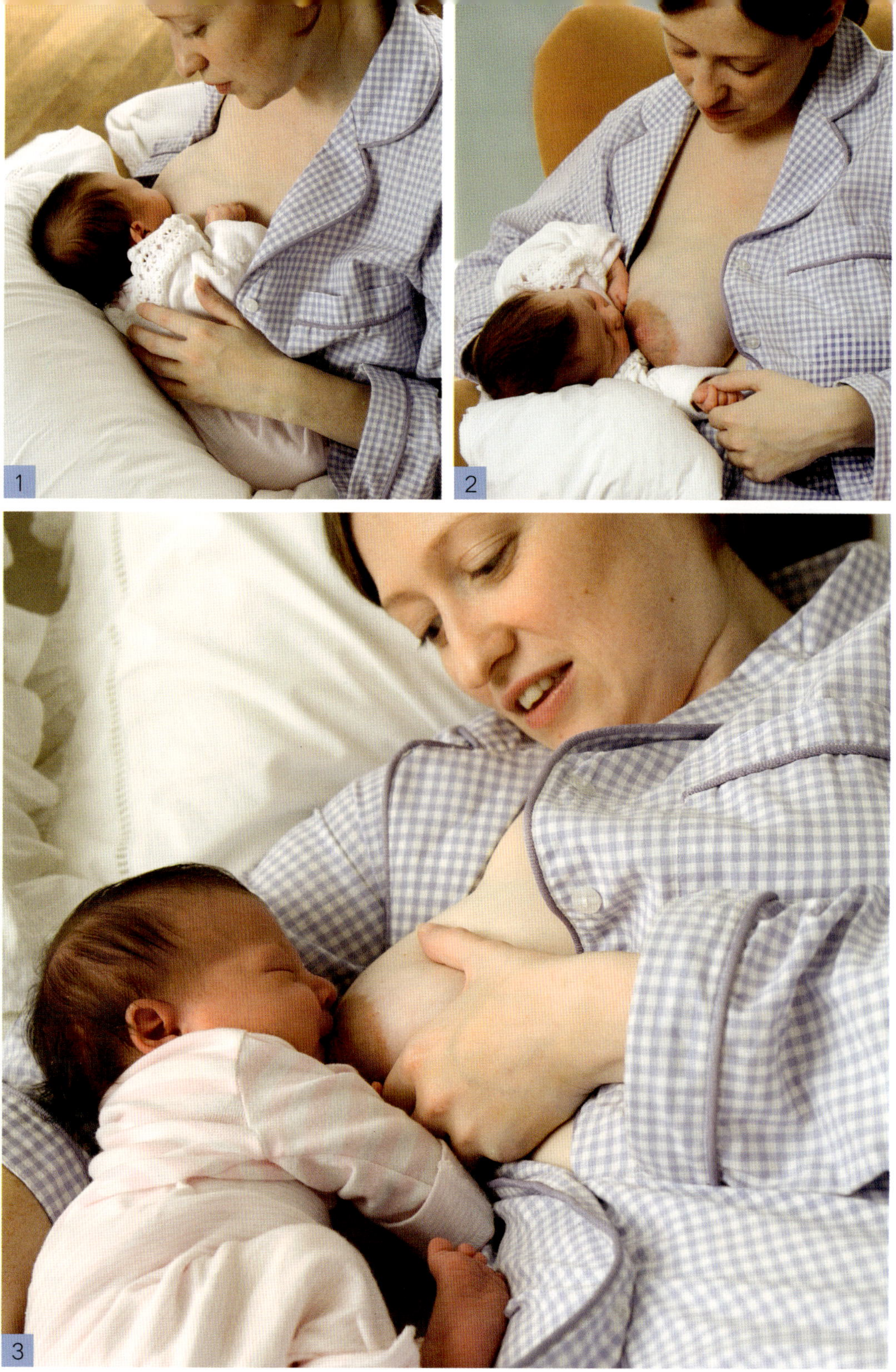

不同的姿势能让妈妈舒适一些，并且帮助宝宝含住奶头：图1的坐位，无论妈妈是把宝宝抱在胳膊上还是放在胳膊下面，都可以通过枕头把宝宝垫高，让他的鼻子和妈妈的乳头保持相同的高度；图2用“抱橄榄球”的姿势；图3，躺着喂奶对于妈妈和宝宝来说都是一种享受，但是要记得不要拿乳房去找宝宝，而要让宝宝来找乳房。

让宝宝含住乳头

关于如何开始哺乳，其中一个大问题就是姿势、姿势、姿势。让宝宝正确地含住乳头是关键，这一点无论对于他吃奶还是妈妈的舒适度都很重要，尤其不会让妈妈的乳头感到酸痛。

在分娩之后的3～5天里，在泌乳还未完全开始之前，妈妈的乳房仍然很柔软，这也是理想的让宝宝练习含乳头的时机，同时还能让他喝到最宝贵的初乳。经常把宝宝放到乳房上多练习也很重要，因为一旦妈妈开始泌乳，乳房就会变大变硬，宝宝会更难适应。

无论用什么姿势喂奶，一定要确保宝宝的头和身体保持一条直线，这样能让他更容易吞咽，还要保证他的颈、肩、背都有很好的支撑。

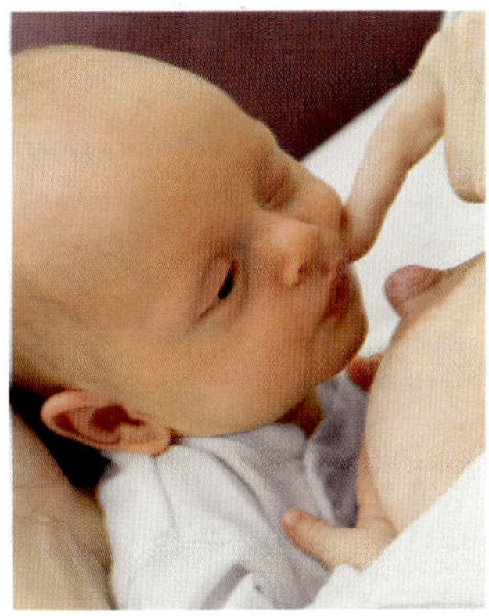

让宝宝靠近妈妈，面对面，让他的鼻子（不是嘴）与妈妈的乳头保持同一水平。这样他就能从乳头下方大口含住乳房。

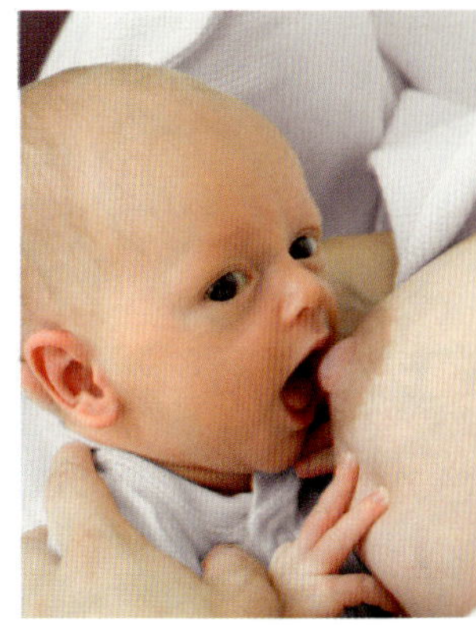

要等到宝宝把嘴张到最大，就好像他在打哈欠一样，且将舌头放下去的时候。妈妈可以通过抚摸他的上嘴唇来鼓励他这样做。

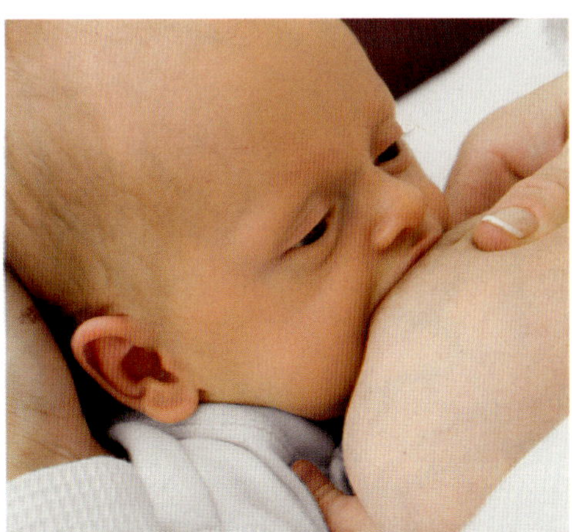

当宝宝的嘴完全张开的时候，把他靠向自己的乳房；他会向后倾斜头部，然后把下巴先靠向乳房，这样就能把乳晕下半部分都含入口中，让乳头对准他的口腔根部。

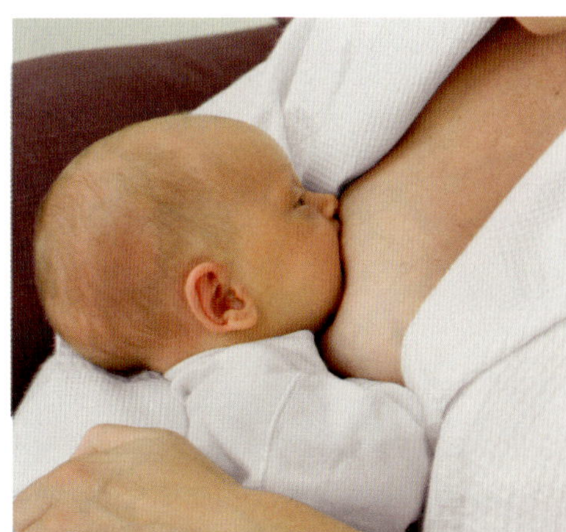

如果宝宝的下巴紧挨着妈妈的乳房，乳晕的深色部分会更多地从他的上唇上方露出来，而不是下唇，那么妈妈就能判断出他的姿势很正确。

学会哺乳

泌乳的开始可能会带来一些问题——一些很小、很短暂的问题，但绝对会引发不适感，而且有时会非常疼。无论如何，这些问题都不代表妈妈的哺乳能力有问题，但是妈妈的身体需要学会如何哺乳，这跟宝宝学习吃奶的过程是一样的。

分娩之后，孕期时由胎盘产生的黄体酮和雌激素大部分会被新的激素取代，也就是控制泌乳（催乳素）和射乳反射（催产素）的激素。最初，妈妈的乳房会对这些化学信号反应敏感，会突然变得肿胀，这不仅由乳汁导致，还由增加的供血量引发。

涨奶

如果妈妈的乳房变得很大且坚硬，又热又痛，甚至乳头周围的乳晕都变得鼓胀，这多数是因为暂时的激素失调引发的涨奶。

最简单的缓解疼痛的方法就是让宝宝吃奶，把多余的奶吸出来。但如果乳晕和乳房都很鼓胀且坚硬，宝宝可能含不住乳头，还会引发妈妈的疼痛，宝宝也吃不到奶。妈妈需要先挤掉一些奶，可以泡个热水澡，或者用热水将毛巾打湿放在乳房上，然后轻轻地用手从乳房的上方向乳头的方向慢慢把奶挤出来，然后再让宝宝试着吃奶。

涨奶是一种暂时性问题，但却引发极度的不适感。在喂奶中间使用冷敷袋能够让血管收缩，帮助缓解肿胀和疼痛。如果没有专用的冷敷袋，用一包冷冻豆子也可以。把豆子分装进两个袋子里，这样可以同时冰敷两侧乳房。如果也没有冷冻豆子，或者正准备出门需要穿胸罩不能使用它们（会在公共场合引起尴尬），也可以用提前在冰箱里冰好的形状合适的卷心菜叶子。当然，它们不会长时间保持凉爽。

冷敷袋虽然不好看，但是把它们放在胸罩里会让妈妈感觉很舒服。

乳头疼痛

如果宝宝经常嘬妈妈的乳头，那么它们很快就会酸痛。以前的观念曾认为乳头疼痛是因为还不适应（很可能是不正确的方法）哺乳，这造成了很多悲剧。妈妈们的悲剧是因为她们的乳头疼痛，而宝宝们的悲剧是因为他们不能充分地吸吮。这种观念还间接地造成很多人母乳喂养“失败”，因为疼痛影响了乳汁供应，使宝宝的需求受到了限制。乳头不是用来嘬的，而是在宝宝张大嘴巴的时候，用来对准他们的喉咙，从而将乳汁射入宝宝的口中。

其他注意事项

- **不要用肥皂清洗乳头。**在孕后期和母乳喂养时，乳头会从乳晕周围微小的腺体（蒙哥马利结节）中分泌出润滑剂，这是一种比任何“乳头霜”都好的润滑剂。
- **不要搓乳头，或者做任何刺激它们的动作。**它们是用来喂奶的，所以越有弹性越好。
- **不要在宝宝吃奶的时候把他从乳头上拉开。**等他停下来呼吸或者休息的时候，把一根手指放在他的嘴角，以便让他将嘴张开。
- **在每次喂奶之后，用一点点后乳涂抹在自己的乳头和乳晕上。**如果宝宝吃奶时牙龈

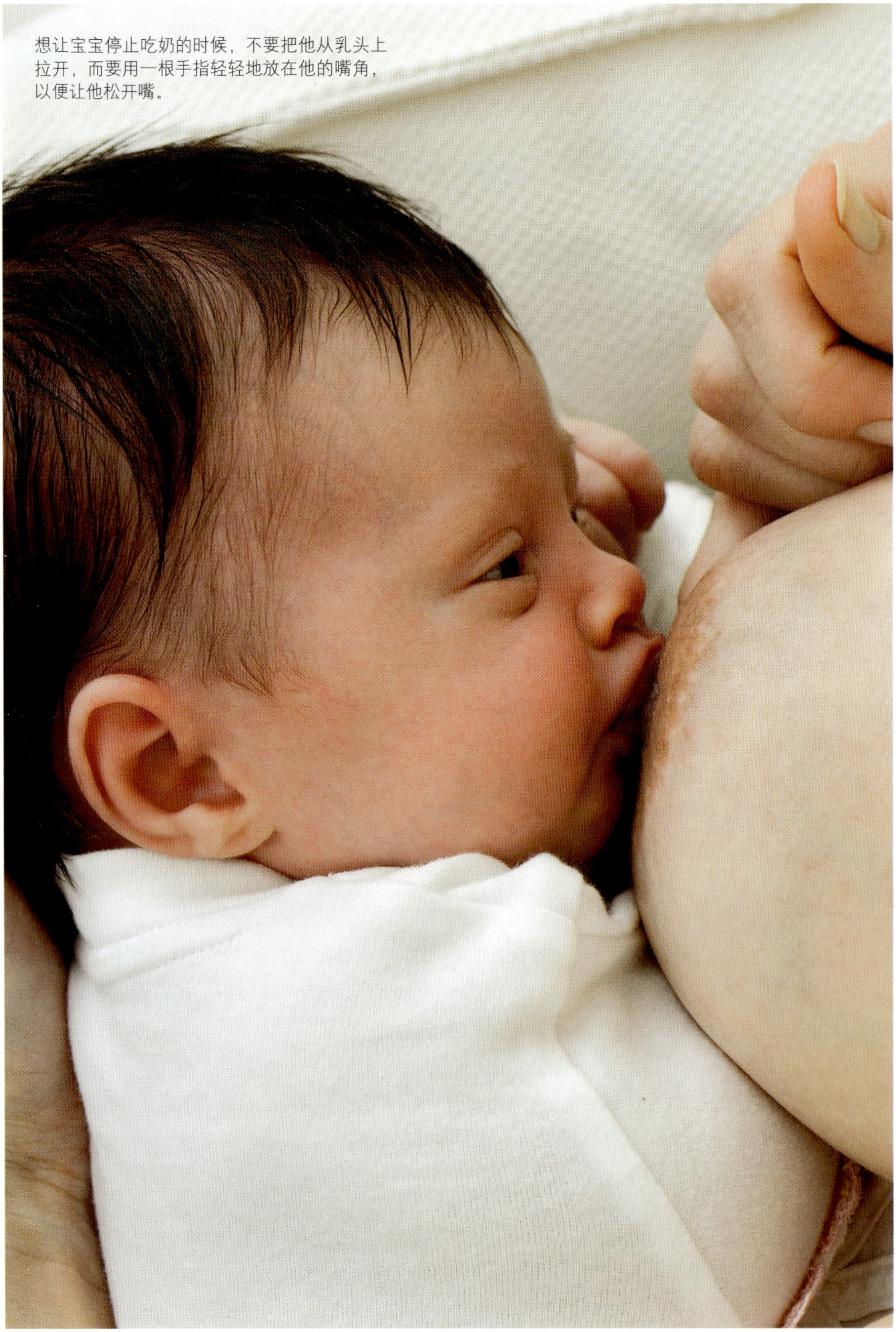

想让宝宝停止吃奶的时候，不要把他从乳头上拉开，而要用一根手指轻轻地放在他的嘴角，以便让他松开嘴。

咬在乳晕上，记得下一次喂奶时，调整一下姿势，让宝宝的力用在另一个位置。

第一次哺乳需要知道的事

即使很少的初乳也能给新生儿提供他在出生后的第一天所需要的一切，因为宝宝并不需要且也不会吃很多。在接下来的4～5天，他的体重可能会下降，但等妈妈泌乳规律之后的四五天，他就会长回来。按照以往的经验，宝宝出生10天后的体重应该与出生时的体重一样。

真正的母乳看起来带点蓝色而且是水状，相比较之下，初乳更浓稠，而且颜色偏黄，而宝宝喝的奶瓶里的配方奶看起来像奶油似的。母乳本身看起来就应该是这样。不要以为这样的奶水就不好。它很完美。

很多宝宝很快就能明白“吸吮=食物=舒适”的原则，所以很快能学会吸吮。有些宝宝在子宫里就在练习吸吮他们的手指，出生之后就会吸吮任何递到嘴边的东西，当然也包括妈妈的乳房。

但有些宝宝需要花很长的时间才能明白这个道理。尽管他们饿得直哭，可把乳头放进他们的嘴里也不知道吸吮，因为他们还不知道怎么做才能获得食物。即使妈妈把初乳挤到指尖上给他尝味道，他也还不明白这味道就意味着能够消除饥饿的不适感。宝宝需要明白这个道理才会懂得吃奶。即使第一次喂奶稍有不顺，妈妈也要知道，宝宝天生都有吸吮反射。越多地进行反射练习（而不是

左边是初乳，中间是前段乳，右边是后段乳。

宝宝吃到了妈妈的初乳；现在母子俩都已经顺利地进入正常泌乳和吃奶的阶段。

重要提示

新生儿喂养应该以母乳喂养为主。

- 母乳喂养是一种供需系统。宝宝有需求，妈妈就能供给。
- 宝宝吸吮吃奶越多，妈妈的乳房接收到的泌乳激素信号就越多，产生的奶水也就越多。
- 宝宝吃的奶越多，妈妈的乳房生产的就越多。
- 如果宝宝已经吃过一些配方奶，他吃的母乳量就会减少。
- 宝宝吃得少，妈妈的乳房生产的就会少，母乳变少，宝宝吃得更少，从而吃更多的配方奶。
- 如果依赖安抚奶嘴，宝宝也会减少母乳的需求量。

宝宝有时会通过吸吮手指来寻求快乐。虽然手指很小，但也比奶嘴好。

把乳头塞进他哭喊的嘴里），宝宝能越快地开始吸吮；越快地发现吸吮食物带来的慰藉，宝宝才能越早地主动找吃的。

宝宝在学习吸吮时，妈妈要做到的事

除非宝宝是早产儿或者患有疾病，处在特殊的护理中，否则不要让任何人说服自己给孩子用奶瓶或奶嘴。妈妈要坚持让宝宝建立起与乳房的感情，这样宝宝才能对吃奶和舒适产生热情。乳胶替代品肯定对此没有帮助，甚至可能会阻碍这一过程。一旦他从奶瓶或奶嘴得到任何食物或水，甚至为了舒适而吸吮，宝宝以后对于母乳的需求就会不那么急迫，吃奶也就没那么热情了。鉴于妈妈的泌乳量取决于宝宝急迫的需求和吃奶的热情，以及他吃奶的量，所以妈妈要想办法维持住宝宝对母乳的热情。

母乳喂养是一个很优秀的“系统”，但要它达到最好的工作状态，就需要妈妈非常有自信，相信它能够完美地运行。所以要试着相信这一事实：自己能够生产足够的营养和水分满足宝宝的需求。初乳对于宝宝来说是最完美的食物，但后面每天所分泌的乳汁也都是最适合他的——在接下来的几个月里，奶水会进行调整以适应宝宝的生长。

橡皮奶嘴/安抚奶嘴

不要理所当然地认为宝宝必须使用橡皮奶嘴。对于不同环境中的不同宝宝（见146页）来说，奶嘴都是有利有弊，但是最好不要给新生儿使用奶嘴，尤其是要进行母乳喂养的时候。有力证据表明，使用奶嘴的孩子会比其他孩子更早断掉母乳。每天使用奶嘴，等宝宝1月龄的时候，会导致全母乳喂养的时间缩短，泌乳不足。不排除被调查的女性本身存在泌乳问题，但毋庸置疑的是，宝宝很难在吸吮乳房和嘬奶嘴之间来回切换（“乳头混淆”），导致嘬奶嘴的宝宝减少了吸吮乳房的次数和时长，也就减少了刺激泌乳的催乳素的产生。

母乳喂养计划

正如分娩计划一样，母乳喂养计划总体来说是非常好的，但在实际操作中很容易产生变化。如果计划对于妈妈和宝宝来说不太实用，不要迟疑，马上更改计划内容。

心得分享

关于重新制订母乳喂养计划，有两位妈妈分享了自己的经历：

“我计划在4个月的产假期间进行母乳喂养，然后再换成配方奶。我女儿打破了这个计划，因为无论我使用什么方法，她都不接受奶瓶。”

“对于我来说，情况几乎是完全相反的。我以为自己喜欢哺乳，会持续哺乳1年。但事实上，我发现这非常困难，所以在孩子3月龄之前就换成了奶瓶喂养……”

很多爸爸也想喂孩子吃奶，但不得不说，这绝不可以成为换奶瓶喂养的原因。

让宝宝用奶瓶吃奶也要像从乳房吃奶一样幸福。

考虑奶瓶喂养

几乎所有的母亲都能够产生足够的奶水，也几乎是所有的宝宝都能将这些奶水吃完。但“几乎”仍然代表有一些母亲不能进行母乳喂养，她们绝对要感谢配方奶粉和奶瓶的存在。

奶瓶和奶粉仅仅出现了几个世纪而已。在这以前，母乳的唯一替代品只有另一位母亲的乳汁（甚至现在某些发展中国家的情况仍是如此）。母乳对于宝宝来说是最完美的食物，但是如果妈妈在服用处方药，那么药物会通过母乳到达宝宝体内，对宝宝造成伤害，这时就可以考虑用配方奶替换母乳。如果宝宝因为唇裂或腭裂而不能吸吮乳房，或者生病、早产，那么妈妈把母乳挤出来用奶瓶喂，就可以解决这些问题，因为宝宝会觉得奶瓶比乳房更容易吸吮。如果妈妈和宝宝总是不能协调供需，宝宝吃不饱，妈妈也不舒服，不要再考虑问题是否可以避免或过程是否可逆，给宝宝换成配方奶，对于母子两个人都有好处。“支持母乳喂养”是正确的，但是也不能一味“反对奶瓶喂养”。

转为配方奶之前要仔细考虑清楚

如果妈妈非常坚定地想要进行母乳喂养，那么当发现进行母乳喂养有困难时，一定要花时间好好想想是否真的要放弃。如果乳房涨奶或者乳头酸痛，那么相对来说用奶瓶喂养可能看起来确实更好一些，但这可不是因为奶瓶喂养更好，而是因为母乳喂养需要很长时间。想要建立母乳喂养规律，需要妈妈将身心积极地（尽管有时存在不适感）投入到喂养宝宝上面。而从一开始就用奶瓶喂养的话，妈妈就会失去这种迫切感；妈妈不会担心自己的身体是否能够哺喂宝宝，因为任何人都能给他用奶瓶喂奶，让妈妈的身体再次回归自我。从一开始就用奶瓶喂养宝宝意味着，父亲跟宝宝的感情可能比完全母乳喂养的情况要更深。另外，如果宝宝不是完全从妈妈那里获得喂养和吸吮，那么与妈妈的感情可能就不会那么紧密。

考虑是否要请有经验的人协助育儿

●**妈妈奶水供应是否充足**：能生产多少奶水取决于宝宝吃奶频率和效率。如果妈妈认为自己的奶水营养不足，可能是因为宝宝吃得很勤，并且每次都吃很长时间。解决的方法就是鼓励他多吸吮乳房，因为这样才能够刺激供给。反之，给宝宝吃配方奶会降低他的需求，也就不能刺激母亲生产足够的奶水。

●**判断宝宝是否需要奶瓶补喂**：用奶瓶补喂适合那些母乳不能满足宝宝随时想吸就吸，而且想吸多久就吸多久的情况。但要给他时间，确保他吸第一侧乳房的时候不仅能够喝到前段乳，还能喝到之后质地较浓的后段乳。奶量是否足够的一个标志是，宝宝每天至少可以尿湿六片尿布，以及排便数次，这样他才能在两周后重新达到出生体重，然后持续增长下去。

●**频繁哺乳**：宝宝各不相同，而且每个宝宝每天和每天也不同，但是很多新生儿在24小时内都会至少吃奶12次，并且每天都会有一段时间断断续续地吸吮几小时。在这段时间里，妈妈的主要任务就是喂奶。不要尝试限制或规定喂养时间，否则会让宝宝吃的奶变少，妈妈的供应量是根据宝宝的需求而定的。

●**吃奶时间过长**：每个宝宝吃奶的力度和时间都不尽相同，导致妈妈的产量也都不同。如果宝宝和妈妈的乳房都进入哺喂的状态，宝宝吸吮的时间可能会延长一些，但并不是所有的宝宝都能达到普遍的20分钟。

奶瓶喂养注意事项

用奶瓶给宝宝喂奶比从乳房吃奶要简单，并且不会给妈妈自己的舒适度造成影响，但需要关注宝宝是否感到舒适。

●把宝宝抱近一点，让他的头和背保持在同一直线上，使他的吞咽更顺畅。

●当他的脸颊挨到妈妈的身体时，他就会开始觅食，等他把嘴张大，妈妈就可以把奶嘴放进去了。

●让奶瓶保持倾斜，让奶嘴中持续充满奶液，保证宝宝吸到的都是奶而没有空气。

●让他能吃多少就吃多少。他可能需要中间休息一下，或者打个嗝，就像他吃妈妈两侧乳房的奶一样。

奶瓶卫生

多数健康机构都建议在宝宝7月龄之前，奶瓶、奶嘴以及所有的喂养工具都要进行消毒。电蒸汽消毒和微波消毒都很方便；冷水化学溶剂或者煮（至少10分钟）是更经济、更环保的消毒方式。

有些医疗机构相信，如果家庭卫生环境过度清洁，把所有的细菌都清除，那么可能会让宝宝的免疫系统混淆，转而攻击“无害”物质，例如食物或者其他东西，导致过敏反应。所以，有些机构建议用奶瓶刷，最好是洗碗机，来仔细地清洗奶瓶和喂养工具，而不需要完全消毒所有东西。

大家都知道，较热的或室温的奶是危险的细菌培养基，所以提前准备的配方奶（或开袋即喝的配方奶）必须放在冰箱里冷藏。奶瓶绝对不能提前加热，除非等到宝宝准备好了。当宝宝吃饱了的时候，奶瓶里剩下的奶必须丢掉，绝对不能在一小时之后再拿来喂宝宝。

无论用的是多么强效的配方奶，都一定要按照包装或者罐子上生产厂家的说明来冲调。绝对不要给一定量的奶粉少加或多加水，否则奶就会变得太浓（可能会危及宝宝健康）或太稀。而且，也不要往配方奶中添加额外的糖或麦片。冲调配方奶是一件很科学的事情，不要按照感觉来操作。

可以买几个不同颜色、形状和大小的奶瓶。宽口奶瓶比窄口更容易灌入。太小的奶瓶其实没必要买，因为过不了几周宝宝就需要更换更大的瓶子喝奶了。奶嘴也有不同的号码和开孔大小，还有各种不同的形状。有些设计专为减少宝宝吞入空气量。如果奶嘴的开孔太小会让宝宝吸着困难，很容易导致宝宝没喝几口就不喝了。判断奶嘴开口是否合适的标志是，将奶瓶倒置，看奶是否每秒钟能从奶嘴里滴出几滴来。如果流出来的速度较慢，则需要一个流速更快的奶嘴。

研究发现

挑选配方奶。市面上有着各种不同的配方奶：用牛奶（比羊奶和豆奶好）制备，内含乳清基的配方奶要比酪蛋白基的更适合刚开始吃奶的宝宝。从营养学的角度来讲，除了便捷程度和价格的差别，配方奶之间的区别一般不大。开袋即喝的配方奶非常方便，但是价格更高，也比奶粉重。

打嗝或溢奶

宝宝在呼吸的时候会吞下一些空气，啼哭的时候会更多，而吃奶的时候也会。无论是哪种情况，宝宝的胃里总会有一些空气，唯一的问题就是，当他还没有吃饱奶的时候，胃里就会因为太涨而感到不适。

如果有这种情况，那么宝宝就需要吃奶中途打个嗝，给胃里腾出一些空间，好把剩下的奶吃完。打嗝时，他会停止吸吮，松开乳头或奶嘴，还可能会哼唧几声。这时把他竖着抱起来一到两分钟，他就会打嗝，然后愉快地继续吃奶。如果宝宝正在满足地吃着奶，不要把乳头或奶嘴移开，只是当他胃里有太多空气的时候才需要。他感到胃里的气体弄得自己很不舒服的时候，他才会停下吃奶，否则要让他安安静静地吃完。

一些说法

豆奶更适合宝宝，（可能）不会导致过敏。事实上，宝宝可能会对豆奶本身的蛋白质过敏，而且豆奶中含有一种类似于雌性激素的物质，可能会在将来影响男孩的生育能力。如果宝宝被医院确诊为对牛奶过敏（也就意味着他对羊奶也过敏），那么他应该喝低过敏原的配方奶。

吃得太饱会让宝宝的胃溢出奶和空气。但有些宝宝会吃着奶就睡着了，并且一直睡下去，而另一些宝宝则会因为不适而大哭抗议，直到打嗝将压力释放出去才停止。如果幸运的话，只要把宝宝竖着抱一到两分钟，

最理想的拍嗝姿势（最好在肩部垫一块布）。

如果宝宝在打嗝的时候带出一些奶液，妈妈可以在肩头垫一块布来防止衣服被弄脏。

宝宝就会把嗝打出来。但有些宝宝需要更多的时间和照顾才能打出嗝，而有时宝宝需要打两个嗝才行。

吃奶之后抱一会儿对于妈妈和宝宝来说都很美妙，所以即使宝宝吃饱后睡着了，并且不需要拍嗝，妈妈也可以把他竖抱在肩头，轻轻抚摸或者轻拍，以防他稍后会打嗝。但妈妈也不需要等到他把嗝打出来才放下宝宝。宝宝不打嗝，可能是因为他在这次吃奶时没有吸入太多的空气。

有些宝宝在把嗝打出来之前会感到非常不舒服，但是又不能很快地打嗝。如果宝宝出现了这种情况，妈妈可能需要尝试各种方法和姿势来帮他把嗝打出来。妈妈可以做各种尝试找到适合宝宝的方法，但是要注意宝宝身体结构问题。例如，一般比较推荐使用坐姿，但是太小的宝宝坐着的时候可能会让胃窝起来，所以可能会使空气积存在胃里，不能从胃里奶的下层翻上来。相反，平躺甚至是面向下趴在妈妈的大腿上，可能会让宝宝更舒缓，但这个姿势不利于打嗝，因为这会让胃里的奶和空气混合在一起，很难分离出来。要让空气到达胃里奶液的上层，宝宝才能通过打嗝将它释放出来，所以一般把宝宝竖起来能帮助他打嗝。

溢奶

无论妈妈有多认真仔细地调整拍嗝的姿势，以避免过度的颠簸和过度的拍嗝，宝宝可能仍会在打嗝的时候带出来一些奶液。几乎所有宝宝都会这样，尤其是体弱的宝宝可能每次吃奶都会溢一点，有时甚至不只溢一次。溢出的奶液中会混有一些口水，可能看起来像溢了很多奶，并且会弄脏妈妈的上衣，但是其实宝宝并没有溢那么多奶出来。如果担心宝宝溢出来的奶太多，可以在另一边肩膀上洒一茶匙（约5毫升）的奶对比一下（反正衣服都要洗）。妈妈可能会发现宝宝溢出来的还没有洒的那么多。

溢奶的常见理由有如下几点。

●宝宝可能吃得太多，超过了胃容量，于是便把多余的溢出来。

●平躺着吃奶让宝宝胃里的空气不能达到奶的上层。尝试让将的吃身体竖起来一些。

●吃奶后摇晃宝宝，使他胃里的奶和空气混在了一起，所以在打嗝的时候难免会带出奶液。在喂奶之后要轻柔地抱他。

●在他吃奶的时候，妈妈觉得他要打嗝，强行把乳头或奶嘴从他嘴里拿出来，让宝宝大哭。啼哭时会让更多的空气进入他的胃，然后被后面吃的奶压住。

●如果是用奶瓶喂养，那么喂奶的时候奶瓶角度太低，导致喂奶的时候奶嘴里不能被奶液完全充满。宝宝吃奶的同时也吃进了空气，并在胃里混到了一起。

●如果是奶瓶喂养，奶嘴的开口太小也会导致溢奶。因为这会导致宝宝非常用力地吸奶，造成他吞进过多的空气。要确认奶嘴的流量，即把奶瓶倒立，每秒有数滴奶流出来才可以。在做此试验的时候，不要用水替代奶，因为水太稀，更容易流出来。

呕吐

在吃奶之后1小时或更久之后吐出来的奶可能会被消化液凝结成块，并且带有异味。这种呕吐可能只是因为宝宝胃里存的空气跑出来的时候带出了已经消化的奶。尽管如此，它还是会造成消化不良或疾病。如果宝宝还伴有腹泻或发热，一定要咨询医生或去医院。

喷射性呕吐

通常男宝宝比女宝宝容易喷射呕吐。这并不是因为打嗝而带出了一些奶液，也不是吃奶之后1小时或更久之后的吐奶，而是在接近每次吃完奶的时候，他会以很大的压力将奶液喷出来，溅到1米远的墙上或地上。喷射性呕吐会让宝宝吐出过多的他应该摄入的奶，所以一定要立刻咨询医生。医生可能会进行喂奶观察，并且亲自检查喷吐的情况。

引起喷射性吐奶最常见的原因（但并不是唯一的原因）就是“幽门狭窄”。这是一种不常见的问题，由胃的出口处肌肉缺陷造成。只需要一个简单的小手术就能永久地修复这个问题。

安全养护

无论什么原因，只要妈妈觉得宝宝不太好，就不要等待，不要观察，必须立刻咨询医生，即使是休息日或深夜也不要犹豫。如果宝宝看起来很好，那么他通常应该没有什么问题。可以在宝宝饿的时候喂他，但要注意观察是否有症状出现。

新生儿睡眠

小宝宝的睡眠和清醒周期可能会让大人非常不适应。对于很多家长来说，适应宝宝的睡眠，或者说忍受夜间的宝宝，可以说是照顾宝宝最艰难的一件事情。

妈妈越现实地看待宝宝第一周的睡眠（以及自己的），对自己越有好处。意识到不好的事情即将发生，虽然不能帮自己适应得更好，但是能够让自己做好心理准备承受适应过程中的每一次挑战。不要被新生儿每天会睡16～18小时的事实所误导。虽然事实如此，但是并不像听起来那么美好。这18小时是很多次小睡的总和。在第一周，宝宝每次睡觉几乎不可能连续睡着超过2小时；至少需要6～8周才能区分昼夜，开始建立昼夜

宝宝安逸的睡眠能持续多久呢？这是不可能预测的。

节律作息。同时，他可能会在上午9点～11点半睡最长的一次觉，然后夜里1点～3点出现最长的清醒时间。

无法预测宝宝每一次睡眠会持续多久，所以也就无从知晓妈妈自己能不能上床睡一觉，还是去泡个澡。不过，一旦宝宝醒了，妈妈大概可以知道他这次会醒多久。在最初的几周，多数宝宝都不会保持清醒超过1小时。让宝宝多醒一会儿，并不意味着稍后他就能睡久一点。相反，如果他太疲劳，会更难入睡。宝宝感到疲倦时的表现也各不相同。要了解宝宝大概什么情况下是已经醒了足够的时间，就要仔细观察宝宝。他要睡觉时，可能会转移视线，不再看着妈妈的脸，也不再看妈妈拿给他的汽车或玩具；他可能会突然开始哼唧，然后变得烦躁，或者四处张望，慢慢变得昏昏欲睡。

宝宝睡觉的时间就是他的生理机能需要的睡眠时间。没有什么方法可以使他睡得更久，宝宝也不可能让自己睡得更少。但如果能尽量不去控制他的睡眠时间，那么用不了多久妈妈就能掌握他的睡眠规律。

区别睡眠与清醒

新生儿通常会花很多时间逐渐从清醒进入睡眠，然后再回到清醒，所以很难确定某一刻他们处于什么状态。宝宝可能刚开始非常清醒，并且在用力地吃奶，接着就进入了恍惚的状态，如果不是还在偶尔吃一下奶，他看起来就像是睡着了。最后，宝宝快速地进入了睡眠，他睡得如此香甜，即使拍嗝都不能吵醒他。

逐渐进入睡眠或清醒过来对于宝宝来说非常正常（他只是在需要的时候做了这件事），但是对于妈妈来说可能不太理想。如果妈妈能温柔地唤醒（宝宝清醒时肯定需要关注和陪伴）或哄睡（有一段时间没有任何需求），妈妈就能更从容地安排自己接下来的生活。所以，从一开始的时候就要培养他“上床”睡觉的习惯，醒来以后就要“起床”，而不要让他一直在某人的腿上睡着或小睡。如果在他很困的时候总是把他放在推车上或婴儿床里，他就会慢慢把这些地方跟睡眠联系起来。如果在他清醒的时候总是让谁陪着他，他也会渐渐地形成习惯。

研究发现

宝宝的睡眠周期。新生儿的睡眠习惯不可能与大人的同步，他从浅睡眠进入深睡眠，然后再回到浅睡眠，大约需要50分钟，而成人的这一周期约是他的2倍长，即90分钟左右。所以，新生儿肯定要比成人醒来的次数多。这也就是说，新生儿需要20分钟从浅睡眠进入深睡眠，而浅睡眠时期几乎任何事物（包括把他从自己的怀里放到婴儿床上）都能够吵醒他。

双胞胎小贴士

双胞胎不仅是两个宝宝，还是两个不同的宝宝，如果他们乐于接受同样的作息，那么所有的事情都能事半功倍。此时，妈妈可以尝试所有单胎宝宝的养育建议——即使不合适也没什么。如果双胞胎中一个比另一个个头大或者强壮，又或者一个宝宝在昼夜灯火通明的医院待的时间更久，那么需要数周的时间，他们才能以同样的作息吃饭和睡觉，并且在接近的时间清醒。

区分昼夜

虽然宝宝真正成为昼行生物还需要数个月的时间，但妈妈从最开始的时候就明确夜间睡眠和日间小睡能够加快这一过程。“上床时间”和给他洗澡的时间固定，给他换上睡衣，在他一会儿要睡觉的房间喂他吃奶等，都有助于宝宝形成规律睡眠。但在早期，宝宝晚上最好和妈妈一起睡，所以他的夜晚从妈妈的上床时间开始。

把宝宝抱起来，是为了带给宝宝触觉上的舒适，也是一种可以使他重温在子宫里的感觉的方式。他被温暖、柔软、轻柔的包布包裹着，这与传统的襁褓不同，并不是出于为了“让他的背保持笔直”或其他任何目的。事实上，让宝宝保持自然状态更好，手臂在手肘处弯曲，腿蜷起来。包宝宝的时候维持这种姿势，不要尝试让宝宝保持笔直。总体来说，要让宝宝的手放在他想要吸吮就能够到的地方。有效的包法让宝宝的手臂和腿都保持在最佳的位置，这样当他想要活动的时候，宝宝是作为一个整体在活动，而不是被包被束缚。这能神奇地让多数宝宝都感到舒缓。

包裹宝宝一定不能太紧，但太松同样不能让他感到舒缓，反而会让他感到难受。要选择轻薄和稍有弹性的材质，这样包裹物才能适应宝宝的身形贴合他。冬天可以用包被或者是松软的毯子。夏天用法兰绒床单能够让宝宝感到足够温暖又不会太热。在最热的天气里，宝宝喜欢被包裹的感觉，但又不能太热，所以可以用软纱布材料包裹。到了晚上，要把房间的灯调暗，跟白天有所区分。这样当宝宝睁开眼睛的时候（所有宝宝都会在夜里偶尔睁开眼睛），就不会有任何刺眼或者很显眼的东西进入他的视线。但也不要让屋里太黑，否则妈妈在照顾宝宝的时候还要开灯。

图1，将包布折成三角形，让宝宝头向上躺在长边上；图2，用布的一角裹住宝宝，并把它紧紧地塞进宝宝身体下边；图3，另一边也这样做。

吃夜奶也很重要；宝宝不能也不应该不进食、不喝水超过6小时。为了保持宝宝的困意，喂夜奶过程越快越好。因此，宝宝醒来的整个过程越不复杂越好。如果宝宝没有大便，妈妈甚至可以不用换纸尿裤，直接给他喂奶。

一旦宝宝哭了，必须迅速回应他，让他不要完全醒过来。不要在喂奶的时候跟他说话或玩耍，只要好好地抱着他即可。日间喂奶可以是社交互动的时间，但夜间喂奶则完全是为了满足（生理的和心理的）食物需求。

睡眠安排

在有些文化中，包括一些后工业国家，如日本，重视与宝宝的亲近远胜于宝宝的独立性，并且认为宝宝就应该与家长一起睡。而另一些文化当中，包括大部分英国人和美国人，出于对婚姻隐私的重视，也出于对宝宝独立性的培养，而让宝宝自己睡。两种方法对于父母来说显然都是正确的，但无论是否带宝宝一起睡，都取决于不同的身体接触给宝宝的睡眠带来的影响。

无论是床边床，还是睡在一起，对于宝宝和母亲来说都有很多益处，而且这样做能带来更多的平静，也意味着更多的睡眠。宝宝几乎不需要找奶吃，妈妈几乎可以不用完全醒来就能喂奶。如果宝宝在夜间醒来，妈妈不需要起床（宝宝也不需要等待）就能给予安慰的怀抱。

有些机构相信，同床睡能够让家长保持警觉，很安全，可能真的能保护宝宝免于婴儿猝死。有视频资料显示，家长能够在无意识的状态下，监控宝宝的位置和温度，调整被子，让宝宝保持呼吸顺畅，不会太热。

抛开安全问题不谈，除了有关成人隐私的问题以外，同床睡还存在一些现实的缺陷。如果宝宝在妈妈的床上与妈妈一起睡，当妈妈夜里起床去看另一个孩子或去洗手间时，是不能保证他的安全的。另外，对于宝宝来说，白天的时候要睡在哪儿？如果他整晚都与妈妈待在一起，一直在小睡，而不是被放在床上睡觉，那么当妈妈晚上要出门的时候，照顾孩子的人要怎么处理？

如果父母的卧室有足够的空间，又不受预算限制，“床边床”或者床中床是一个非常好的选择，能够解决所有同床睡的问题。把婴儿床调整为与父母的大床同一高度，然后与大

一些说法

与大人睡一张床对于宝宝来说很危险。但对于这个说法，目前还存在很多不同的意见。英国婴儿死亡研究基金会和卫生部联合给出的建议如下。

- 让宝宝平躺着睡觉，脚靠在婴儿床的底部，这样就可以防止他钻进床单里。
- 孕期家长双方都不要吸烟，也不要让宝宝与任何吸烟的人共处一室。
- 不要让宝宝太热（或太冷）。保持宝宝头部没有覆盖任何东西，不要使用任何羽绒被或枕头。（宝宝与过胖的家长一起睡一张不算大的床时，也会感觉很热。）
- 在最初的6个月里，对于宝宝来说最安全的睡觉的地方就是放在父母卧房里的婴儿床。
- 如果妈妈喝了酒或服用了药物，又或者吸烟，请不要与宝宝同床睡觉。
- 如果宝宝生病了，要立刻到有资质的医院就医。

双胞胎小贴士

现在有专门为双胞胎设计的床边床。它要比两张床更节省空间，还能使妈妈在给一个宝宝喂奶的时候不会打扰另一个宝宝的睡眠。

使用床边床，具有所有同床睡的好处，却又不会带来任何风险。

床固定在一起，不要让父母的床和宝宝的床之间有任何缝隙。夜间的时候可以打开床边床的一侧围栏，白天的时候立起全部围栏，就可以确保宝宝能安全地待在里面。床边床被设计成一个标准的单边围栏活动的婴儿床。

即使准备和宝宝分床睡，宝宝的睡篮或婴儿床都要至少在父母的卧室里放6个月。

夜间喂奶

在夜里给宝宝喂奶，要做到和白天喂奶一样。当然，妈妈要把这当作必须做的事（确实是），但是不要认为这会很痛苦。尽管很多家长觉得自己的睡眠被打扰，整个人筋疲力尽，但大多数家长在宝宝形成自己的规律之后也能很快适应，还有一些甚至享受深夜里平静的亲密时光。

要想好妈妈和爸爸是否都要起来喂夜奶。一旦“宝宝月”结束，其实真的没有必要每次夜间喂奶两个人都起来。如果采取母乳喂养，妈妈可能不得不选择放弃和伴侣一起吃零食和聊天，以便补觉。如果采取奶瓶喂养，妈妈可能会让爸爸一起分担喂养任务，如两个人轮流喂养，妈妈今天晚上喂奶，爸爸明天晚上喂。但除非夫妻俩分床或者分房间睡觉，否则轮班也起不到好好休息的作用。妈妈会发现，无论怎样自己晚上都会醒来——比爸爸要容易醒得多，而且要等到宝宝重新睡下才能再安心地睡着。

提前给自己准备好舒适的环境。如果不想在床上喂奶（因为不想与宝宝同床睡，也不想因此而犯错误），一定要保证准备好一个舒适的喂奶椅和暖和的睡衣。如果采取奶瓶喂奶，可以提前把冲好的奶存放进冰箱里，这样只需要在喂奶之前用温水加热。或者也可以准备一些方便的开袋即食的配方奶，这类配方奶由于未开封，所以不需要冷藏，可以直接放到床边，有需要的时候哺喂。而且因为没有放在冰箱里，所以通常不需要加热就可以给宝宝喝。有些宝宝不喜欢从冰箱里刚拿出来的凉奶，但是大多数都能接受室温的。

在宝宝刚开始哭的时候就要喂他。他清醒的时间越少越好。不要以为不理会婴儿，他就会不哭了。宝宝哭是因为想吃奶了，即使他再次入睡，没吃奶的话，也不会睡太久，而且这么做对于妈妈来说也没什么好处。

让自己尽量在放下宝宝后能马上接着睡。如果是母乳喂养，妈妈会发现这很简单，因为喂奶过程中会刺激母体产生激素，帮助妈妈放松下来。如果是奶瓶喂养，虽然很快就喂好宝宝，但妈妈可能会在躺下以后仍在想宝宝是否需要再打一个嗝。如果宝宝需要拍嗝，他会发出声响提醒妈妈；如果他不需要，妈妈大可以放心大胆地睡。

研究发现

加热奶瓶。很多机构都说没有必要给奶瓶加热，宝宝能喝凉奶，哪怕是刚从冰箱里拿出来的。但是，大多数家长都会将奶热一热，不仅是因为他们希望配方奶能够尽可能地接近母乳的温度，而且因为宝宝喝热奶时更迫切。宝宝可能很快就会习惯某个特定温度的奶，而拒绝喝不同温度的。

双胞胎小贴士

如果有两个宝宝需要在半夜喂奶，那么最好夫妻两个都能起来喂。无论是母乳喂养还是奶瓶喂养，爸爸都可以帮着抱抱宝宝，给宝宝拍嗝，然后给宝宝重新包裹好。这样可以使喂夜奶的过程更快、更容易一些。

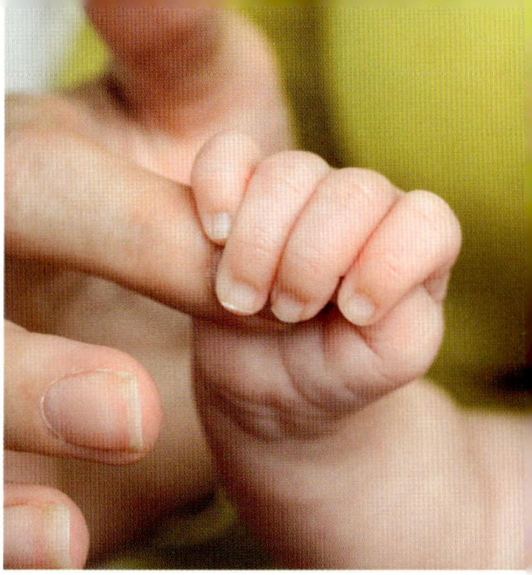

安顿下来，继续前进

一起安顿下来

总有一天父母会发现，宝宝不知从何时起，由一个“新生儿”变成了“稳定的婴儿”。父母可能会在宝宝2周龄或2月龄的时候突然发现这一点，但从宝宝的角度来说，早晚其实都有没关系。

宝宝变得稳定对于父母来说至关重要，而且越快越好。宝宝的日常（和夜间）直到现在都被吃奶和睡觉填满，中间还会穿插几次哭闹，这一切不会突然改变。会改变的是这些活动的时间，还有这些活动穿插的规律。宝宝可能在周一上午的6小时内吃了四次奶，但到了周二的同一时间段可能只吃了一次，而养成好习惯的宝宝只会遵循同一个规律，或者部分形成规律。所以，并不是宝宝突然吃的次数减少了，睡的时间长了，而是妈妈能够通过昨天的表现，大概“猜出”他今天的行为和需求。

只要度过了无法预测的阶段，宝宝就进入了稳定阶段。这并不意味着照顾他就变得简单了，但至少妈妈对宝宝接下来的表现能有一个准备，虽然他做什么仍然不是妈妈能决定的。妈妈能知道他什么时候需要吃奶了，虽然他整天都在吃；知道什么会吓到他，虽然几乎所有东西都会；而且知道他什么时候高兴，尽管高兴的时候很少。所以，一旦宝宝安定下来，妈妈就会知道接下来要迎接的是什么。勉强应对的日子可算结束了，妈妈终于能做一些计划，协调宝宝的需求和其他人的需求，尤其是自己的需求。妈妈可能很快就会发现，宝宝已经是一个有自己的个性、喜好和性格的人，已经不再是个“宝宝”了。

尽可能在做所有事情的时候，都让宝宝待在自己的身边，这对于亲子双方来说都有好处。

如果在做会扬起灰尘的事情，最好让宝宝远离，让他在其他地方玩。

宝宝已经有自己的个性了，形成了自己的性格和喜好，有着刚形成的幽默感。

学会观察宝宝而不是完全按部就班

稳定下来的过程源于宝宝自己，而不是任何外力可以决定的，所以不能急于求成。宝宝会自己渐渐建立起吃奶、睡觉和啼哭的规律。

妈妈尝试把时间表强加于宝宝身上是无济于事的。家里再也不可能是只有成人生活的环境了，所以既然有了孩子，还自顾自地生活，对于家庭中的所有人而言都没有好处。不要试图把宝宝对自己的影响降低，但也不要疲于应对。一旦习惯了他，生活会以全新的方式发展，变得多姿多彩，而且会比二人世界更加生动有趣。

当然，父母也需要耗费一些精力来习惯这种生活。如果妈妈对自己做母亲越没信心，就越不相信自己的直觉，越会控制宝宝的行为，来限制他向自己发出需求。很多人建议要从一开始就细致地管理宝宝各方面的生活。如果妈妈了解过且朋友们也推荐使用某种对宝宝有好处、让妈妈更轻松的方式，那么这种方式可能就是最简单易行的。例如，把宝宝日夜生活的各方面需求都按时间规划好：什么时候把他放下，让他睡多久；让他在不同的时间看什么或者玩什么；什么时候该喂他、抱他或与他说话。整个方法的目的在于让他很快进入规律的生活，对妈妈的日常生活造成的影响尽量减小。孩子越不受控制，这一方法听上去就越具有吸引力，事实上它确实适用于一些家长。

研究发现

时间表。最近有研究显示，“以宝宝为中心的”育儿法（按需喂养，哭了就立刻抱起来）在最开始的一周里，能够减少宝宝50%的啼哭。这是相较于用时间表来规律生活的宝宝而言。

心得分享

关于育儿指导，一位妈妈说：

“我觉得育儿指导最大的帮助就在于，宝宝啼哭的时候，我无须思考就能明确知道该做什么。我要么听我妈的，要么按照我在杂志上读到的那样做。”

执行严格的时间表

很多新妈妈都被各种不同的关于宝宝的理论和建议弄得不知所措，她们经常会说：“我真希望有个人能告诉我到底该做什么。”有些指导书籍真的会告诉妈妈每小时该做什么。一旦妈妈认定了这样的安排，很少会自己做出更多的判断或者决定。按照每日常规育儿不需要思考，但这并不意味着轻松。无论对于成人还是宝宝来说，这样做会遇到很多障碍。刻板地将每一分钟都安排好的方案没有给宝宝留出足够的空间来享受自发性的快乐，妈妈也可能要放弃

告诉妈妈接下来要做什么的不是时间表，而是宝宝。观察他，妈妈就能很快了解他，发现他的需求是什么。

很多享受生活的机会。所以，虽然这种方法更易于管理，但是却少了很多乐趣。除此之外，这种方法虽然能让妈妈在不知道该做什么的时候，安排好时间，进行一些有意义的活动，但也让她们不再从宝宝的角度出发考虑问题。

只看时间表，不看宝宝

对于宝宝来说，按时间表生活，可能会让他付出很大的代价。如果时间表不能适应他的特定发育情况或者个性，那么就是强迫他适应，对于宝宝来说非常不好，也不利于宝宝和父母的关系。

在一个管理者往往超过从业者的世界里——医院里比起医护人员会有更多的管理人员——用时间表来安排宝宝的生活也就没有什么好奇怪的了。但宝宝是个人，不是一个项目。当然，照顾宝宝自然由妈妈来安排，但是安排宝宝的生活与医院安排手术和手术室的使用是完全不同的。为了避免临时跑出去买东西，妈妈可以规划尿布的存量，但是妈妈不可能为了夜里不用起来换尿布而去安排宝宝什么时候大小便。

宝宝会形成一种规律，这个规律让妈妈能把宝宝安排进自己的生活，能让自己活得更轻松，也可能会让宝宝感到安全。但是，这个规律不是由妈妈按照时间规定，不管宝宝是否喜欢，强加给宝宝的，而是妈妈和宝宝一起形成的规律。妈妈要多观察宝宝，看他的需求是什么，再找出满足他需求的方法，这也能让妈妈自己感到欣慰。

一些说法

训练2月龄的宝宝睡整宿觉是对的。妈妈也需要睡觉，所以偶尔不理会宝宝的哭闹不会对他造成影响。最基础的〝训练〞技巧叫作〝控制啼哭〞，即把宝宝放进婴儿床里，不管他是否在哭，让他自己待着。大人以规律的间隔时间（每5分钟、10分钟、15分钟）去看看他，但是不抱他。有些宝宝可能只哭几分钟，这可能是因为宝宝也喜欢安定（这一点他们不需要〝训练〞）。但有的会哭上1小时或者连续好几天都啼哭很久。当这样的宝宝不哭了的时候，并不是说他们学会了不哭，而是他们已经不再期望能有人来照顾他们。

倾听宝宝

当宝宝因为什么原因不高兴或感到不舒服的时候，他就会啼哭，这样照顾他的大人就会过来安慰他。所以，啼哭本身没有任何危害，除非哭了没人回应。

妈妈只要观察就会发现，如果宝宝哭了没人理，他就会哭得更厉害。直到近几年才发现，这种我们看不到的负面情绪对于宝宝来说没有任何好处，甚至很多时候对宝宝有害。既然没有人能告诉妈妈每个阶段的宝宝哭多长时间才算是“太多”，那么千万不要不管他，任由他啼哭。如果宝宝能够适应，按部就班地给他喂奶、让他睡觉，也是可以

研究发现

早期压力。当宝宝经历突然的和持续的紧张时，内分泌系统就会做出反应，刺激肾上腺释放皮质醇，也就是〝痛苦激素〞进入宝宝的身体和脑。整个〝痛苦反应系统〞（下丘脑—垂体—肾上腺轴）会持续放出皮质醇，直到有人来安抚宝宝，让他不再痛苦。长期积累造成的皮质醇水平过高，对于宝宝正在快速发育的脑来说是有害的。反复发作会给宝宝造成永久性的损伤，影响他的反应系统，导致宝宝对轻度的紧张高度敏感，并且反应过度，出现恐惧和焦虑。这种影响不仅发生在婴儿期，而且会延续到童年甚至成年以后。

既然抱起宝宝就能给他带来纯粹的快乐，那么就不要不管他，任由他哭。

的。但如果宝宝不能适应，用“控制啼哭”的方式对待他，会给他造成过大的压力。

婴儿还不能进行自我安慰，所以需要父母给予。有时候，当他吃饱后被放回到婴儿床上时，他会满足地睡去；而有时候，他要在妈妈安全的怀抱中，才能感到舒适。

如果妈妈不管宝宝，让他独自一个人哭，即使哭得非常厉害，他最后也会停下来。毕竟他不可能一直哭。但这么大的宝宝还不知道停下，因为他什么都不懂，他的脑

心得分享

关于不理会孩子的啼哭，一位妈妈分享了她的经历：

“对于将宝宝独自留在房里哭，虽然我非常累，也很想那么做，但我会因此感到一丝惭愧。可在时间表中，让宝宝哭是在一天中的某个预定时间以规定的方式‘安抚他’的一部分，每天的每一时刻都已经被设定好了。”

还没有发育到会停下来。等他大一点以后，他学会的绝不是父母想让他学会的，而是“别哭了，因为没有人会注意到”。如果他哭着睡着了，那也是因为绝望和疲惫。

指导手册中的内容通常都是成年人如何控制孩子，与孩子保持距离，以及支持他们对于孩子的绝对权威（“你肯定都是对的”）。但家长最需要的可能是足够的人力支持，伴侣的支持，家庭的支持，朋友和专家的支持，来让他们愿意沉浸在自己和宝宝的关系之中。指导手册让家长认为他们能够保留自主权，定时定量给予宝宝关注。这是一种误导，因为即使他们不情愿，他们的幸福也和宝宝紧密相连。有些妈妈可能讨厌宝宝哭，甚至抵触，但事实上她们离不开自己的宝宝。忽略（“控制”）宝宝的啼哭并不能改善现状，因为拒绝回应宝宝的啼哭不仅意味着宝宝没人理，而且妈妈也会持续受到骚扰。所以，要对宝宝的需求保持敏感，为他调节自己，当他看起来需要照顾的时候给予照顾。这不仅是为

宝宝还不能安慰自己——这是父母的责任。

了宝宝好，也是为了妈妈好，更是为了亲子关系好。亲子关系对宝宝的发育和他整个人生都十分重要。

宝宝对母亲的依赖

一个研究结果显示，对于宝宝一生中的各个方面的发育都至关重要的是，确保他和妈妈或者其他像妈妈一样照顾他的人之间的依附关系。一个联合研究机构论证了细心且反应迅速的母亲对于宝宝来说有多重要。婴儿对母亲依恋的安全性和对母亲照顾的敏感性是一致的。另外，一个快速发展的新兴研究领域的结果显示，压力，包括导致和来自不安全依恋的各种压力，可能会损伤婴儿学习的能力，在极端案例中，这种损伤是永久性的。当研究对比了各个年龄的儿童在各方面的发育情况后发现，从语言到恢复能力、社交娱乐，孩子们不同的表现都源于生后第一年里妈妈的敏锐度和反应力。

没有人能全天候将另一个人照顾得无微不至；没有人能总是第一时间对另一个人做出回应。妈妈可能有时候不明白宝宝想要什么，或者夜里睡得太沉，当宝宝醒来的时候未能及时给予他回应。如果家长对宝宝更细心、更积极、更关爱，宝宝将来就会发展得更好，更有力量应对未来的各种挑战。这不仅是一种观点，更是事实。

时刻挂怀自己的宝宝意味着无论自己身在何地，或者正在做什么、正在想什么，宝宝都会在心里、在意识中占据一席之地。而当自己将注意力集中在他身上的时候，就是在为他考虑，为他着想；把自己放在与宝宝的关系之中，想着彼此要怎么做才能把下一次的挑战转变为快乐，而不是一味地按图索骥，担心时间，如晚饭凉了，不能按时睡觉，等等。这种协调和完全放纵有着根本上的区别。事实上，正如我们将看到的那样，有些刚过新生儿阶段的婴儿需要每小时喂一次奶或经常要求抱抱，究其原因，就是父母在新生儿阶段过度控制宝宝的作息，而没有给予他足够的爱。

积极地回应宝宝，很快就会转变为宝宝和家长之间相互回应。婴儿并不是一定要从家长身上“索取”。观察和倾听宝宝，并且尽量迅速对他做出积极的回应，并不会让宝宝过度地依赖家长。相反，它会导向一种自然的且不需要提前计划或特定规划的沟通，成为成人和婴儿之间的一种默契，继而转变为所有亲密关系都需要的互利互惠。这需要双方的和谐（而不是规定），孩子能在醒来后保持平静，家长能迅速来到宝宝的婴儿床边。和谐才能让妈妈慢慢拉长每次喂奶之间的时间，才能在宝宝受到惊吓的时候因看到妈妈的脸、听到妈妈的声音而平静下来，不需要立刻喂奶。这需要几个月的时间反复磨合，让宝宝知道妈妈与他不是同一个人，而是另一个独立的人，是一个值得依赖、能够满足他需求的人，但也有自己需求的人。这些领悟的基础是相互的尊重。这种关系需要最初6个月的铺垫，其不仅在婴儿期支撑着亲子关系，而且替代了规划严格的家长控制，还可以贯穿整个幼儿期，是宝宝自主意识发育期的动力，对宝宝日渐增长的对同龄人的热情有益，甚至还会帮助青春期身心的发育。如果到了孩子青春期的时候再培养互相尊重的感情，那会非常困难，因为父母的权威已发挥不了作用。

研究发现

分离和“不安全依恋”。宝宝反复经历与母亲的分开，或者啼哭无人问津，是导致“不安全依恋”的主要原因。

稳定宝宝的喂养

无论宝宝是3周龄，还是3岁或13岁，在吃的问题上，妈妈和宝宝应该达成一致。不要过度担忧宝宝吃不好，让喂养成为一件开心的事。

喂养过程是否愉快非常重要。如果仔细观察孩子就会发现，他刚开始吃奶的时候会因为饥饿而迫切地吸吮，把奶吃到嘴里之后那种迫切感就会减弱，取而代之的是吃奶时的幸福感。刚开始喝奶的一两分钟里，他会大口吞咽，接着就会用稳定的节奏吸吮，然后慢下来，吸几口奶就歇一会儿，再接着吸。很快，他的小脸上就会出现昏昏欲睡很满足的表情，吃奶的节奏会慢下来，间歇会变长。最后，休息的时间比吃奶的时间长，宝宝会出现一种像喝醉了一样的表情，似乎是睡着了，只有偶尔吸一口表示他还没有吃完。

对于一些妈妈和宝宝来说，哺乳过程就像上面描述的一样轻松愉悦。从宝宝的角度来讲，只要他的体重开始稳中有增，就说明母乳喂养进行得不错；随着时间的推移，他的满足感会更多而不会减少，并且在醒着的时候会更警醒。如果喂宝宝吃奶是一件让妈妈很惬意的事情，即使仍不喜欢在半夜喂奶，从妈妈的角度来说也算合格了。这样的妈妈可以不看下面几页的内容。

但并不是所有妈妈都能轻松哺乳，事实上有很多女性开始是准备母乳喂养的，但是在尝试了几周后就放弃了。这样的妈妈就需要继续读下去。

母乳喂养：最初几周里常见的问题

拒绝母乳。如果宝宝拒绝乳头和吸吮，或者总是含了又松开，显得烦躁不安，那么妈妈可能会觉得很失望和痛苦。因为宝宝拒绝母乳的时候，就好像在拒绝妈妈一样，这就有可能形成恶性循环。宝宝越是不高兴，妈妈越是想安抚他，但他却拒绝了妈妈能提供给他的最原始的安抚，那么妈妈到底该怎么做呢？在顺利的情况下，宝宝会吃上几口，但会把母乳弄得到处都是，而大部分情况都十分不顺利，宝宝会一边哭一边找奶吃，却怎么也不肯好好吸吮，吃了两口就松开嘴，妈妈的乳房却已经开始流出奶液，弄得到处都是。如果这一过程持续很久，或者反反复复，妈妈的乳头可能会疼，这时妈妈就容易把身体的疼痛与感情上的拒绝联系起来。

这种情况没什么不正常，妈妈可以参考以下几点分析。

- 妈妈一次分泌的奶液太多，宝宝没来得及咽下去，下一口就来了，呛到他了。
- 可能吃奶的时候鼻子堵住了无法呼吸。
- 如果他等了很长时间才吃上奶，可能他已经不感到饿了。
- 如果妈妈的奶水不能及时分泌，会导致宝宝吸了半天什么也没吃到。
- 宝宝患了鹅口疮（仔细检查他的口腔里是否有白色斑块）。这种情况不是很常见，但会造成吃奶时的疼痛。

如果上述任何一条原因符合自己的情况，那么妈妈可以想办法来避免。在找到原因之前，妈妈只能接受有不明原因造成了宝宝吃奶困难，并反复尝试哺乳，以便找出原因。如果爸爸、长辈或朋友在身边，妈妈可

宝宝拒绝乳房，并不代表他在拒绝妈妈。等母子俩都冷静下来后，再进行尝试。

以让他们把孩子抱到看不见自己，但是可以闻到乳房气味的距离，安抚一下他，同时妈妈把自己清理干净（婴儿湿巾不仅宝宝可以用，妈妈也可以用），冷静一下。然后，妈妈再尝试换个地方，找个自己和宝宝都觉得轻松的姿势接着哺乳。

可能在尝试了很多次后，宝宝仍不能好好吃奶，但他可能因为折腾了很长时间而睡着。不要尝试叫醒他，喂奶过程到此结束。当他再次醒来的时候，他会非常饿，就会吃得非常开心。

如果类似情况经常发生，很可能会打击妈妈的自信，破坏刚刚开始哺乳这件事的乐趣，所以一定要尽快寻求任何可以得到的帮助。无论是健康专家、母乳咨询师、亲戚或朋友，只要是自己信任的人，就可以请教他们怎么解决问题。其实，这类问题的原因和解决方式通常都只在于哺乳姿势。

吃奶量

如果妈妈采取母乳喂养，那么妈妈看不到也无法测量，更不用说控制宝宝的奶量，只能有多少奶给他喝多少奶，或者他喝多少奶给他多少奶。这也是母乳喂养通常比吃奶瓶更易造成焦虑的原因，尤其是对于第一次当母亲的人来说，因为她们不了解供需系统正常进行的情况。宝宝真的能够找到和满足自己的需求，妈妈要相信宝宝知道多久该吃一次奶，或者每次要吃多久。即使他一小时前刚吃完奶，只要宝宝要，妈妈就可以给他吃。

判断宝宝的奶量是否充足

并不是所有宝宝从一开始就能茁壮成长。如果宝宝发育得不好，妈妈显然要立刻带他去咨询医生或者健康顾问，但不要马上自以为是奶水不足，宝宝没吃饱造成的。传统的评估新生儿喂养情况的标准是基于吃奶瓶的宝宝而建立的，可能会误导进行全母乳喂养的妈妈。

●宝宝可能会经常想要吃奶。然而，多频繁才算频繁呢？这个问题没有一个确定的答案，因为母乳喂养和奶瓶喂养完全不同。吃配方奶的宝宝，几个月大的时候一般3～4小时才需要吃一次奶，但是吃母乳的宝宝的情况就不是这样了。对于吃母乳的宝宝来说，2～2.5小时吃一次奶才是正常的。

这里2小时的间隔并不意味着吃完奶之后的2小时，而是从每次开始吃奶到下一次开始吃奶的间隔时间。如果宝宝早上5点开始吃奶，并且在早上5点45分停止吸吮，那么2小时的间隔意味着下一次喂奶是在上午7点左右。也就是说，喂奶持续时间越长，间隔越短，而母乳喂养的时间一般都比奶瓶喂养的时间长。

●如果喝配方奶的宝宝大便的次数少或量少，尿的也不多，一般意味着他没有吃饱，但母乳喂养的宝宝出现这种情况，却不一定是没吃饱。有些宝宝能够彻底消化掉母乳，所以没有什么大便。如果宝宝2周龄的时候每天大便3～4次，而现在一周只有3～4次，并不意味着他没有吃饱或者便秘。

宝宝会成长，也就是说，无论吃得怎么样，体重（和身长）都会增加。

●如果没有增长足够的体重，就意味着宝宝奶吃得不够，但是多少算够？增加多少奶量又算合格呢？同样，吃配方奶的宝宝和吃母乳的宝宝的“标准”是不同的。吃母乳的宝宝可能没有吃配方奶的宝宝每周预计增长的体重多。然而在最初的6～10周，吃母乳的宝宝会长得很快，而如果吃配方奶的宝宝也长得这么快的话，他可能“吃得太多”了。

妈妈会希望看到宝宝的体重呈增长的趋势，而这也是宝宝摄入充足的唯一指标，但增长趋势是需要一段时间来观察的，所以不要因为他一时不长或长得慢而感到慌张。短期来讲，要确保宝宝没有饿肚子，只要注意观察他的尿布和计数他尿湿的次数就可以了。

全母乳喂养的宝宝如果奶量摄入不够，也就意味着他缺水，因为母乳既负责提供营养，也是水源。所以，24小时内宝宝尿湿的次数是个非常好的即时测量其喂养量的指标。如果他每天至少尿了6次，或者（更好地）尿了8次，那么就代表他摄入充足。如果妈妈想要靠计数尿湿的数量来判断奶量，一定要记得经常给孩子换尿布，还要仔细检查吸水性超强的一次性纸尿裤。因为有些纸尿裤的承载量很强，很难察觉小宝宝一次的尿量。可以利用尿湿指示条，其十分敏感，只要尿了一点点就会变色。如果还是不太确定，可以两只手各拿一个用过的和一个没用过的纸尿裤对比一下重量，即使是很少的量也会有重量上的差别。

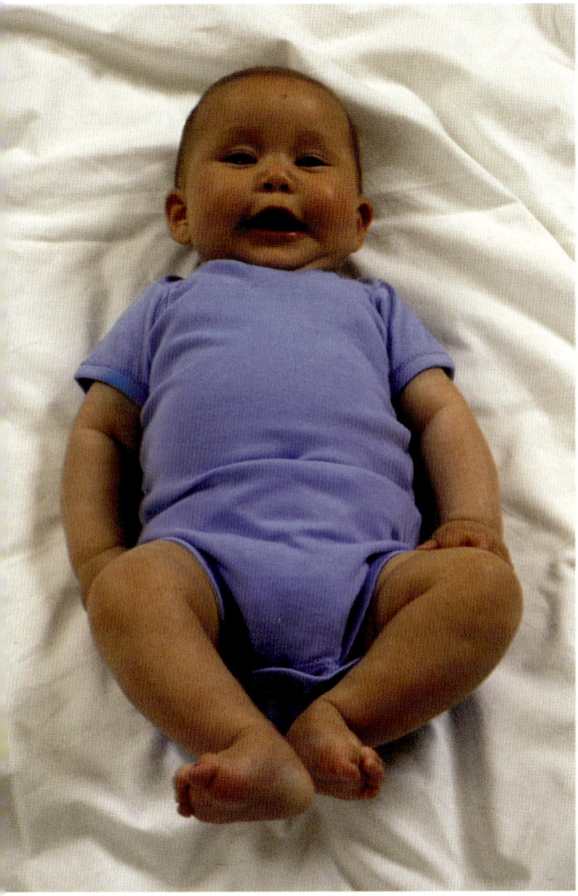

母乳喂养的宝宝一般不会出现过度喂养的情况，除非还给他吃了母乳以外的食物。图中的宝宝胖乎乎？是的，而且很漂亮。

心得分享

关于哺乳，有位妈妈说：

“我很爱哺乳，而我儿子也非常爱吃奶。他长啊长，还不到3月龄的时候就已经很胖了。我先生说他胖，我妈妈说他已经‘超出胖乎乎’了，我的健康顾问说我不能再按需喂养了，因为他吃得太多了。幸亏我有足够的知识知道他们说的都不对（健康顾问年龄较大，所以她的知识明显已经过时了），而我则继续按需喂养，宝宝也长得很好。过了半年之后，他已经不再变胖，而是长个了。”

母乳喂养是否会过度

母乳喂养和过度喂养是互相矛盾的说法。绝不可能过度喂养一个吃母乳的宝宝，除非他还吃了别的。不用怀疑，不要被表象蒙蔽了。一个胃口好、妈妈又有充足奶水的宝宝会增重很快，看起来比其他母乳喂养的宝宝更胖，也比一些吃配方奶的宝宝长得好。不要与其他孩子比较。尽管宝宝长得胖乎乎的，他也不是真胖，也不会变“太胖”（只能说他比预计的这一时期的体重要重），除非在他需要之前就开始给他增加固体食物，或者给他喝甜的饮料。

母乳喂养的宝宝是否会没吃饱

母乳喂养的宝宝一般都吃得饱，不过还是有妈妈担心自己的奶水不够宝宝吃。奶水不够的情况确实会发生，尤其是过了“宝宝月”之后，爸爸上班，其他帮着带宝宝的人、陪着妈妈的人也离开的时候。妈妈突然要干很多事情，或者自己要与宝宝在家待一整天，都会给妈妈造成压力，让她非常疲惫。无论这种情况发生在宝宝2周龄的时候还是4周龄的时候，妈妈都会发现除了带宝宝以外，自己什么都做不了。

如果妈妈感到疲惫，没有精神，而且厌烦，分泌的奶量就会下降。然而，宝宝在不停地成长，所以他的奶量也是逐渐增长的。一旦供不应求的情况出现，宝宝就会感到饥饿（导致母乳喂养的妈妈压力更大）。从宝宝的角度来说，要解决他的饥饿其实很简单，只要在他想要的时候就给他吃，即使他比以前需要的更频繁，也不会影响他的奶量。但是从妈妈的角度来说就没有那么轻松了，因为他吃得更频繁会让妈妈压力更大。

母乳喂养宝宝的喂养不足

如果宝宝摄入的奶不足，妈妈可能不会马上注意到。他的不满和哭闹，夜里经常醒来，以及白天每2小时的吃奶，不会让妈妈意识到他有异常，因为这些都不是新出现的情况，看起来更像是他不安定行为的进一步延续。

大多数情况下，如果妈妈每天早上醒来乳房都涨得满满的，而且胸罩也容易被奶水弄湿，那么宝宝肯定不会奶水不足。唯一的问题就是，奶水可能不是一直这么充足。宝宝总是在妈妈奶水最少的时候需要最多的奶，尤其是在过了漫长又疲惫的一天之后。

事实上，如果妈妈回想一下一周的情况，就会发现母子相处的模式。宝宝通常在合理的时间段——大概在上午5点到下午4点——表现得满足，但是从下午晚些时候到晚上，甚至在妈妈刚入睡一段时间后，他会变得越来越不满足。

这种模式并不一定是因为奶水供应在白天的时候恰恰足够，但到了一天结束时就不够了，有可能是因为妈妈需要从学校接回大一点的孩子，打扫房间，做晚饭，让自己不能及时喂宝宝，而宝宝这时候总是需要更多。即使妈妈将喂夜奶的时间设置得很合理，很多母乳喂养的宝宝仍喜欢整夜不停地吃奶。

如果宝宝需要更多的奶水该怎么做

到底该怎么做取决于妈妈坚持母乳喂养的决心有多坚定。如果妈妈要坚持，几乎肯定可以获得成功，但需要花费一些时间。宝宝也会给妈妈时间增加奶水的量，所以他每天晚上都会不停地要喝奶，以刺激妈妈泌乳。妈妈的奶水供应量由宝宝的吸吮来刺激。他吃奶越多，妈妈就会产奶越多，乳房也就越快充盈。一旦妈妈的供应能够满足他

在做其他事情的同时喂奶

最好的确保有足够奶水给宝宝吃，并让妈妈的供应保持充足的方法是，把哺乳渗透到日常生活中。

- 让自己能够随时随地喂奶。
- 多挖掘几个舒适的喂奶姿势。
- 让喂奶变得宁静和有互动性。

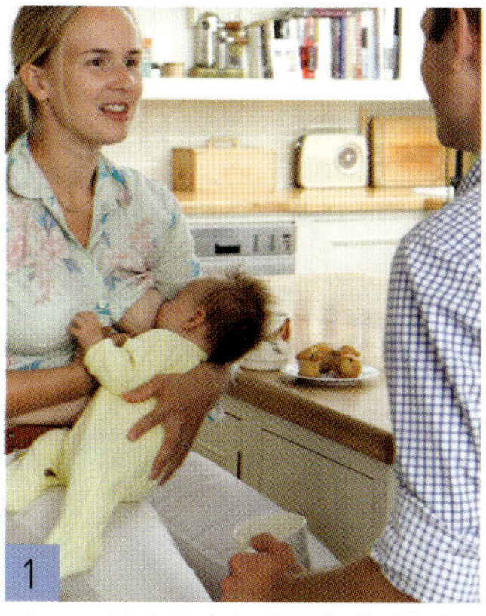

图1，可以在早上起来喂奶的时候与爸爸共进早餐。图2，即使在休产假，妈妈也可以通过电话与外界保持联络。图3，有足够两个孩子的空间：可以在喂奶的同时陪伴大一点的宝宝。

的需求，他就不会那么频繁地吃奶了。供需是一个简单的系统，但也是非常高效的。

与宝宝一起增加泌乳量

除非能做到宝宝需要的时候就喂他，而且让他想吃多久就吃多久，否则宝宝就没有机会帮妈妈增加奶量以适应他自己日益增长的需求。对妈妈来说，哺乳过程并不轻松，而对于其他家庭成员来说，可能会觉得“宝宝月”已经结束了，开始期待妈妈能参与生活中其他的事务。

但只有专心致志、一心一意地尝试哺乳，母乳喂养才会取得成效，所以妈妈要为自己和宝宝争取所需的时间和空间。妈妈可能会发现，只要声明需要立刻喂奶，然后带着宝宝在床上哺乳，就会得到所需的时间和空

告诉其他人自己需要喂奶，争取足够的时间和空间来增加奶水的供应。

间。毕竟妈妈躺在床上喂奶，其他人就没办法指望她做其他事情，不是吗？

让自己休息几天，不仅是在宝宝需要的时候给他喂奶，还要鼓励他愿意的时候多多吸吮，这样必定能增加泌乳量。当然，妈妈不可能完全放弃家庭，但即使妈妈需要起来去吃饭，或者带着大一点的宝宝和他的玩具、书籍、零食等一起上床哺乳，那也是值得的。只要自己还躺在床上，妈妈绝不能错过任何一个宝宝想要吃奶的信号，而且一旦他含住乳头，妈妈就要等到他完全喝完再做其他事情。然而，必须在床上吗？是的，这样妈妈更容易避开日常生活，此时自己和他人都不会要求妈妈太多。除此之外，其他事情对泌乳量的增加都不会起到太大的帮助。

●多喝水也不会有太大帮助，除非妈妈出现脱水情况。

●特殊的食物也没什么帮助（但营养丰富的食物利于妈妈的营养状况）。女性能够也必须生产营养丰富的奶水给宝宝，而给自己只留维持身体基本运转的营养。好食物并不意味着“正餐”，妈妈也没时间去买、去做或者吃。面包和奶酪，水果和酸奶，间或吃一些泰国菜或比萨和沙拉，都是很好的。

泌乳量增加的信号

●宝宝吃奶的间隔时间变长，这也许是他睡觉的时间变长了，也许是他醒来之后不再需要立刻吃奶。

●宝宝不是每次都将两侧乳房完全吃光。有时候，他会将一侧全部吃光，而另一侧可能会吃得很少或者不吃，这可能是因为他太困已经含不住乳头导致的。

●宝宝不会再在打嗝的时候吐奶。

●宝宝会比以前尿湿更多的尿布。

即使妈妈看到了所有这些有用的信号，而且宝宝体重增加得很理想，也不要期待宝宝夜间喝奶的次数和时长会减少。夜奶哺喂时间长和频繁地夜间喂奶并不意味着宝宝没有吃够奶；相反，这样能够确保他吃到足够的奶。有些研究人员称，夜间喂奶能够产生有利于泌乳的激素。

心得分享

关于建立奶水供应关系，有位妈妈说：

“到了第二个月，我的奶水非常多，超过了宝宝的需求，而且他吃奶的间隔也变长了，感觉非常好。但他的身体指标却没有出现增长，而且有几天他又回到几乎不停吃奶的状态。当我正准备放弃的时候，他的需求又再次变得规律。我老公为了保证母乳喂养也做出了很大的牺牲：他开车带我们回到我母亲的家住了整整两周，不过他只有周末才能过去看我们。这样在妈妈精心的照顾下，我才得以好好喂奶，感觉很好。”

跟上泌乳量的增加

最简单、最关键的确保母乳能跟上宝宝日益增长需求的方式是，宝宝饿了就让他吃，并且让他想吃多久就吃多久。试着控制自己的压力水平在合理的范围内（只有自己才知道什么是合理的范围）。保持轻松和愉悦有助于哺乳，这也是妈妈哺乳的时候会释放促进平和情绪的激素的原因。

无助于哺乳的事情

●忧虑。担心、焦虑和压力都会影响哺乳。如果妈妈在特殊的环境中尝试母乳喂养，例如在不能让自己放松的环境中，妈妈可能会觉得即使乳房已经涨满，宝宝已经在吸吮，紧张也会阻挡喷射反射，所以奶水不能按吸吮的刺激做出反应而流出来。

●试着让小宝宝按时吃奶对于他来说还是非自然的，即使他看起来已经逐渐建立起自己的规律。宝宝迅速成长意味着食欲激增，妈妈如果想要分泌更多的奶就需要宝宝更多地吸吮来刺激乳房。在这一阶段，妈妈不能通过限定他的食物来使他的吸吮限定在一定范围内。

●同时用奶瓶喂养。如果也用奶瓶喂养宝宝，而且他也接受，他就没有平时那么饥饿，也就不会更用力和更久地吸吮妈妈的乳房来刺激产生他需要的更多的奶水。不要想着混合喂养，直到或除非妈妈已经放弃产生更多的奶水。

●以奶瓶喂养替代母乳喂养，或者让看孩子的人偶尔用奶瓶喂养。如果宝宝吃母乳的量减少，妈妈分泌的奶水就会减少。如果妈妈不想带着孩子一起出门，那么最好挤好奶留给宝宝，并在外出的时候也按时挤奶。

●宣称能够增加奶水的药物，就像那些声称能够提升性能力的东西一样，大多数的成分几乎都是水、复合维生素，没什么作用。这些东西虽然不会造成什么伤害（当然最好不要在哺乳的时候吃任何医生没有允许的药物），但是除非妈妈的饮食非常缺乏维生素，否则这些东西也不会产生任何帮助。

●避孕药。很多综合型避孕药会降低产奶量。妈妈需要寻找一种避孕药的替代方式，或者遵医嘱、询问药剂师，找一种适合哺乳期间口服的避孕药。医生可能会建议妈妈先吃迷你避孕药，等到妈妈和宝宝建立起完全规律的母乳以后，再应用（稍微更有效的）综合型药物。当宝宝3～4月龄时，即妈妈的泌乳和他的需求磨合了几个月之后，妈妈就应该不会受到药物造成的奶水轻微和临时减少的影响了。

做出更换奶瓶喂养的决定

如果妈妈花了两三周的时间，坚决地尝试增加自己的奶水供应（宝宝也满意），那么就可以说妈妈成功了（无论是否需要卧床休息）。但成功是要付出代价的，只有妈妈能决定代价是否过高。对于有些女性来说，尤其是双胞胎妈妈，几乎在宝宝3月龄以前全天几乎都是在哺乳，直到宝宝的需求与妈妈的供应匹配，整个规律建立为止。如果家中还有个大点的幼儿或更大的孩子，妈妈可能会认为像从前那样随时照顾他，与给新宝宝喂奶一样重要。除此之外，如果没有其他人在身边照顾和陪伴，妈妈可能会感到非常孤单。如果感到隔阂正在形成，婚姻也岌岌可危，工作也没了，乳头也疼痛难忍，妈妈可能会感觉自己已经尽力了，再也不想继续进行母乳喂养了。

总体来说，是否继续母乳喂养要由妈妈自己决定。当然，这也不仅是妈妈的决定。不要把宝宝的爸爸拒之门外，除非他不参与养育，把自己置身事外。面对妈妈放弃母乳喂养转而奶瓶喂养的选择，爸爸可能会因为希望宝宝继续吃母乳而做些力所能及的事情；妈妈也能感受到爸爸更多地参与到育儿的职责中来，例如早上端早餐到床上，让妈妈愿意继续尝试母乳喂养。

混合喂养

妈妈需要理智地做出决定，因为混合喂养不仅为了眼下的状况，而且还要在接下来的几个月里持续下去。妈妈可以确保宝宝通过奶瓶喂养补充不足的部分，以便他吃到足够的奶。但一旦开始规律的混合喂养，宝宝吃配方奶的量会越来越多，而吃母乳的量会越来越少，所以过不了几个月，妈妈可能就会完全喂他配方奶而不用喂他母乳了。如果妈妈无论如何都想从母乳喂养转为奶瓶喂养，混合喂养不失为一个过渡的好方法。要循序渐进地从大部分吃母乳只吃一点配方奶，到大部分吃配方奶只吃一点母乳，进而完全吃配方奶而不吃母乳，这样比突然转换要简单得多。但如果妈妈希望让宝宝吃母乳到1岁或更久，而他又需要吃配方奶，那么最好在配方奶中加入一些母乳。

像往常一样喂宝宝吃奶，让他先吃完两侧乳房中的奶，再给他吃奶瓶里装的留存的母乳。他可能有些时候吃得很少，有时候又吃得很多。

如果宝宝从一开始就拒绝吃奶瓶里的奶，妈妈就很难判断出他到底是因为已经吃饱了而拒绝，还是因为已经适应了吸吮乳房，而不喜欢新的方式。唯一能确认的方式就是坚持让他吸至少5天的奶瓶。如果他饿，宝宝就会在5天内妥协，接受奶瓶。如果他还是不接受，他可能只是不饿。当然，还要继续检查他的增重情况。

非全母乳喂养：加入奶瓶喂养

当妈妈不能时刻在宝宝身边给他喂奶的时候，用奶瓶喂挤出来的母乳，宝宝仍能获得母乳喂养带来的大部分的对身体的益处。假设妈妈觉得挤奶相对轻松，那么对于因为某些医疗方面的原因，例如家族过敏倾向，而想要全母乳喂养的妈妈来说，这种半乳

如果宝宝在喝完母乳后表现出没有吃饱，那么可以利用之前挤出来的母乳继续喂他。

房、半奶瓶的喂养方式可能很重要，可以额外满足妈妈迫切想要减少喂奶占用的时间的需要。当然，母乳喂养所带来的大部分情感方面的和社交关系的益处都取决于一对一的喂养，但是偶尔让其他人用奶瓶来喂宝宝吃奶，相对于大部分时间都由妈妈亲自哺乳来说，要轻松一些。

如果妈妈准备继续用奶瓶喂挤出来的奶替代部分亲自哺乳，一定要确保找到一款适合自己的挤奶泵。徒手挤奶是紧急时刻的必备技能，但要每天都徒手慢慢挤上好几升的奶就太麻烦了。有手动泵和电动泵之分，还有各种不同的价位和精密程度的区别。手动泵操作上稍微复杂，买之前最好能试着用一下。如果负担得起，用两个电动泵同时挤奶，能让事情事半功倍。

乳头混淆

宝宝可能不会配合妈妈在母乳喂养的过程中混合使用奶瓶喂养，哪怕奶瓶里装的是母乳。有很多宝宝，尤其是3月龄以下的，会在两者交替中产生困难，因为从乳房吃奶和从奶瓶吃奶的感觉是完全不一样的，而且需要不同的吸吮技巧。从乳房吃奶的感觉是，大口吃进满满一口食物，而且乳头和乳晕的感觉也很温暖、柔软；奶瓶的奶嘴相对小且凉，多由硬硬的球形橡胶、乳胶或硅胶制成。在一两次交替喂奶后，宝宝的问题就会显现出来：如果宝宝用吸吮奶嘴的方式来吸吮乳房，就会造成乳头疼痛，而且也吃不到奶；同样，如果他像含乳头一样含奶嘴，他就会吃进过多的奶嘴，导致恶心。

即使是短途旅行，奶瓶喂养的妈妈也需要带这么多东西出门。

可能会有人告诉妈妈吸吮奶瓶对于宝宝来说“更简单”，因为一旦宝宝吸吮过奶瓶之后，就不会努力吸吮母乳了。尽管如此，习惯了直接从乳房吃奶的宝宝可能很难换成奶瓶，所以简单来说，宝宝就是喜欢用他们习惯了的方式吃奶。无论到底出于什么原因，让吃母乳的宝宝接受奶瓶和奶嘴可能会破坏宝宝吸吮乳头的习惯，导致吃奶不好和乳房问题。鉴于妈妈的奶水取决于宝宝吸吮的状况（而奶瓶并不存在这一问题），不要冒风险尝试。在妈妈的奶水供应和他吃奶的技巧完全成熟以前，最好不要让宝宝使用奶瓶，即使是喝挤出来的母乳也不行。尽管有些妈妈和宝宝在3周龄的时候就能适应偶尔进行奶瓶喂养，但最好等到宝宝6周龄以后再尝试。如果妈妈计划将母乳喂养放在首要位置，那么要在宝宝12周龄以后才可以尝试（见170页）。

即使宝宝已经6周龄或更大，也不要以为宝宝可以很轻松地接受奶瓶。这可能需要一定的策略和相当的耐心，所以从一开始给宝宝用奶瓶，到完全使用奶瓶，妈妈至少要有一周的时间不离左右。如果是妈妈拿着奶瓶喂宝宝，他可能更容易接受一些。但他也可能更容易接受爸爸或者其他照顾人的喂养，甚至是除了妈妈以外的任何人都行，因为当妈妈喂他的时候他会闻到习惯的母乳味。妈妈还可能需要尝试各种不同类型的奶嘴和奶嘴口。

奶瓶喂养：问题和办法

当用配方奶替代母乳以后，妈妈就能更好地控制宝宝吃什么和吃多少，而且能及时了解他是不是吃得少了。对于大多数妈妈来说，吃配方奶最大的好处是，不用管妈妈是否准备好，永远都有充足的奶随时可以给宝宝吃，而且能知道每次宝宝到底吃了多少。比起母乳来，妈妈不用担心宝宝吃不饱，反而应该稍微担心他是否吃太多。

过度喂养

如果吃配方奶的宝宝过胖，并不是因为让他随时想吃就吃冲兑合理的奶，而是因为他除了奶以外还吃了其他食物或者喝了甜的饮料，又或者配方奶冲得过浓。除非医生推荐这么做，否则宝宝在4月龄（最好是6月龄）以前除了配方奶以外，绝不应该吃其他任何食物，而配方奶也应该完全严格按照生产厂商的说明来调配。

跟成人一样，宝宝也会在不饿的时候感到口渴。母乳会按照宝宝的需求进行调整，但是配方奶却不会。喝配方奶的宝宝有时会想要喝凉的饮料、白开水，尤其是当天气很热或者宝宝发热的时候。

如果宝宝需要摄入其他饮料，一定只给宝宝喝白开水，并培养宝宝喜欢喝白开水的习惯，不要喝果汁和汽水。尽管天然果汁中富含维生素C，营养更丰富，“不含有额外添加的糖分”，但实际上其本身带有糖分。与其他任何形式的糖一样，这类糖也会伤害宝宝的牙齿，还会增加额外的热量摄入，以及他可能并不需要的维生素。现在的配方奶中通常都含有足够的维生素C，而且宝宝用的综合维生素滴剂中还会有更多。所以，宝宝喝果汁所带来的更多的是快乐，而不是健康。坚持口渴只喝白开水。

配方奶喂养的宝宝喂养不足

一般家庭都能负担配方奶的费用，所以很少有配方奶喂养不足的宝宝，但这种情况还是存在的。如果宝宝经常啼哭，体重增长缓慢，总表现出不满足，那么他可能长期处于一种饥饿状态。

具体来说，父母可以检查宝宝是否有以下几种情况。

- 把宝宝的需求限制得过于严格。如果提前准备好宝宝24小时内“所需”的量，按照宝宝通常喝奶的次数平均分配，然后等着他一一喝完，那么他很有可能会没有吃饱。因为如果宝宝将一瓶奶都喝光了，并不能代表他吃饱了。喝光的奶瓶是一种信号——需要更多的奶。这时最好再给宝宝增加60毫升左右的奶。

- 严格按照喂养时间喂奶，而不是宝宝饿了就喂他。宝宝消化一瓶奶大概需要3小时的时间，一般不会在这个时间间隔之内要求喝奶。但也不是说如果他要喝，妈妈就要拒绝。他每次喝奶的量可能不同，所以他也不会每次都喝完。如果他不能通过下午小剂量的奶来弥补中午不足的部分，而是等到下一次“正确”时间才喂他，那么中午缺失的部分就得不到弥补，因为宝宝的肚子容纳不了过多的奶。例如，如果他中午只喝了85毫升的奶，而不是平时的170毫升，几小时后他就会饿。如果妈妈让他等到下午茶时间再喝下一顿奶，他喝不了170毫升和早前他少喝的85毫升的奶，因为宝宝的胃肯定装不下255毫升的奶。日复一日，这种情况就会导致宝宝烦躁不安，体重下降。

- 需要更换开口更大的奶嘴。当宝宝非

常饿的时候，即使奶流得很慢，他也会一直非常用力地吸吮。一旦他吃了60～85毫升后，由于饥饿已经缓解，他吃奶的动力就变小了。如果宝宝放弃吃奶，转而去睡觉，他会在几小时后醒来并要求吃奶。这种情况持续发生，他就会成为一个频繁要求吃奶，但是每次吃不了多少，也长不了多少体重的宝宝。当奶瓶倒置的时候，奶液应该能快速地流出，宝宝应该在最初的5分钟内以稳定的吸吮速度喝掉半瓶奶。

●宝宝格外喜欢睡觉。这种情况可能会在数周内好转，因为宝宝越大，醒的时候越长，但同时妈妈需要帮助他意识到自己需要食物。如果他不能自己醒来，可以在合理的间隔期后把他叫醒，用他最感兴趣的东西，如妈妈的脸或者声音，让他在吸吮的时候保持清醒。如果妈妈不能帮他保持清醒，那就避免在他睡着以后让奶流进他的嘴里。没有必要每次喂奶都让他再多吃一点，只要在他醒着的时候给他喂奶，一段时间后他就会变得更清醒。

宝宝把奶全部喝光，但他还没喝够。喝空奶瓶意味着还要更多。

规律宝宝的睡眠

已经形成睡眠规律的宝宝还是会睡够他个人需求的时间。除非他生病、有哪里疼痛或非常不舒服，否则宝宝几乎会在任何地方、任何环境中睡着。

让宝宝感觉舒适能够帮助他尽量想睡多久就睡多久，但是妈妈并不能把他“哄睡着”。然而，即使正在乘坐非常拥挤的公交车，妈妈没办法让他太舒服，也无须担心宝宝会睡不着。如果他一直醒着，那是因为他不需要睡觉。

睡眠干扰

在宝宝睡着的时候不用让全家必须保持安静。周围正常的声音和繁忙的活动不会打扰到宝宝的睡眠，但如果所有人都因为他睡着了而蹑手蹑脚、轻声细语，反而会让他逐渐变得不在这样的环境中就睡不着。只要是家庭正常水平内的声音都不会吵醒他，最好不要让他总是期盼不正常的宁静。

外界的刺激当然会吵醒宝宝，但只有当外界变化非常突然的时候才会吵醒他。宝宝可能会在电视开着的时候很开心地入睡，但是当电视关上的时候他却醒了。其他人在屋里玩不会让他睡不着，但是如果突然进屋倒是会吵醒他。

在这一时期，当然还是内部的刺激最容易让他惊醒，如饥饿、疼痛、大小便或打嗝。有时候，他进入深睡眠的过程中身体放松后出现的颤抖和抽动也会吵醒他。

让自己多睡一会儿

人类是昼行动物。我们都是在夜间睡觉，日间活动。但新生儿却不是这样，他们没有明确的天生的机制让他们如此生活，他们需要学习。开始的时候，宝宝在24小时里随机地睡着和醒来。需要时间和合理的处理（见188页）来训练他们尽量在夜晚睡觉，白天清醒。大部分宝宝能很快适应这种模式，如果不能很快适应，他们的父母就会非常疲惫。

几乎所有的新父母（还有一些其他人也是）都会遭受睡眠缺乏和持续被吵醒的问题。这不仅是因为新生儿需要喂夜奶。所有宝宝都会在夜间醒来（有些会更频繁），而几乎所有宝宝都坚持在他们醒来的时候让父母知道。也有宝宝能睡整宿觉，而且每天晚上都能这样睡，6周龄的时候就形成睡眠规律（我是这么听说的）。当然，妈妈希望自己的宝宝也能这样，但是不要期待太高。一般不止几个月，甚至需要几年的时间，妈妈才能重新回到不

双胞胎小贴士

很多家长都喜欢让双胞胎睡在同一个婴儿床里，相信他们在一起能更安定。但最近有人发现，宝宝可能会互相打扰。如果希望他们能够一起睡觉，那么大一点的婴儿床应该能够解决这个问题。但如果想让他们几个月以后分床睡，那么最好在一开始就让他们分开，这样他们就不会总想一起睡了。

受打扰的夜晚。

除了前面讲过的强制常规方法，关于睡眠问题，还有两种不同的解决办法，总有一种能解决问题。第一种方法是，妈妈心里要接受宝宝不仅白天需要照料，晚上也是一样。让他与自己睡在一张床上并不能让他晚上不醒，或者在第一周里不需要喂夜奶。但如果他与妈妈睡在一起，喂夜奶就更方便一些，不需要妈妈起床去到他身边。宝宝也能更快地再次入睡，因为他待在最喜欢的地方——妈妈的身边。在最初的一周里，让宝宝和妈妈待在一起能促进哺乳的建立，也能减少宝宝的哭闹。

与爸妈一起在大床上睡的宝宝，大一点后要比其他宝宝更容易醒来。但随着宝宝长大，醒来后他不会再哭，因为妈妈就在他身边。

但一起睡也有不好的地方，最主要的一点就是，一旦让宝宝与自己一起睡，或者至少睡了3个月左右，就很难再让他去另一个房间单独睡婴儿床了。尽管妈妈喜欢与6周龄的宝宝睡在一起，但是过一段时间妈妈就会发现自己的想法变了。有宝宝或者大一点的孩子与自己一起睡，肯定会妨碍隐私。尽管非常爱他，但是一天24小时，包括晚上都一直与他在一起，可能会让妈妈感到已经完全丧失了自我。能改变自己固然很好，但要改

变宝宝就是另一回事了。

第二种方法是，让宝宝充分融入白天的生活中，同时尽量减少宝宝晚间的活动。最初可能会很困难，因为妈妈需要做所有能够

研究发现

帮助宝宝“睡整宿觉”。研究表明，从6月龄开始精心安排好宝宝的夜间睡眠，能够帮助他安然入睡，以及夜晚偶尔醒来以后能够再次入睡。有证据显示以下三个步骤能够在宝宝3月龄的时候，减少他醒来后啼哭的可能性。

- 尽量让日间活动和夜间活动的环境有明显的区别：晚上要调暗房间里的灯光，还要避免互动玩耍活动。
- 晚上当宝宝困了并且很放松的时候，让宝宝待在自己的婴儿床或睡篮里；不要继续喂他吃奶或者摇晃他，直到他睡熟。
- 当宝宝醒来并且哭着要吃奶的时候，马上来到他身边，但是要慢慢加长从醒来到吃上奶的等待过程时间，可以在给他吃奶前先给他换尿布，或者唱歌给他听。

一定要注意，这种办法对于不满6周龄的宝宝是没有什么用的，而且无论何时都不能不管哭着的宝宝。

不要等到宝宝睡着再去干活：家务虽然对于成人来说已成为日常的一部分，但是对于宝宝来说就像木偶剧一样有趣。

帮他单独开心入睡的努力：只要他哭就去看他。但随着成长，不要再和他同床睡。当他睡得好的时候，妈妈会得到更多的自由，但如果睡得不好，妈妈就会很辛苦。宝宝出牙或者感冒、做噩梦，都需要妈妈一再往返于自己的床和他的婴儿床之间，给他安慰。等孩子再大一些能自己下床了，他就会不停地来找妈妈，妈妈只好反复地把他抱回床上。

没有人能替妈妈做出选择。妈妈可能也无法做出决定并且坚持下去：即使刚刚决定了使用第二种方法，可开始的一周就进行得不顺利，妈妈每天凌晨3点才能把宝宝抱回床上睡觉，而此时此刻妈妈疲惫得只想赶紧躺下。要清楚总有一种办法可行，但要记住，一会儿让宝宝跟自己睡，一会儿又坚持要他自己睡，对于双方来说都会很痛苦。

日间睡眠

初为父母的人把宝宝带回家后，可能会觉得完全没有放松的机会，总是想着其他各种事情而不是宝宝，或者忙着处理宝宝醒来后的事情。只有当宝宝睡着的时候，他们才能再次享受成年人的生活。所以，如果宝宝不睡觉，总是醒着，家长总会感觉失去了成人的生活：一天里什么事都做不了。

在照顾变化无常的新生儿时，有这种感觉是非常正常的，但要尽快让自己摆脱这种感觉，因为宝宝经常在睡觉，偶尔醒来的状态可能只有几周。宝宝是家庭中的新成员。很快，他就会和成人一样，日间大部分时间都醒着，偶尔有小睡。妈妈必须让自己学会接受和享受宝宝成为家庭中（几乎）一直醒着的一员，而不要把所有的事情都留到他睡着以后才做，设法在开心陪伴孩子的同时也能做很多事情。

一旦习惯了把宝宝当作家庭中的一员，妈妈就可以边剥土豆边和他聊天，向他抱怨那些令人恼怒的电话，将照顾宝宝和基本的家务结合起来。

继续喂夜奶

令人想象不到的是，很多家长都说自己

双胞胎小贴士

一定要准备一个足够两个孩子坐的婴儿车，还要有两个爬行垫和两个婴儿椅。妈妈不可能在去另一个房间拿东西的时候把两个孩子都夹在胳膊下面，也不可能背着两个孩子做家务，所以如果想一边做事情一边照顾他们，就需要准备能把他们安全地从一个地方移到另一个地方的工具。

如果夜里需要起来喂三次奶，那么可以尝试以下做法：不要等他凌晨1点的时候再喂他，而是在晚上11点上床睡觉前把宝宝弄醒吃奶，那么就可以减少一次夜奶。

的孩子在6周龄左右大的时候就能固定“睡整宿觉”。不要全信自己听到的信息。大多数孩子都不是这样的，而且自己的宝宝很可能也不会。“睡整宿觉”有时候可能只是指从午夜睡到凌晨4点。

如果采取母乳喂养，宝宝可能会频繁吃奶，以至于妈妈已经不在乎到底每天要喂多少次，因为妈妈已经数不清楚了。奶瓶喂养的宝宝通常因奶粉不易消化而使得夜奶间隔时间长，但妈妈需要购买奶粉、冲调、热奶，所以能够记住次数。多数宝宝在24小时内至少需要吃6瓶奶，有些在4个月左右后就变成吃5瓶。只要宝宝每次吃奶间隔是4小时，妈妈不免需要至少在夜里起来一次。

夜醒（宝宝的和妈妈的）往往会比家长想象的要更多，很多人对此都有同感。缺少睡眠还不是主要问题，因为可以通过早睡或者午睡来补上。最拖人的疲惫来自于睡眠持续不断地被打断，也就是睡眠规律被打乱。持续几周每天晚上被吵醒两三次，到最后，即使宝宝吃得很快，也可以很快再次入睡，妈妈睡眠的总时长达到了合理的程度，也会让妈妈感到像没睡一样。

按照睡眠来安排宝宝吃奶

如果妈妈想尽可能多睡，还要保证宝宝的平静和满足，就需要按照宝宝的年龄和发育情况调整晚上应对他醒来的方法。在刚生下来的几周，让他等着吃奶就意味着他会哭得更多，妈妈也就睡得更少。过段时间，可能3个月左右，如果还是在他有动静的时候就立刻过去，宝宝醒来后就会吃奶，但如果妈妈稍微等一两分钟再过去，他可能就会自己重新睡着。

如果妈妈不按照以往固定的规律来喂夜奶（如果宝宝能够间隔很长时间才需要吃奶就是个“好宝宝”；如果他醒来次数过多就不是），妈妈可能会觉得喂夜奶变得轻松了，而且自己和宝宝都能适应新规律。窍门就在于，宝宝感到饥饿之前就喂他吃奶，不要等他饿了才喂。不要在乎别人说这是在“破坏”，这是理智和自利的。如果妈妈能接受，妈妈就能够预见到宝宝对食物的需求，能够让吃奶间隔不再那么短，就可以提前叫醒宝宝让他吃奶。这种办法一般会有效：如果妈妈经常午夜时分上床睡觉，担心宝宝会在凌晨2点和早上5点吵醒自己要奶吃，就可以在准备上床之前把宝宝叫醒喂奶，这样宝宝就不会在凌晨3点前再醒来，并且可以至少睡到早上6点。

等到宝宝能做到只需在深夜或黎明时分吃一次奶，而不是两次，妈妈就可以尝试用同样的办法来调整他吃奶的时间。如果妈妈想早点睡觉，让宝宝不再在深夜吃奶，妈妈不用等到午夜时分再叫醒他，可以每天都提前一点叫醒他，直到最后他的夜奶与晚上的奶合二为一，也就是在晚上10点左右吃。妈妈（几乎）很快就能睡（将近）6小时的整觉了。

如果妈妈不在乎晚睡，为了尽量避免频繁喂奶，可以逐渐将每隔6小时左右喂奶，延长到接近7小时，然后让他在晚上11点或12点睡觉。这样一来，妈妈应该可以在宝宝下次吃奶之前睡宝贵的6小时，让他在比较合理的早上6点左右醒来。

不能“教”宝宝睡整宿觉

调整喂奶的方法不一定总是管用。尽管周围的朋友没有出现这种情况，但很多宝宝在6周大的时候还是吃6（或七八）次奶。有些宝宝到了3个月大，即使他们在午夜吃过了奶，还是会睡得很短，在黎明左右醒来。

如果宝宝属于这种情况，妈妈可能会发现自己的耐心和良好的判断力受到了威胁，但还是要尝试坚持下去，忽略掉外界让自己拒绝宝宝需求的压力。这不是个普通的问题，而是一个非常实际的问题。宝宝醒来并且啼哭是因为他饿了，妈妈最终还是要喂他，所以尽快喂他吃奶对于母子俩都有好处。吃奶能够让宝宝立即停止啼哭，也是唯一能让他不哭的事情。如果妈妈想拖延喂奶，让宝宝等着，只会推迟自己回到床上的时间。

不理会宝宝的哭闹，是常见的“教”宝宝睡整宿觉的方法，但这非常不成熟，并且在最初的几个月没有任何意义。如果任由饥饿的宝宝去哭，他只会变得更饿、更疲惫。等到了妈妈决定喂他的时候，宝宝已经非常疲惫和失望，甚至吃不完奶就会睡着了，这就导致他睡得更短。如果妈妈决定不给他吃奶，让他哭半小时或更久，他可能会再睡着，但并不是因为他学会了什么，而是因为他已经筋疲力尽。这么做对于母子两个人来

心得分享

关于喂夜奶，一位妈妈说：

“如果你觉得喂夜奶没什么，那就试试双胞胎。睡眠剥夺比你能想到的任何事情都可怕，甚至能引发精神疾病。当然，宝宝4月龄时，他们的喝奶规律就变得可以预测了。这并不是说他们就能够睡整宿觉，但是他们总算能睡3小时的小觉了。”

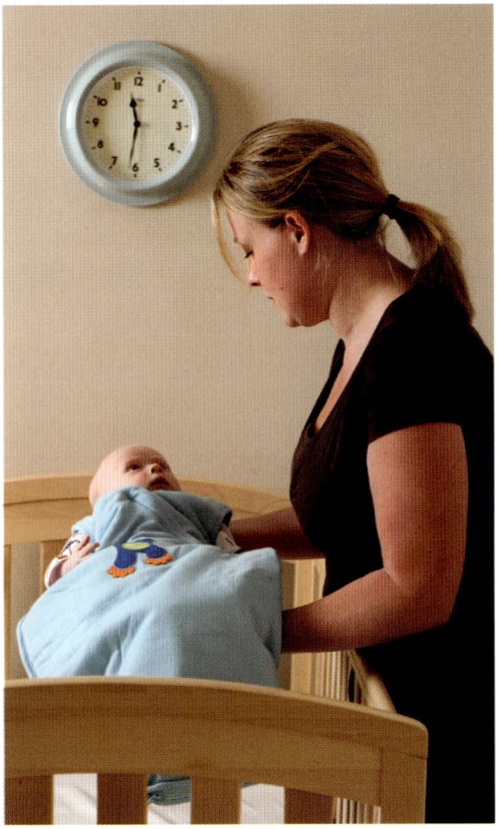

方法管用了！让宝宝在晚上11点半的时候安静地入睡，意味着他能一直睡到凌晨3点。

心得分享

关于如何安排夜间喂奶，一位妈妈说：

“杰克和我在刚开始的时候感到走路都能睡着。我们的女儿朱厄尔并不是一个不好好睡觉的孩子，事实上她睡得很多。但无论夜晚还是白天，她都不能在吃奶之间多睡一会儿。多数时候她会在下午5点半吃奶，然后晚上9点半再吃一次，但是她会在凌晨一两点醒来，然后早上5点再醒一次……我知道宝宝饿的时候，推后吃奶并不是好办法：只会意味着朱厄尔哭得更久，而我们也睡得更少。但在午夜她还没饿之前就给她吃奶（在我们睡觉之前），是不是意味着我们都能得到更多我们想要的呢？我在晚上9点半左右喂她一次，不再等她在凌晨一两点醒来，我会在上床睡觉之前，也就是晚上11点半左右叫醒她。在最初的几晚，朱厄尔会在刚吃完没多久、还不饿的情况下仍在凌晨1点醒来，但后来她会一直睡到早上4点。虽然仍不是理想的醒来时间，但远比凌晨1点起一次，早上5点再起来一次要强多了。”

说都会很痛苦，而且也没有什么作用。宝宝只会在半小时的小睡后再次醒来，然后面临更加强烈的饥饿，并开始啼哭，而妈妈也要再多醒来一次。

当宝宝饿了的时候

如果宝宝采取奶瓶喂养，而且不是特别饿的话，那么喝水而不是喝奶能让他再继续睡几分钟。但是喝水只能暂时糊弄他，让他以为是在吃奶。等妈妈回到床上准备入睡的时候，他就会意识到他的肚子仍然很饿，然后再次哭闹。

除非妈妈上一次喂奶喂少了，否则晚上给宝宝吃更多的奶没有什么意义。婴儿食品生产商都知道家长希望能多睡会儿，有时会打广告说更多的食物等于更多的睡眠。但宝宝的饥饿和消化系统并不遵循内燃机原理。一次吃得更多，并不意味着他就能坚持更长时间再吃下一顿。如果他晚上想吃多少就吃多少，他反而不会想要更多。例如，如果给他的奶里加入麦片，让他摄入更多的热量，他还是会以正常的频率消化掉这一顿。而过多的热量只会让他变胖，而不会改变他的睡眠。

成长

宝宝的体重下降几天之后，会再长回来。大多数宝宝在3月龄以前，每周会长175～225克。

当然，不是所有宝宝的体重都会按上述规律变化，但这是平均的增长速度，针对的不仅是出生体重在平均值的宝宝（体重表的中间值），而且对于出生体重高（表格最高值）或低（表格最低值）的宝宝也一样适用。

同时，宝宝的身长也会增加，头围也会变大，但这些变化都十分缓慢。对于动来动去的宝宝，测量需要精准到几毫米，这并不容易。医生或护士会在宝宝体检的时候进行测量，得到一个有效数据。生长发育各方面指标的关系也非常重要。那些体重比其他宝宝长得快，而身长却长得相对较慢的宝宝，并没有长大，而是在长胖。而身高生长超过体重的宝宝就会变得又高又瘦，但如果他的体重从最高值跌到了接近最低值，那么就说明他吃的不够。

个体生长表格需要在足够长的时间里标记多个数据，再将这些数据连接起来才有用，然后将得到的结果曲线和基准曲线做对比，得出宝宝属于哪个发育水平。如果有不清楚的地方，可以询问健康顾问。

双胞胎小贴士

早产儿会在生长发育上稍微落后，这是宝宝在子宫时造成的，以后会慢慢追上正常的宝宝。这一过程需要多少时间取决于宝宝早产的情况，医生会建议妈妈按照他足月出生的年龄来对待。要时刻记住，37周或36周对于双胞胎来说算是足月，可以用他们实际出生的日期计算他们的发育情况。即使双胞胎是足月出生，他们也会比单胎宝宝要小一些，因为他们在子宫里时需要分享所有资源。如果资源没有平均分配给他们，那么双胞胎宝宝的大小、体重和发育情况都会不同。

下面的图表是“英国—世界卫生组织（UK-WHO）生长发育表”，是目前广泛使用的。这个表跟以往的生长发育表不同。世界卫生组织的儿童最佳生长发育标准现已演变为国际健康测量方法，针对非贫穷、非吸烟母亲母乳喂养的宝宝。下面图表中的平均数据，即在孕32～42周出生的婴儿的生长数据，测量自英国婴儿。

为什么更改生长发育表

多年来，体重表都是构建在吃配方奶宝宝的数据上的，或者大部分为吃配方奶的宝宝。众所周知，吃配方奶的宝宝的发育模式差异性较强，他们体重增长也会比母乳喂养宝宝快得多。尽管很多母乳喂养的宝宝刚开始的时候体重也长得很快——那些出生时在第50百分位的宝宝可能会在8周后体重上升到第75百分位，但之后体重增长变缓，测量数据渐渐变回刚开始的百分位。回看传统的体重表，数据是基于配方奶喂养的宝宝，并且作为正常标准，这种体重下降通常会被认为是宝宝没有吃够。有些给宝宝喂母乳的妈妈会想用配方奶作为补充，从而让宝宝像吃配方奶的宝宝一样体重增长得更快。但纵观成千上万吃母乳的宝宝，这种趋势明显是正常的，而现在我们不仅把这种情况视为正常，更把它当成目标。

英国—世界卫生组织生长发育表

男孩和女孩出生体重稍有不同，所以表格按照性别分为两种。百分位数曲线对所有人群来说都是相同的形状，但实际测量值因

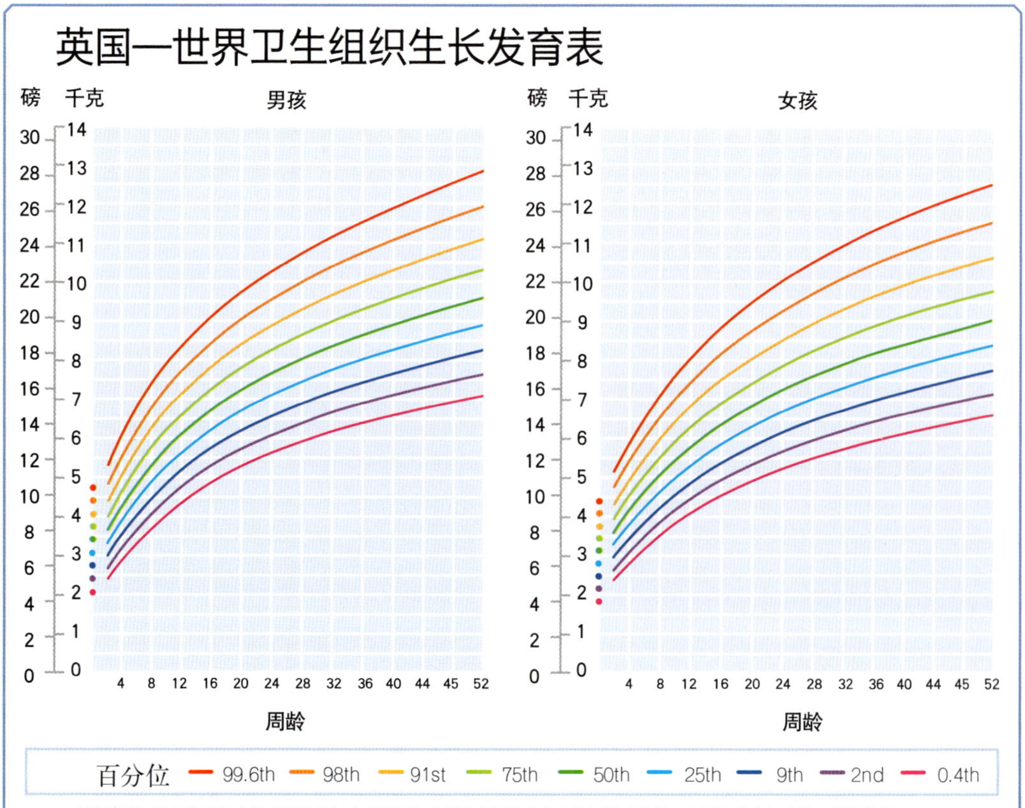

数据来源：2009年重新分析英国1990年参考数据和世界卫生组织儿童生长标准（世界卫生组织多中心生长参考研究组）。

测量人群而异。表格是以世界卫生组织在六个国家随机抽取的8500名2周龄～4岁的健康母乳喂养婴儿，以及提早2周出生的英国早产儿和足月儿（32～42周）为样本制作的。

每个表格中心的深绿色线是第50百分位，也就是平均值。从研究总样本中随机抽取100个样本画出了这条线，其中50（50%）个孩子体重会增长，50（50%）个体重会下降。同样，图中上面的橙色线，是第98百分位，所以只有2%的宝宝会增重（98%会变轻）；底部紫色的线是第2百分位，所以只有2%的宝宝会变轻（98%的宝宝会变重）。第75百分位和第25百分位（浅绿色和浅蓝色的线）将平均值与较大值或较小值分隔开：25个婴儿（25%）比第75个百分位要重（轻的占75%），25个婴儿（25%）比第25个百分位要轻（重的占75%）。同样的统计定义适用于全部百分位曲线，而且曲线越多的样本越实用。这里还包括了第0.4百分位和第99.6百分位，这样体重增加非常少和非常多的宝宝也可以进行预测。

不同的发育模式：吃母乳的宝宝和吃配方奶的宝宝

全母乳喂养的宝宝在第一周里体重会非常迅速地增加。事实上，如对比图表中所示，到他们3月龄的时候通常比大部分吃配方奶或全吃配方奶的宝宝，体重增加的要多。

3月龄之后，全母乳喂养的宝宝体重增加就会变缓。如果把他们的体重增加记录到英国—世界卫生组织生长发育表中，再对比平均数据，我们就能看出变缓是正常的，但如果把他们的体重增加记录到以吃配方奶的宝宝为基准的表中去，或者那些以只吃了很短一段时间母乳的宝宝为基准的表中，其缓慢的增长可能会使体重增加不明显，甚至显示停顿，尤其是到了1岁时差距（图中蓝色和橘色的生长曲线）会达到1千克。这并不是说母乳喂养的宝宝比预计的要轻，而吃配方奶的宝宝确实更重一些。

比较表

纯母乳喂养与主要配方奶喂养男孩之间的预期体重增加差异。

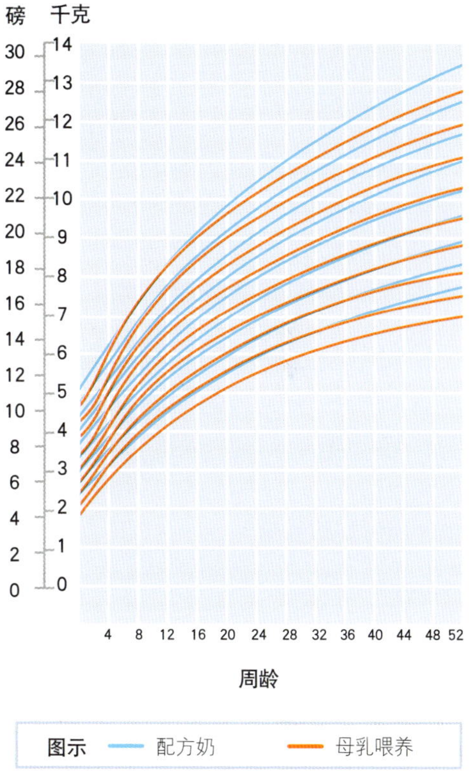

稳定宝宝的啼哭

尽管所有宝宝都会啼哭，有些仍然比其他宝宝哭得多。妈妈也许已经注意到了，宝宝在出生后的第一周哭得最多。所有足月出生的宝宝都会在6周龄的时候达到啼哭的顶峰，然后到了3月龄的时候就会哭得少一些。

如果宝宝很爱哭，可能因为他刚开始就很爱哭，或者因为一旦他哭起来就很难安抚，所以他会哭很久，也可能两种原因都有。连续几周每天24小时都有超过3小时在哭，就称为“过度哭闹”。

至少在最初的半年，真正的啼哭（不是睡前闹觉那种）都不应故意忽略，因为这种啼哭肯定意味着宝宝不舒服或者不高兴。有些人找理由忽略宝宝的啼哭，认为他们的啼哭是“在锻炼肺活量”。这当然是胡说，因为肺从出生到死亡没有一刻不在进行锻炼。宝宝啼哭是因为他需要别人注意他，一旦成人让他再次感到舒适和平静，他就会立刻停止哭泣。这是家长最重要的责任；宝宝不可能自己安抚自己。

有时妈妈可以像图中这样抱着宝宝，让他平静地入睡。

研究发现

天生会哭。人类宝宝进化为通过哭来发出压力信号。宝宝会在他内部状态感到不适的时候啼哭，例如疼痛或微小的不适，光线太亮等。啼哭的信号是告诉家长他不高兴了，但目的不是告诉他们是哪里出了问题，而是为了让家长做些什么。小宝宝对于调节他们的内部状态非常无助：他们依靠家长或照顾他们的人来作为外部调整员，以便让自己重新平静下来，感到舒服。

尽管啼哭意味着成人需要为宝宝做些什么，但在第一周里这也许并不意味着有问题。这时很多啼哭都被认为是“发育性啼哭”：不是由发生在宝宝身上的任何事情引起的，而是因为他还没有适应离开子宫后的生活；并不是一种声响或光线、感觉引起的，而是宝宝的脑中和神经系统中复杂的发育造成的一时的不知所措。

很多时候，宝宝啼哭是因为他有一些特定的需求，这种啼哭比较容易应对，因为妈妈只要能了解他的需求是什么，就能满足他，看到他平静下来。当他饿的时候喂他吃奶，看着他从啼哭转为满足，对于妈妈和宝宝来说都是一种快乐。当然，有些啼哭就不好应对了。妈妈尽量尝试，也可能找不出宝

如果宝宝被内部压力击垮，脸贴脸和面对面抱一抱是父母能给予的最好安慰。

喝奶粉需要准备时间，即使妈妈努力去预计宝宝的需求，也不能立刻满足他，所以有时他会因饥饿而啼哭。

宝的需求。如果已经尝试了所有能想到的方法，但宝宝仍然哭个不停，那么母子之间就会生出不满情绪。

尽管父母希望宝宝从来都不会哭，但如果他真的不哭，就会变得更难照顾。如果他不哭，怎么知道他什么时候不舒服或者不高兴？因为他哭了，成人才知道他有所需。如果他需要妈妈的时候还一声不出肯定是生病了、冻僵了或者窒息了。妈妈要如何知道他此刻不需要什么，可以放松去想其他事情了呢？看他有没有哭。

啼哭不止的时候

宝宝啼哭的声音是为了吸引妈妈的注意力和刺激妈妈行动起来，而且无论妈妈做什么宝宝都不会持续啼哭：只要啼哭得到了回应，他就应该停下来，就像电话一样。一个不停地哭、怎么都无法安抚的宝宝，绝对是育儿路上最难以应对的部分。宝宝哭的时间越长，妈妈就越会因无助而感到恐慌。宝宝拒绝妈妈的努力，就会减少妈妈对宝宝的疼爱和同情，因为他看起来就好像在拒绝妈妈一样。当宝宝啼哭不止的时候，很多父母都会感到疲惫和无助，甚至是愤怒；感到宝宝这么做是在故意折磨父母，认为他不会停下来。

研究发现

从麻木到沉默。少数幼小的和可悲的宝宝在感到不舒服的时候不会哭。他们曾受到虐待，并且害怕吸引成人的注意力。还有一些是因为被“哭着不管”太久、太多次，以至于他们已经不再对得到关注抱任何希望。无论是哪种经历，都导致了对压力的“僵硬”反应。这种反应是从过往中进化而来的，因为远古时期当小婴儿丢失或者被遗弃时，如果不哭的话更不易吸引猎食者的注意。

啼哭原因和安抚方法

宝宝啼哭的时间可能是其他孩子的两倍，也可能比其他孩子少一半，但导致他们啼哭的原因都是类似的。

有效的安抚宝宝啼哭的方法在于他们和父母的关系，所以面对不同的宝宝可能需要不同的安抚方式。当然，如果引起啼哭的“原因”很明确，那么“解药”也就很明显，但即使“原因”不明，也有一些技巧值得一试。

●**饥饿**：这是啼哭最常见的原因，也是最容易应对的。如果宝宝饿了就喂奶，也只有奶能够让啼哭停止。有些人会给宝宝喝一瓶糖水或者给他一个奶嘴，但是安抚性吸吮，即使有甜味，也只能起到暂时的效果。宝宝需要食物来填补胃里的空虚，否则一两分钟之后他又会哭起来。

●**疼痛**：从生命开始的第一分钟，疼痛就会让宝宝啼哭。但通常很难确定宝宝到底是因为疼痛而哭，还是其他原因。如果宝宝被抱起来以后就不哭了，然后立刻打嗝或者放屁，那他可能是因为肚子胀气，现在得到了释放；也可能排气与啼哭没有关系，只是他被抱起来后偶然发生的。

宝宝可能会对某些疼痛格外敏感。喝的奶或者洗澡水稍微有点热都会让他哭起来，但轻微的磕碰，尤其是手或脚的，宝宝在这么小的时候可能不会注意到，因为有些神经的髓鞘还尚未发育完全。

●**震动和惊吓**：任何突然的移动都会让宝宝感到自己在掉落，会让他吓一跳并开始啼哭，他甚至可能会脸色发白和哆嗦。

●**不合时宜**：宝宝的心情和状况决定着他会喜欢哪种刺激，以及刺激的程度。醒着的时候，他喜欢玩游戏，困了、烦躁或饥饿的时候就不喜欢。当他想要互动的时候，就喜欢有人陪他玩；当他不想的时候，想要“逗乐他”只会适得其反。

●**过度刺激**：任何刺激如果太过的话都会让宝宝崩溃，如过度的挠痒、弹跳或拥抱，突然的巨响和强光刺激，或苦的味道、小朋友粗鲁的亲吻等。当宝宝饿的时候，如果没

当神经还没有发育完全时，即使是从熟悉的椅子上被抱起来，也足以使他吃惊不已。

有吃到奶，他肯定会哭，但如果妈妈时机掌握得不对，在错误的时机给他吃奶，也会让他哭。如果因为奶嘴流量太小，或者没喝完就让他松开嘴转而拍嗝，造成食物获取得太慢，那么饥饿的压力会盖过吃奶的喜悦。有时候宝宝因为饥饿而哭，但由于哭得太厉害而无法吃奶，他会持续感到饥饿。很多宝宝在饿的时候都会变得非常易怒，所以当宝宝要吃奶的时候，给他洗澡或换尿布都会让他哭起来。

- **从清醒到进入睡眠的过渡**：通常小宝宝很难从有了困意过渡到睡熟。如果当他刚要睡着的时候，改变他所处的环境会增加入睡难度，所以在开车出门的时候，宝宝睡着之前就要将他放入汽车座椅里，这样他在平缓的开车过程中不会醒来，或者将出门推迟到他熟睡以后。很多小宝宝在快要睡着的时候都会突然抽动。几次的惊动会把他们自己惊醒，然后啼哭，进而产生困意，再次发生抽动然后啼哭……如果这是宝宝啼哭的原因，那么把他抱起来可能能够解决这个问题（见102页）。

图1，很多小宝宝都会在衣服被脱掉以后哭得很厉害；即使在最温暖的环境中，他们也不喜欢皮肤暴露的感觉。图2，如果只是胸前和肚子露出来导致的不适，只要用温暖柔软的东西盖住他，（可能）就不会再哭了。

需要安抚的啼哭

宝宝离开了子宫里温暖、柔软的环境。在接下来的几周中，宝宝会因为身体有了太多的自由而感到不快。

●**没穿衣服**：如果宝宝在脱衣服的时候哭了，并不一定完全是因为妈妈缺乏经验、笨手笨脚。很多宝宝都不喜欢赤裸身体，当衣服被一件一件脱掉的时候，他就会越来越生气，等到最后一件脱完，他通常已经哭喊起来了。如果宝宝不是因为这个原因哭的，那他可能是因为冷了，尽管屋里很温暖。宝宝会因为肌肤暴露啼哭，是因为空气让他感到暴露的不适。

宝宝会在穿上衣服后立刻停止啼哭，在那之前妈妈可以在他的胸前和肚子上搭一条毛巾或一条毯子等任何温暖材质的东西，都可以让他平静下来。

●**躺的地方太硬**：妈妈要确保宝宝总是躺在温暖和柔软的地方，可以避免他因接触导致的不舒适而哭闹。有塑料夹层的布和床单能让妈妈免于反复清洗的麻烦，但是对于宝宝来说是很不舒服的。所以，要把所有的塑料床垫和垫子都用材质柔软的毛巾盖起来。即使妈妈不想让宝宝用可洗的尿布，但是出于舒适的原因也该准备一些。

●**被放下**：如果宝宝一抱起来就不哭了，或者抱着他的时候就很平静，一放下又开始哭，有些父母认为这是他在要挟大人，便采取决不妥协的态度，否则会给他“惯出坏习惯”。宝宝并不是为了要父母抱才哭的，而是因为他被放下后失去了接触的舒适感才哭的。小宝宝天生都最喜欢被人抱着。在世界很多地方，祖母和姐姐会轮流抱着宝宝，分担妈妈沉重的体力劳动，但是大部分家务都是妈妈背着宝宝完成的。

除非宝宝饿了，否则只要把他抱起来，拥抱着他，就能让他不再啼哭。如果还不行，就让他趴在大人的肩上，这样他的肚子和胸部就会抵在大人的胸前，应该就能让他不再啼哭。紧紧抱着宝宝，脸对脸，是一种适用于任何情况的方法，通常都会产生效果。如果抱着带来的接触性舒适感还不能抑制啼哭，试着用这种方式抱着宝宝走动。边走动，边做有节奏的动作，给他带来平静。

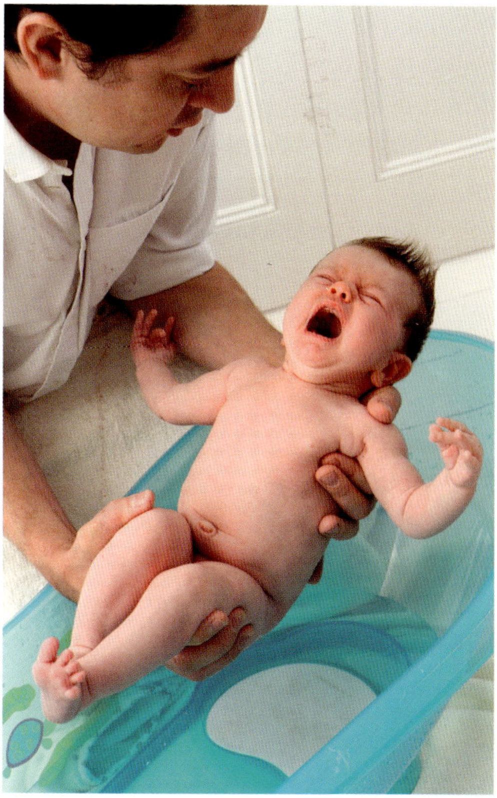

宝宝必须脱光了才能洗澡；但如果这让他感到很不舒服，可以试着叫他穿件衣服洗澡。

当没有人能抱着宝宝走动时，把他包裹起来也能够让他感到接触性舒适。包巾会给他像大人紧紧地把他抱在胸前的温暖和安全感。

如果没有什么能安抚宝宝

如果妈妈已经思考过所有这些引起宝宝哭闹的原因，也尝试了所有上述办法，仍不能让宝宝停止哭泣，妈妈自己也想不出任何原因，那么可以不从原因入手找出应对的解决办法，而是尝试一种综合的安抚技巧，即能够让宝宝无论因什么原因而哭都可能会平静下来的方法。一定要注意是“尝试”和“可能”。妈妈对宝宝啼哭的反应和为了让他平静、舒适所进行的努力都非常重要，但更重要的是，妈妈也要意识到可能做任何事情都无济于事。

节奏

当宝宝感到紧张或者过度紧张时，持续、有节奏的刺激通常能够帮助他们放松。节奏就好像一张温暖的被子，盖住了宝宝的紧张情绪。节奏不管用的话，那可能是因为宝宝饿了而妈妈没有发现。但如果宝宝哭是因为感到烦躁或太累太紧张无法入睡，那这种方法可能会有用。

抱着宝宝对于他来说是件很享受的事，妈妈可以尝试利用背带让自己更轻松。

双胞胎小贴士

用有节奏的摇晃哄啼哭的宝宝，可能不适用于双胞胎。如果两个宝宝同时在哭，摇一下摇椅或利用汽车座椅的震动模式，也可以安抚宝宝。妈妈可以把一个宝宝放到摇椅上，用脚摇晃摇椅，同时抱着另一个摇晃，或者把他们放进两个摇椅里，一手摇一个。如果都不管用，那就去买或借一个足够大的摇椅，让妈妈抱着两个宝宝坐进去，一起摇一摇，起到抱着摇晃的作用。

●**有节奏的声音**：不用特意购买能让宝宝平静下来的CD，收音机里或者妈妈平时听的轻柔有节奏的音乐就可以。确保一直放到宝宝睡熟为止；当他昏昏欲睡的时候，突然改变刺激方式可能会让他马上醒来。嘈杂的声音，例如热风扇或干衣机，通常也很有效。但有些宝宝会在汽车行驶中睡得很平静，而汽车发动机一停就会立刻醒来，所以开着车在社区兜风，无法真正解决问题！

●**有节奏的运动**：几乎所有的宝宝都能够在摇摆中平静下来并入睡。如果对宝宝不管用，那可能是因为摇得太慢了。宝宝最初对摇摆的体验来自母体，所以要抱着他或者用背带背着他轻快地走：这样就有更多的摇摆和接触性舒适感。有很多品种的背带在售，但对于啼哭的宝宝，只需要用小婴儿车的垫子改装成简单的背带，就能起到同样的效果。坚硬的帆布托架会在妈妈和宝宝身体中间形成支撑。而背带能够让他温暖地靠在妈妈身上。

吸吮

如果宝宝饿了，那么给他食物，让他吸

图中的方式是最有效的通用安抚技巧。

如果把宝宝的手放进他们的嘴里，有时他们会发现自己也能安抚自己，并且感觉很舒服。

吮，就能使他停止哭闹。但如果他不饿，比起其他方式，“没营养”的吸吮更有可能让他平静下来。试着让他吸吮妈妈（干净）的手指，注意要手掌掌心向上，以避免指甲碰伤他。如果他很喜欢吸吮手指，那么他可能也会喜欢安抚奶嘴。

●**拇指和手指**：妈妈可能曾经在超声扫描照片中看到过宝宝在子宫里吸吮自己的拇指，他们这么做可能从一开始就是为了让自己感到舒适。当然，这很少见。宝宝在出生几周后才能不需要帮助，自己把手放进嘴里。如果宝宝经常哭，而且很难哄，而妈妈又不想给他安抚奶嘴，那么就可以帮宝宝把手指放进嘴里，看看他吸吮手指后能否安静下来。他可能会发现，自己的小手指跟妈妈的手指一样令人安心。

●**安抚奶嘴**：在过去20年里，安抚奶嘴的使用变得非常广泛。就像很多家长怕母乳喂养不顺利提前准备奶瓶一样，很多家长也会提前准备奶嘴以备不时之需。大多数宝宝并不需要奶嘴，而且最好也别吃奶嘴。

安抚奶嘴的益处和坏处

益处

●一旦宝宝接受了安抚奶嘴，只要给他奶嘴，他就会马上平静入睡。而且，奶嘴还能让受到惊吓或者生气的宝宝回归平静。

●如果他含着奶嘴入睡，那就不要拿出奶嘴。这样受到惊扰后，他会再次开始吸吮，而不会被吵醒。

●如果宝宝吸吮奶嘴，应该就不会吃手了。

坏处

●一旦宝宝习惯了吸吮奶嘴，那他可能就离不开了，因为一旦他生气或者哭闹，没有比奶嘴更有效的方法能安慰他。

●当宝宝进入深度睡眠后，奶嘴可能会从嘴里掉出来，此时任何惊扰都可能会让他醒来，然后哭着找奶嘴。

●白天也含着奶嘴就限制了他通过嘴玩东西来进行探索，还会限制他发出声音。

●除非妈妈非常注意消毒奶嘴，否则奶嘴是很不卫生的。

●奶嘴会堵住宝宝所有的抗议，从而使家长忽略了这些抗议。

●吸吮自己的拇指或手指更卫生，还能让宝宝自己控制吸吮的舒适感，妈妈管理起来也更轻松。

安抚奶嘴的使用问题在于会形成习惯，而且妈妈可能会比宝宝更爱使用安抚奶嘴。如果宝宝容易闹别扭，可以在6月龄前使用安抚奶嘴，直到他能把玩具和手指食物放进嘴里、开始自言自语或与大人“说话”之前，他可以从中获得一定的满足感，妈妈也会感到更轻松。

不幸的是，在6月龄之后（或者可能是6周龄之后）宝宝有可能会过度依赖奶嘴，想在睡觉的时候拿下奶嘴都很困难，更不要说在他清醒的时候拿走奶嘴了。吸吮奶嘴能降低他的不快感：把奶嘴拿走会让他的不快感上升，而且除了奶嘴再也没有其他东西能够解决这个问题……如果宝宝在2月龄的时候接受了奶嘴，而且经常用，那么他就会持续使用1～2年，而且不仅是在婴儿床上吸吮。即使父母不介意这一点，这样做也很不卫生，而且不利于宝宝语言和牙齿的发育，会让他在夜晚醒来后更难自己入睡。

双胞胎小贴士

奶嘴。因为是两个宝宝，所以他们等待关注的时间肯定比单个宝宝要长。如果他们哭闹太多，而吸吮奶嘴看起来有帮助，奶嘴就非常适用于双胞胎。当然，前提是妈妈要能接受奶嘴。

心得分享

关于奶嘴带来的困难，有位妈妈说：

“当我生了第一个孩子后，我就是无法相信自己不能控制孩子使用奶嘴的时间。‘当你不想让她再吃了就扔掉，这能有什么问题？’我跟自己说。尽管如此，当她3岁的时候，还是无论日夜都含着奶嘴（孩子有好几个奶嘴）。后来，我再次怀孕了。你猜怎么着？第二个宝宝根本不接受奶嘴。”

1

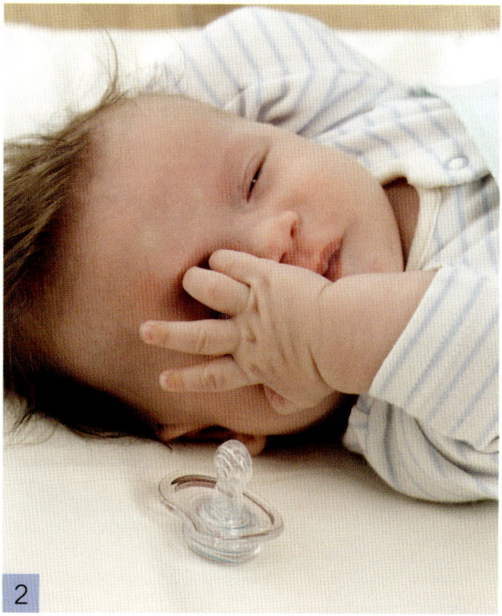

2

图1，奶嘴能帮助宝宝平静地入睡，这非常棒。图2，但当他进入深度睡眠的时候，奶嘴掉出来了，他接下来的睡眠就会变浅，还会想要奶嘴，于是哭着让妈妈再把奶嘴给他。

是腹绞痛吗

照顾一个3～6周龄、特别爱哭、很难安抚的宝宝的压力如此之大，导致很多父母都认为孩子肯定有问题（需要一个“诊断”），并擅自认定问题在于腹绞痛，其实他们也知道这不是一个很科学的判定。

如果宝宝总在固定的一个时间段哭得比其他时候更厉害，例如下午晚些时候和晚上，那么他的情况就很符合“腹绞痛”。当发作的时候，他不仅会哭，还会尖叫；症状看起来就像急性的肚子疼；孩子会把膝盖蜷起，头抬起来，并且满脸通红。有1～2分钟做什么也无法安抚他，然后他会持续闹上两三小时。

是不是腹绞痛

不要因为他一连三个晚上都哭闹，就急着判断宝宝患了腹绞痛。他可能是因为其他原因不舒服，而父母的想法却已经固定在腹绞痛上了，所以可能会忽略其他原因。

●傍晚或夜晚吃完奶之后啼哭和抽泣，但可以平静地入睡，就意味着可能不是腹绞痛。

●普通的啼哭，即使哭得很厉害，把腿蜷缩到腹部，也不意味着就是腹绞痛。

●如果能让孩子的哭闹在半小时内停止，那也不是腹绞痛。如果吃奶能让他不再哭闹，那他只是饿了；如果打嗝能让他平静，那他只是胀气；如果拥抱和摇晃能让他安静，那他只是孤单或者紧张。

●如果一阵失控的啼哭和尖叫能在半小时内停止，并能在下一次啼哭开始之前睡着或保持平静至少15分钟，那也不是腹绞痛。

●白天有偶尔简短的尖叫并不意味着腹绞痛。

●无论宝宝如何表现出典型的腹痛症状，只要还伴有呕吐或腹泻，那么他患的就不是腹绞痛，而是其他疾病。

研究发现

腹绞痛。这名字听起来像是一种需要确诊和医治的疾病。尽管如此，其实并没有一种疾病称为〝腹绞痛〞，而宝宝所谓患了〝腹绞痛〞（有时候也称为〝夜间绞痛〞或〝3月龄绞痛〞，或更准确地说是〝阵发性哭泣〞）其实不是一种疾病，而是一种很痛苦的小宝宝的行为模式。有些研究员是拒绝使用〝腹绞痛〞这一概念命名疾病的，只把这种情况视为新生儿普通啼哭的一种极端表现。有些人则把它视为一种气质问题，是对环境极为敏感的宝宝做出的对压力、变化以及可能是对二手烟的反应。另外，有些健康专家相信，有腹部绞痛症状的宝宝确实患有急性腹痛，通常由过多的或无法释放的气体引起。他们会建议给宝宝一种称为〝西甲硅油〞的滴剂来打破胀气的气泡，让气体更容易排出。所有专家和其他健康从业人员都强调，易绞痛的宝宝也能健康成长，正常进食和发育，没有任何消化困难。腹绞痛没有公认的引发原因，所以更不用说治疗了，况且它对宝宝没有任何病理性的影响，更多的是影响父母的心情。

有节奏的音乐和动作，以及父母同时的拥抱，却还是不能安抚宝宝。有时，父母怎么做都起不了作用。

研究发现

与腹绞痛相关的研究。正在进行中的研究包括乳糖不耐受症和胃食管反流病（GORD），但目前还没有对于腹绞痛症状的完整解释。有些研究认为宝宝难以消化乳糖，也就是所有奶类包括母乳里面所含有的天然糖类。往配方奶中添加乳糖酶，或者限制哺乳的母亲饮食中奶制品的摄入，能够帮助宝宝缓解腹绞痛的出现频次。尽管如此，乳糖不耐受症会引起腹泻，所以除非他出现腹泻，否则乳糖不耐受症并不是导致宝宝腹绞痛的原因，而如果他有腹泻的症状，那么他就不是腹绞痛。

GORD是最常见的医疗诊断，在婴儿期都是由于过度啼哭引起。大部分新生儿胃部顶端的贲门都还未发育完全，有些宝宝会反流奶液。胃里的奶已经与酸性的消化液混合，这样的混合物会灼伤宝宝的消化道，导致急性不适。给宝宝应用一些药物，例如婴儿用嘉胃斯康，让宝宝在吃奶之前先吃药，有助于缓解反流。

有时GORD引发的疼痛和尖叫让人以为是腹绞痛造成的，但GORD的症状很容易与腹绞痛区分，因为GORD会引发呕吐，而不是普通的溢奶，且疼痛会在吃奶后加剧，发作的时间也不仅在夜间，宝宝平躺的时候也会发作。

乳糖不耐受症、GORD和对牛奶整体不耐受都应由医生进行诊断和治疗。限制饮食（如果是母乳喂养，就限制母亲的饮食；如果不是母乳喂养，就限制宝宝的）容易引起营养不良，最近还发现全豆奶中含有一种物质，即〝植物雌激素〞，会给宝宝的发育造成伤害。不要只跟身边的人讨论而不去看医生！

应对腹绞痛

如果宝宝容易发生腹绞痛，平时那些安抚技巧可能对于这个问题都发挥不了作用。但通常都是父母的无助感让“腹绞痛”看起来非常可怕，难以应对。

一旦带宝宝进行了检查，确诊了他的问题，就要试着接受查不出引发腹绞痛的原因。如果坚持寻找原因，就会耽误宝宝其他方面的照顾。因为父母会发现有些研究认为造成腹绞痛的原因是过度喂养，有的却说是喂养不足；有些研究又认为腹绞痛只存在于奶粉喂养过多或过少的情况下；还有些研究认为引发腹绞痛的原因是宝宝吃奶的时候奶太热或太凉，吃得太快或太慢……如果父母接受了这些说法，肯定会改变宝宝的喂养方式和喂养规律，以及自己的喂养习惯。但引发腹绞痛的原因远远不止这些。其他可能的原因是过敏、小肠绞痛、阑尾炎、胆囊问题和胀气。

如果任何这些自相矛盾的对于腹绞痛的解释是正确的，那为什么在24小时之内只有一次喂奶后才会出现问题？而且，妈妈喂宝宝吃奶的时候，并没有特意在下午5点或6点更换方法喂他，宝宝本身也没有疾患，但腹绞痛只在每天固定时间发作。有些人认为，母亲自己的压力和紧张可能也是其中的原因之一，在喂宝宝的时候将这些情绪传给了他，导致腹绞痛。但如果这是造成宝宝腹绞痛的原因，那为什么换成其他人用奶瓶喂他时仍会发作呢？

可能身边有不少朋友和亲戚都热衷于提各种不同的建议，但父母一定只听从医生或健康顾问的建议。他们可能会推荐在喂奶之前先喂孩子吃西甲硅油滴剂；如果是奶瓶喂养，可以换一种配方奶，如果是母乳喂养，妈妈可以尝试调整自己的饮食，例如限制奶制品的摄入。但如果这些都不能缓解孩子的腹绞痛，妈妈也要做好接受这个事实的心理准备。

宝宝需要妈妈在身边照顾，妈妈也需要别人来关心自己。

两个人比一个人更好

照顾宝宝的过程并不轻松，所以夫妻二人要互相支持，共同照顾宝宝，才能取得更好的效果。试着不要责怪自己、对方或宝宝，要坚信无论看起来有多么疼痛，腹绞痛都不会给宝宝造成任何伤害，而且也不会持续超过3个月。

即使知道在腹绞痛发作的时候，没有任何办法能够安抚宝宝，多数父母仍感到应该继续尝试：他们不能任由宝宝一个人哭喊。这样做是正确的。尝试安抚宝宝不能让腹绞痛不再发作，但却能缓解症状。父母力尽所能做了所有尝试，这样的宝宝比其他被置之不理的宝宝，要尖叫得少一些（取而代之的是更多的抽泣）。

如果父母尽力尝试所有办法安抚宝宝，有些方法明显能够中断（虽然不能完全终结）宝宝的痛苦。如果将看起来最有效的办法按照一定的顺序一一实施，如边走边摇晃宝宝，给宝宝东西吸吮，揉揉肚子，有节奏地拍宝宝，父母就会发现所有这些方法叠加起来真的能够减少宝宝尖叫的总次数。即使做什么都没有对情况产生实际的改变，父母努力做各种尝试的事实也会带来巨大的感情变化。

让宝宝知道父母在他身边陪着他非常重要。当然，陪在宝宝身边会造成很大的压力，也是很困难的事情，所以父母最好能够共同承担。有些夫妻认为两个人一起做会做得更好；其他夫妻可能觉得轮流做，即每隔30分钟换人来照看孩子会更好。轮流看护的话也能同时兼顾家中其他孩子。

如果是妈妈一个人承担，一定要找个人陪着自己，或者休息一下，这样比日复一日无间歇地面对着宝宝要好。妈妈可以排一个家庭时间表，或者让朋友来帮着照看腹绞痛发作的宝宝。如果实在没有人能帮助自己，妈妈又没有其他办法，那么可以试着在宝宝开始哭的时候就把他放进婴儿床，带他出去散步。有些妈妈会把音乐声开大吸引宝宝的注意力，然后用背带背着宝宝轻舞，这样既能摇晃宝宝，妈妈自己又得到了锻炼。

适应自己的身体

宝宝会在半年之内学会坐（几乎坐起来），一年之内（几乎）会站，所以可以说他在出生1个月后就已经开始学着控制自己的身体了。

肌肉控制的发育从上至下，由头部到摇摇晃晃的脖子，几周后又继续向下到肩膀。宝宝一直都在生长，也就是说他的头部对于身体其他部分的比重一直都在变小。等到宝宝6周龄左右，当大人抱起他或者非常轻地移动他的时候，他就能够支撑住自己的头了。但是，当抱起、放下他，或者把他放进汽车座椅，让他失去平衡的时候，他还是需要大人的手扶住他的脖子。

宝宝平时的姿势通常都是屈曲的，所以他的视线范围很有限；他看不到在自己正上方的食物。如果有人在距他鼻子20厘米的范围内给他看一个东西，他会用眼睛追着看。如果东西移动得太快或者移到太远的地方，导致他看不清楚，他就会失去兴趣。事实上，只要他看不到玩具了，他就会忘记玩具的存在。

为什么头部控制很重要

因为宝宝的头部控制调整所有典型的新生儿位置和姿势变化。这些是微小和逐步的变化，但是它们在宝宝3月龄的时候，对宝宝能做到什么起着关键的作用。

- 当他平躺的时候，他就会舒展身体，不再维持新生儿蜷曲的姿势，而是平躺着让头后部放在床垫上。
- 平躺时，他的正上方视野就很清晰，所以就可以看到移动或停留在上方的脸，然后还能通过转动头部扩大自己的视野。
- 平躺的时候能解放自己的双手和双脚，这也为踢腿和翻身的第一步做好了准备。
- 当他趴着的时候，他的腿不再是蜷起来的，而是伸展开，还能把头转向两侧，而不是总朝向一边。他甚至能够抬起头看到上面有什么。

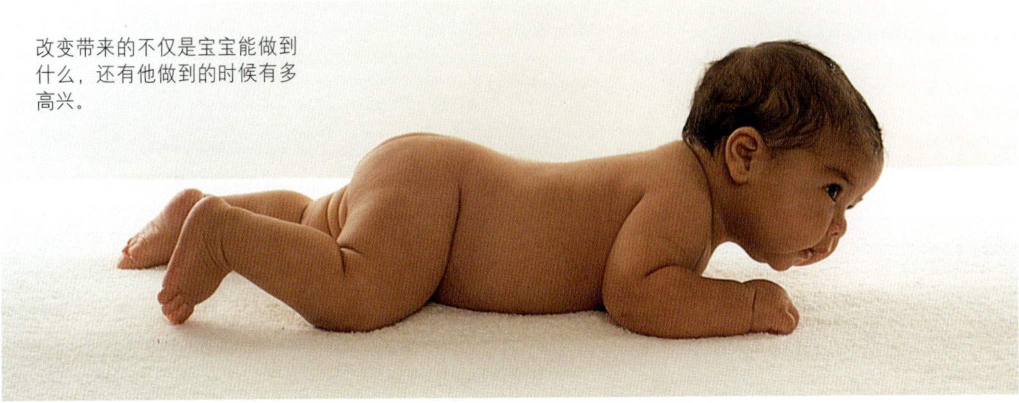

改变带来的不仅是宝宝能做到什么，还有他做到的时候有多高兴。

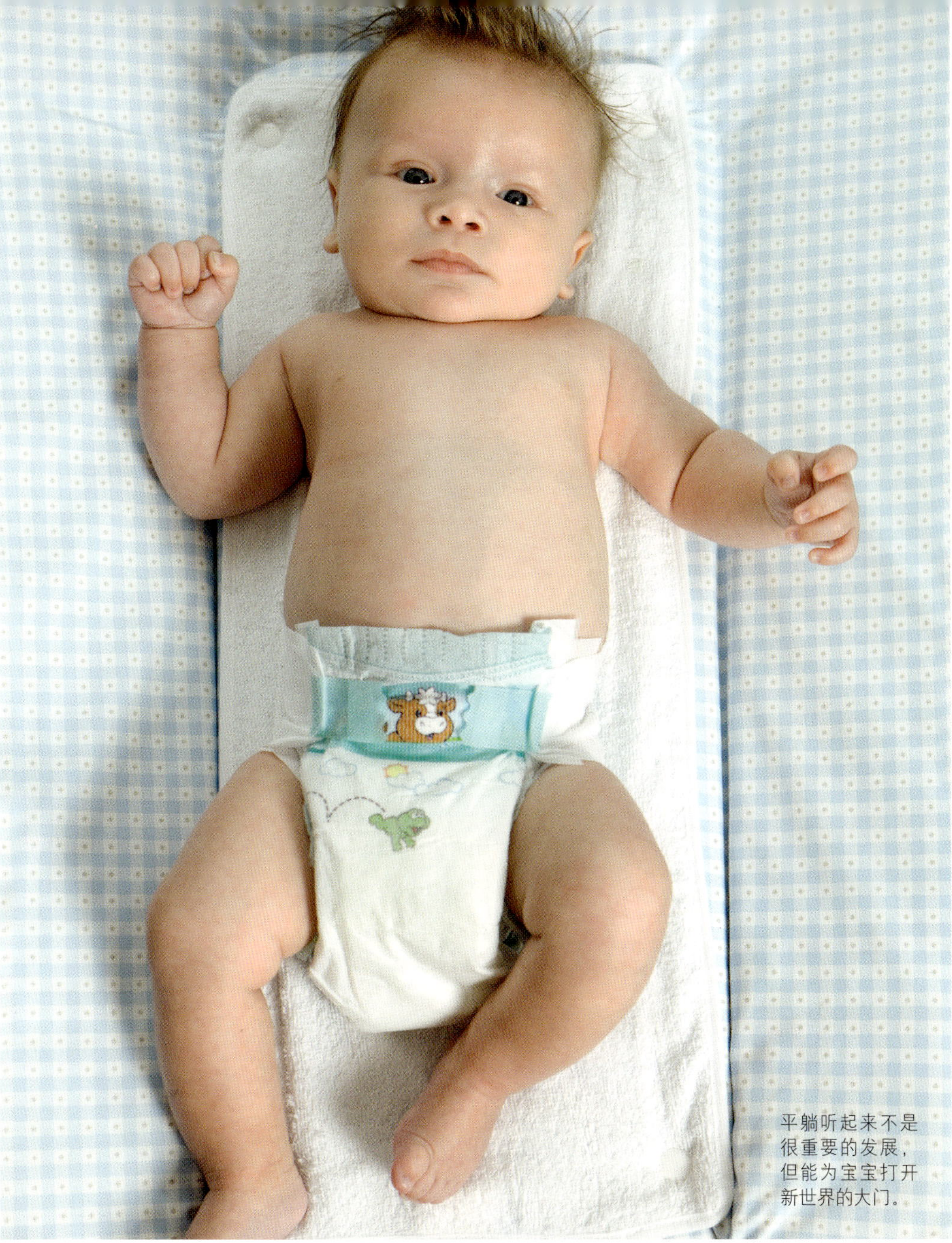

平躺听起来不是很重要的发展，但能为宝宝打开新世界的大门。

●当把他放在大人的肩上时，他不会马上靠上去，而是把头放在大人的下巴下面；他自己能够维持这个姿势几秒钟，从而能够看看周围。

研究发现

宝宝的聚焦范围。20厘米是宝宝最容易聚焦的距离。这绝不是一种巧合，这个距离正好是妈妈在喂奶的时候，宝宝可以看清楚妈妈面孔的距离。

早期玩耍：先看，后做

直到宝宝能够打开手掌（大约8周龄），并能玩自己的手，他才准备好玩玩具，但宝宝一开始最喜欢看玩具。

在宝宝准备好进行操纵性游戏之前，他可以先观察任何数量的东西，而且对他来说，练习将眼睛集中在不同角度的不同事物上是有益处的。他的最佳聚焦范围只有20～25厘米，所以如果要在他的床头挂会动的摇摆玩具，就要挂得近一点。不过，当宝宝仰卧的时候，他的头通常会偏向一边，所以如果把玩具夹在床垫和婴儿床或婴儿车他偏向的那一边，他可能会看得更好。妈妈可能会惊讶地发现，宝宝能够专注地看黑白布做的“第一本书”、塑料卡片或脸的大图形。当然，妈妈真实、活生生的脸，微笑，说话，唱歌和与他“对话”，都是世界上最让他感兴趣的东西，所以他可能会更喜欢面对面的“谈话”，就像大人一样。

手：第一个和最好的玩具

宝宝能够支撑自己的脖子，而且能够用背部平躺的一个间接的但很重要的结果就

从玩具看向他的手，然后再回去，宝宝正在测量距离，并且尝试抓握。

是，他能“找到”自己的手了。他还没有准备好用手去抓握东西或者伸出来，直到他的拳头能够一直保持松开的状态时才能做到，但大约6周龄的时候，他就能摸到自己的手了。当他的两只手不小心碰到一起的时候，他会用一只手抓住另一只，把拳头打开玩自己的手指。他并不知道手是身体的一部分，也不会把它们抬起来看，即使挥动手臂的时候把手抬到自己的视野当中，他也不会认得。他把手当成自己的玩具。

神奇的摇铃

出生几周以后，宝宝的手就会偶尔打开。他还是会用一只手玩另一只手，把它当成一个东西，他也不会把手抬起来看。但如果把一个轻一点的会发出声音的摇铃放进他的手里，他就会用手指攥住它，就像攥住另一只手那样。现在，当他挥手的时候，他会挥动拿着玩具的那只；玩具会发出声音，他会循着声音去看，然后他就会第一次看到自己的手，还有握在手中的玩具。

接下来的几周，摇铃或类似的玩具对于宝宝来说十分重要。不用刻意去买很贵的东西，只要容易被小手握住，质量较轻，掉落的时候不会伤到宝宝，以及在摇晃的时候会响的东西就行。响声会吸引宝宝的注意力，他就会追着声音看过去，看看手在做什么，并且开始明白挥手和响声之间的关联。等到宝宝3月龄左右的时候，他不需要玩具的指引就能看到手了，但他仍旧喜欢玩玩具。宝宝能够像用手找一样，用眼睛来找玩具了，他会张开手臂让手离开视野，再把它们伸回来，动一动手指，仔细地看它们。宝宝通常一天会像这样玩上几次，每次玩上几分钟。虽然宝宝还是更容易看清近处的东西，但他已经能很快聚焦，视线能更好地跟着移动的事物。不久之后，他就能转动头部，让事物保持在自己的视线范围内。

开始把所看和所为联系起来

等到宝宝边玩自己的手边盯着看的时候，妈妈就会知道，他已经把看到的东西跟在做的事情联系起来了。不久之后，他就能不仅看感兴趣的事物，还能试着把它留在视野里，以及尝试对它做些什么——通常是用离得最近的手胡乱地挥一挥它。妈妈仔细观察就会发现，他也会在自己的手和物体之间反复打量。他正在练习控制自己的手，以及用眼睛估算手和他想要的玩具之间的距离。

宝宝会把握住很多机会伸手抓东西，尤其是如果让他多次体验过抓到的成就后，他就会增强对自己的力量和对自己身体的控制的感觉。他还不能很有效地抓住东西，因为他可能总会抓偏。妈妈可以帮助他，如先在手中拿好玩具，等着他，直到他能够准确地抓向玩具，然后再把玩具放进他的手里。

婴儿床垫和游戏围栏在这个阶段很有用。如果让宝宝躺在垫子上，然后在他的上方挂上东西，他就会看，而且偶尔会把手伸向有东西的方向，有时偶然的就会抓到。把东西挂在他伸手就很容易抓到的地方（大约25厘米就可以），而且挂的东西质量要轻，即使掉下来也不会伤害到宝宝，例如棉球和很轻的摇铃。当宝宝的手真的碰到这些东西的时候，它们会摇摆，用不了多久，宝宝就会明白触摸和结果之间的关联，然后故意这么做，在“我这么做，那东西就会动”的过程中享受巨大的乐趣。要挂一些不同的东西，也就是当宝宝碰到的时候会有不同反应的东西。例如，球摸起来是柔软的，而摇铃摸到后就会响……

开始互动

人类的宝宝出生后完全依赖于成人的照顾，但对于获得这种照顾却无能为力。如果成人对照顾宝宝感到厌倦并离开，宝宝又能怎么办呢？

除了哭，宝宝也没有别的办法了，然而除非成人已经跟他有了感情，否则哭可能只会让他们跑得更远而不是关心他。感情是宝宝得到照料和维系生存最重要的因素，这能够确保宝宝活下来，从而使生命得以延续。宝宝会做很多努力让妈妈对他们产生感情，包括那张“婴儿肥”的小脸蛋，以及可以紧握一切的手指。正是这种感情让妈妈几乎可以为了保护和照顾宝宝不顾一切，也避免了妈妈抛弃他，让妈妈能够撑过一个又一个难熬的夜晚，在他哭得最厉害的时候也能千方百计地安抚他。

在宝宝刚出生的时候，大部分照料他的感觉都来自责任而不是爱，但宝宝的发育绝对是依靠父母对他的爱，所以他在生理上也是为了建立父母对他的爱而生的。日复一日，周复一周，这种对爱的需求会日益明显，除了食物，宝宝生命中最重要的就是照顾他的人：父母。

寻找脸庞

宝宝会觉得其他人的脸和声音非常有趣，现在他已经能够开始寻找它们了。当有一张脸靠近到他能看清楚的范围时，他会非常认真地进行观察。如果没有脸或其他东西在他能看清楚的范围内，他会看着那些发亮和移动中的物品，如被风吹动的窗帘。但如果在他的视野范围内有很多东西的时候，他会“选择”去看那些不太刺激的光亮或动的东西。如果出现了一张脸，即使是一个画着简单的眼睛、鼻子、嘴的气球，他也会看。在一组事物中，他不会选择最亮的颜色，而是视觉上最复杂的。宝宝会选择看一张白纸上用黑色画的复杂图案（由至少2毫米宽的线条勾画），而不会选择一个明亮的红色摇铃；同样，宝宝会选择面包烤架而不是一个简单的方块。他天生对复杂的图案和形状更感兴趣，因为他需要了解的是一个看起来很复杂的世界。

人是世界中最重要的组成部分，所以当父母在纸上画出一张脸让他看的时候，他会很感兴趣，从“发际线”看到“嘴”，然后回到“眼睛”。因此，耐心地让他好好观察父母的脸，对于他来说十分重要。

听声音

就像关注成人的脸一样，宝宝也会聆听成人的声音，而且用不了多久，他就能把看到的和听到的联系起来了。现在，如果他听到妈妈的声音就会兴奋地踢腿，而一旦他开始倾听妈妈说话就会停下来。很快，他就会把眼睛和头转向正在说话的人。如果把他抱起来，他就会停止啼哭。如果边抱着他边走，他就会变得很满足。很明显，他喜欢妈妈、欣赏妈妈、需要妈妈，而他的这些新出现的友好交际行为，也给妈妈带来了不可估量的信心。

微笑

微笑也是宝宝确保妈妈会一直照顾他的

微笑是宝宝最大的王牌。

宝宝对着父母笑是亲子关系发展的关键，所有的努力都是为了这一刻。

一张王牌。妈妈看到的第一次微笑可能不是对着自己，也可能不是对着任何人，只是对着天花板的灯而已。大多数宝宝的第一次微笑都不是对他看到的什么东西笑，而是笑他听到的声音。他可能会在妈妈给他换尿片时，听到妈妈说话而微笑。当他能够认清妈妈的脸时，他会在某一天看到妈妈的脸后，盯着妈妈的眼睛，然后展露出他的第一个微笑——完成人生最初的社交过程。

宝宝对着父母的第一次微笑是亲子关系的关键，因为少有成年人，更罕有家长，对婴儿的微笑有抵抗力。无论宝宝刚刚让父母度过了一个多么难熬的夜晚，也不论他在父母衣服上吐了多少次，他仍旧是这世上最漂亮、最可爱的宝宝。

当宝宝看着妈妈的眼睛，对着妈妈笑的时候，看起来是爱妈妈的，但他还不能真正爱一个人，因为他还不能区分一个人和其他人，甚至无法区分他自己跟其他人。最早的微笑并不意味着“妈妈我爱你”，而是“照顾我的人，我的小脑瓜还未发育完全，需要你们继续照顾我”。宝宝爱笑，妈妈和其他人，甚至是路人、一起排队的人，都可能会停下来，然后对着宝宝笑和说话。而且人们对宝宝的关注越多，宝宝的反应也就越多，他的社交反应就会形成自我维护、友善的圈子。他对妈妈笑，妈妈也会笑；妈妈一笑，他也会笑。

这些早期的笑容看起来是对妈妈一个人的，妈妈也可以这样认为，而且事实上，宝宝很快就会对妈妈一个人微笑，因为宝宝几周后就会从对所有人感兴趣，转为认识和依赖特定的人。等他3月龄左右的时候，妈妈会看到宝宝仍然对所有人都很友好，但他最喜欢自己的父母。事实上，宝宝在这一阶段已经准备好巩固对妈妈的热情和对妈妈的个人感情，这也是他精神健康和幸福的基石。

听和说

宝宝对声音有反应，说明他具有听的能力。宝宝在出生前就已经具备了听的能力，但在出生后2个月才会对各种声音做出反应。尖锐的巨响和碰撞总会让新生儿吓一跳，2月龄后仍是如此。如果在子宫里的时候音乐能让他平静，出生后也能让他平静。但他在2月龄时会开始对各种声音做出反应，即使不是很吵或很舒缓的声音。这些新发现的声音在宝宝的感觉中是“中立的”，他会对这些声音如何反应取决于这些声音发生的时候他的心情和状态。如果妈妈在宝宝心情不好、烦躁不安的时候把洗碗机打开，那么这噪声很可能会成为让他哭闹的最后一根稻草。但如果洗碗机是在他高兴和想玩的时候打开的，可能会让他笑得更开心，腿踢得更欢。看来，这类中立声音会让宝宝当前的情绪更加强烈。但人的声音却是例外。只要人的声音是友善的，不是生气吓人的，而且周围环境不伴有噪声，宝宝总会表露出兴趣。

第一声交际

宝宝在出生后很少发出不是啼哭的声音，但这跟交流没有任何关系，因为他们还没有自主意识。宝宝可能会在吃完奶后发出很满足的声音，但这些小咯咯声并不是满足的表达，而是因为肚子太饱了，就快要睡着了，嘴巴半张着才发出来的。

宝宝真正发出他们第一次交流的声音，多是在他们了解了看到和听到的关系之后的2～3周里，当大人抱着他玩耍、跟他说话的时候。如果宝宝会对这种情景做出反应，对着大人笑或者扭动，那么离他看着大人发出表达的声音的日子就不远了。在这之后几周，可能在他3月龄的时候，他会在咿呀发音的时候笑出声来。此时，如果妈妈对他笑，他也会对妈妈笑。如果妈妈笑着说话，宝宝也会笑着咿呀发音。 他会在几周内以惊人的速度发展出复杂的辨别能力。

跟宝宝说话越多，他们也就越爱说。如果照顾宝宝的人不是很爱说话，或者家长和照顾他的人经常在照顾他的时候多是和其他人说话，那么这样的宝宝就会说得较“少”。对于这么大的宝宝，成年人讲什么语言并不重要，只有数量和交流的意向才重要。

当然，宝宝不只是在别人跟他说话的时候才会咿呀发音，他们自己在婴儿床或围栏里的时候也会“自说自话”。一边“自言自

研究发现

听力受损。在早期阶段，很容易忽略宝宝可能听不见的问题，因为即使宝宝没有听力，看起来也跟正常宝宝一样。宝宝早期发出的声音，与他们听不听得到没有关联。

如果宝宝确实听力受损，早期发现和治疗非常重要，所以所有父母都应该警惕这种可能性。不要因为他在别人关门或者把锅掉在地上的时候受到了惊吓，就认为宝宝的听力是正常的，因为即使是深度耳聋也能听到非常大的和尖锐的声音。有轻微听力损失的宝宝听不到轻声谈话的声音，所以当妈妈跟宝宝说话的时候，他不转过头看妈妈的脸，就应该引起重视。宝宝并不总是寻找他能听到的声音，有时他有太多其他需要关注的事情，但如果宝宝从来都不会寻找声源，那么就要注意观察他会不会注意其他声音，如电视或者洗碗机的声音。如果他不会注意所有噪声，那一定要询问健康顾问和医生。

妈妈和宝宝互相倾
着彼此的爱意。

语”，一边玩自己的手，是3月龄的宝宝最喜欢的娱乐方式。但宝宝经历的更多的交际对话来自于其他人，这种“对话练习”越多，他自己一个人的时候“说”的也会越多。

这也从另一个角度证明，得到大人足够关注的宝宝比那些家长怕溺爱孩子而不敢给予关注的宝宝要更满足。

学会对话

宝宝早期发出的社交型声音，并不是我们通常说的“讲话”，因为宝宝并不是在诉说具体的什么事情。但宝宝看着对方，发出“说话”的声音，就是在主动用他的声音跟其他人互动。更令人惊讶的是，即使他刚刚几周大，也能遵循对话的基本原则。当妈妈跟他说什么的时候，他会发出声音回应，甚至会停顿下来给妈妈时间回应。如果妈妈继续说更多的事情，他会等着，直到妈妈停顿下来，让他“说”。只有轮到他的时候，他才会发出更多的声音。

把观察、倾听和微笑放在一起

新生儿能够看到和听到，但直到4～6周龄时，他们才能把两者联系起来，所以他们总是试着看他们听到声音的地方。就像学会笑一样，这也是一夜之间的事情，时时刻刻都有可能发生。当妈妈给宝宝换尿布的时候，他像平时一样盯着空无一物的天花板，同时仔细倾听着妈妈对他说的话，或者正在唱的歌。第二天，他仍然盯着天花板，但他在笑。在这样持续一周之后，终有一天，当他正在倾听的时候，不再是看着天花板，而是开始用眼睛寻找声音的来源，看他听到的声音来自哪里。当他在寻找的时候，妈妈要持续说话或唱歌，并继续做正在做的事情。当他成功地将听到的和看到的联系起来时，他会发现妈妈说话和微笑的脸，然后对着声音和面孔微笑。再过几周，即使妈妈什么都不说，只要对着他笑，那他也会给妈妈一个微笑。

研究发现

婴儿对其他人发出的种种声音或回应是在进行社交。试验显示，宝宝不会对人的声音以外的其他声音做出这种反应。科学家已经尝试了用悦耳的声音，如铃声，〝回答〞每一种宝宝发出的声音。没有任何一种声音得到了宝宝的〝回应〞，也没有增加宝宝的〝自言自语〞。

研究发现

与宝宝说话的重要性。与宝宝说话越多，宝宝就会说得越多，这已经广为人知。但还有一点并不广为人知，那就是与宝宝说得越多，越有利于宝宝脑的特定部分的发育。

为什么早期社交很重要

宝宝的微笑不仅使他看起来很可爱，也会让大人感到爱与被爱。事实上，宝宝的笑会让父母感到很多辛苦的努力都得到了回报。父母往往会感慨“他现在真的开始成为一个人了……”，而且宝宝越多以其他方式给出回应，如当被抱起来的时候停止啼哭，被抱着移动时会冷静下来，被抓痒的时候会踢腿，就越能获得更多的拥抱和照顾。悲哀的是，一个较少获得回应的宝宝，通常是早产儿或有新生儿问题的宝宝。尽管他们需要更多的回应，但他们通常却得到较少的眷顾。

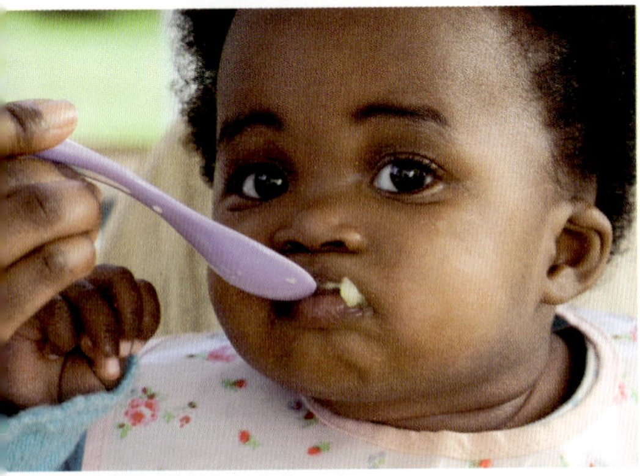

家庭的一员

爱与被爱

宝宝终于长到了3月龄，各种规律也在逐步建立的过程中。此时，父母已经从最初的手忙脚乱中走了出来，开始审视这个家庭中的新成员。

父母必须习惯做宝宝的监护人，而宝宝则需要适应在子宫外面的生活。无论是否采取母乳喂养，以及宝宝腹绞痛的时候遇到了什么样的困难，一旦宝宝安定下来，这些困难都会慢慢过去，取而代之的是欢笑、拥抱、玩耍的快乐时光。

宝宝经历的最初9个月里，也就是妊娠过程中，两个细胞会发育成胎儿，而妈妈也逐步成为母亲。在分娩后的9个月中，母子会完成另一种转变。在这之后，宝宝不再是一个小婴儿，而是即将成为一个幼儿，会坐，能踉踉跄跄地走，会咿呀学语，开始吃真正的食物，从杯子里喝水，玩所有他能拿到的东西。宝宝各方面的迅速成长看起来都非常令人陶醉，但妈妈并不是一个旁观者，而是参与者。宝宝发育和成为什么样的人都是受妈妈的影响，就像他在妈妈身体里生长时一样。

等到3月龄的时候，宝宝会很爱笑，而且由于妈妈全天24小时都在家，"爸爸回来了"也许会成为一天里最大的喜悦。

认识周围的人

宝宝3月龄的时候，逐渐表现出喜欢与人互动，并开始会区分人，还能认识和依赖某些人。与此同时，他还会明显地表示出他知道谁是谁，而且最喜欢哪一个。

母爱

大部分宝宝第一个爱上的人都会是他们的母亲。但这种优先权并不是自动就存在的，或者能始终停留在亲生母亲身上。母亲必须通过一心一意地照料宝宝，而且不仅是生理上的照料，还要把爱传达出来，才会赢得宝宝的爱。无论宝宝在喂养、清洁和穿衣方面被照顾得多么精心，都比不过有人对他非常用心地关爱，对他微笑，与他深情地轻声细语，抱他，拍他，哄他。当然，最好是妈妈无论身心都精心照料自己的宝宝，但如果妈妈只能兼顾其一，那么应该把宝宝的世界放在首要位置，集中与他温柔地说话和玩耍，而不是

研究发现

对父母的依赖。宝宝对爸爸的依赖与对妈妈的不同。妈妈给的安全感是由第一年里妈妈无微不至的照顾换来的，而对爸爸的依赖则在于玩耍的质量，以及对宝宝探索和挑战的温柔支持。

浪费时间在追求过度的身体照料上。当然，身体和情感的照顾是有联系的，尤其在哺乳时，宝宝会获得生活中最大的乐趣，如果换成别人去喂他，即使能够随时随地喂他吃奶，也无法给予这种快乐。宝宝需要的是无论妈妈在做什么都把他放在心上。宝宝会爱上妈妈并不仅是因为当他啼哭的时候妈妈会过来帮助他，而且因为妈妈的关注和回应。得到回应的宝宝在笑和发出声音的时候会带着喜悦和友好。即使在这么小的时候，宝宝也需要爱他的人的陪伴，需要有人陪他玩耍，陪他欢笑，抱着他到处看看这个世界。宝宝需要一个觉得他有趣也会让他开心的人。

维系依赖

维系亲子双方的依赖对于宝宝的一生来说都很重要。每个宝宝都应该至少有一个特别的人能够让他依赖，当然这样的人越多越好，会使他的安全感更强。有很多证据表明，如果爸爸能像妈妈一样，更多地参与宝宝的照顾，对于宝宝来说益处良多，甚至在宝宝长大成人之后都能发挥作用。

有些宝宝虽然没有明显地缺乏照料，但他们就像在孤儿院长大的婴儿那样，永远不知道被他人放在心中是什么滋味。这样的宝宝可能各方面都被“照顾得很好”，但却得到很少的感情回应。有些宝宝可能是由一个又一个的保姆来照顾的，所以即使宝宝有可以依赖的人，也没有能长时间依赖的关系。即使宝宝依赖保姆，终有一天也会失去她。突然失去一个亲爱的照顾自己的人，尤其是双方都很依赖对方的时候，会让宝宝的成长发育陷入风险中。这样的关系很难再被建立起来。宝宝是从这样的关系中学习自我、他人和整个世界的。尽管是宝宝对他人产生的依赖，但他也会经历情感，并且学会适应这些情感。他的“初期依赖”越安全，宝宝在将来探索世界时就会越自信，越有能力，在未来应对生活中的各种困难的时候就越有韧性。宝宝通过这种爱来学习长大以后的爱。在很远的未来，当他有了自己的孩子，亲密地爱护自己的孩子的时候，他们之间的关系的根源就来自于他已淡忘的与自己的父母当初建立的关系。

两个家长比一个强

尽管宝宝的初期依赖对象通常是母亲，但也不是说爸爸的存在就可以被忽视或者不重要。如果妈妈和爸爸都愿意，并且从一开始就能够一起照顾孩子，宝宝跟父母的关系会是同等的，因为他所有的感情不是都放在（母亲）一个篮子里，所以得到的安全感更多。当然，不要认为他对父母的回应也是一样的。父母是不同的人，与宝宝有着独立的关系。宝宝可能会更容易被一个人逗笑，而更容易被另一个人哄睡，他甚至会有更喜欢的一个人。尽管一开始宝宝通常与妈妈在一起的时候更放松，但等到4月龄或5月龄的时候，他会突然表现出对爸爸更直接的格外喜爱。虽然这显得有些不公平，因为爸爸很少参与宝宝的日常（或者夜晚）生活，更多的是一种新鲜和有趣的存在，但当妈妈累了一天后，爸爸下班回家，会用饱满的精神跟宝宝玩，给宝宝带来快乐。

分担育儿

在外工作又要分担照顾宝宝并不是件容易的事，操作起来也比较困难，尤其对父亲而言更加困难，虽然他们很想全身心投入其中。

相比较于母亲，父亲很难兼顾家庭和工作。此外，尽管大多数女性十分希望家里能有人帮助照顾婴儿，但许多人也看重这样一个事实：怀孕、分娩和用母乳喂养婴儿是一种具有排他性的女性角色所承担的，而女性也不想放弃作为母亲的任何自主权。

无论夫妻间存在什么问题，也无论如何解决这些问题，现在和将来都需要记住的事情是，自己已成为宝宝的父亲和母亲，而不是助理般的父亲和母亲。父母是不同性别的不同角色，对于孩子来说都非常重要。

宝宝长到3月龄的时候，可能会让人松一口气，然而接下来还会发生什么呢？对有些女性来说，宝宝接下来6个月左右的生活，才是典型的成为母亲之后所过的生活。没有人曾如此深爱或需要过自己，这使母亲获得了巨大的满足感和一种无法替代的、独一无二的感觉。当妈妈的第一年，不仅建立起一种从未有过的感情，而且通过对宝宝身体的照顾，也获得了一份从未有过的感情。宝宝需要智力的开发：与他玩耍，玩玩具和奖励，帮他了解刚刚注意的事情，并给他机会实践这个阶段刚刚掌握的技术。这是一个巨大的承诺。当然，此时的宝宝正处于相对好照顾的阶段，他不像新生儿那样还没有形成习惯，也没有理解力，一天当中大部分时间都在睡觉，他会利用接下来的6个月充分发育，多数母亲都会非常享受这一过程。

如果宝宝依赖妈妈，持续需要照顾，让妈妈觉得沉闷，就不要一个人待着。等到宝宝5～6月龄的时候，当他什么都不需要妈妈去做的时候，妈妈可能会有一点时间——甚至只有一点点时间——不是用来实际护理宝宝，比如换尿布或喂奶，也不是为了情感方面的照顾。一整天（而且有时候也包括夜晚）都要关注宝宝的感受，预测他的需求，可能会让妈妈觉得筋疲力尽。

研究发现

父子关系。对婴儿来说，与父亲的关系比实际照顾更加重要。近来研究表明，与爸爸接触更多的宝宝，比那些与爸爸没什么接触的宝宝，在各方面发育得都更好。追踪调查的几千个宝宝，在进入成年期以后，与爸爸关系亲密的宝宝受教育程度更高，与两性朋友更亲密，更不容易吸烟或者犯罪。同样，在16岁左右时与父亲关系很好的女性，长大以后与丈夫的关系更好，精神和身体也更加健康。

双胞胎小贴士

双胞胎的出生确保了不论爸爸是否愿意，都要参与到照顾宝宝当中来。两个宝宝通常需要两个大人来照顾，所以毋庸置疑，爸爸不是“帮助”妈妈，而是共同承担所有的事情。

父亲很重要。无论是现在还是将来，父亲都不仅是家中的一个成员，而且是非常独特的一员。

母亲很重要。无论现在还是将来，妈妈给宝宝的快乐越多，自己得到的就越多。

给予的越多，得到的越多

妈妈越了解自己对于宝宝人生的重要性，越清楚这些日子对宝宝日后成长的重要，就越能认清现在的体力和感情的付出的必要性。宝宝人生第一年里所有的发育都已经在他体内酝酿好，但如果没有妈妈的帮助就不能很好地实现。妈妈与宝宝玩耍、说话和拥抱，给他唱歌，让他保持开心和充满兴趣，充实地生活，可以使他的大脑更好地生长、发育和学习。妈妈和全家人也都会因此而获益，因为宝宝会表现出这个阶段的快乐和轻松，也就意味着大多数待在他身边的时间都会很快乐。

但如果妈妈态度冷漠，抗拒和吝惜对宝宝的关注，宝宝会经常表现得很不满和厌烦，全家也会因此变得不快乐。由此可见，妈妈的作用十分关键，因为宝宝很少会因其他人而感到高兴。事实上，妈妈的幸福和宝宝的是息息相关的。当妈妈逗得宝宝开心地发出咕噜声的时候，妈妈也会感到开心；因为妈妈开心，那么继续与宝宝玩耍也会变得轻松。但当妈妈厌倦了反复尝试哄宝宝入睡，不再理会宝宝的哭泣时，妈妈听着宝宝的哭声，心里其实也十分沮丧。所以，试着协调、了解和满足宝宝的需求，不仅对于宝宝来说很重要，而且对妈妈和家庭来说也一样重要。宝宝已经是家庭中的一员了。

在工作之外思考

在宝宝接下来的几个月生活中，他已经渐渐与妈妈建立起特殊的关系。一旦这种依赖形成，再过一段时间，妈妈就不用担心因工作占用了一些时间而忽略了宝宝。即使妈妈不准备全职照顾宝宝，也要给宝宝一种妈妈是最关注他的人的感觉。而当妈妈不能在他身边的时候，无论是爸爸、祖母或保姆，都要真诚地对待他，热情地照顾他。即使照顾他的人能够提供高质量的、持久的关爱（见276页），妈妈也要参与到照顾宝宝当中，才不会给宝宝带来伤害，也不会影响宝宝与妈妈日益加深的感情。

尽管有些人说“全职妈妈”24小时与宝宝待在一起是“很自然的”或“传统的”，但全世界和古往今来的所有母亲都需要其他人，尤其是家中长辈和大一点的孩子，来帮助照顾宝宝。即使妈妈不在他身边，精心的照顾也会让宝宝维持应有的发育；错过宝宝的一些“第一次”，例如宝宝第一次自己坐起来，是不可避免的，但从长远来讲，这些并不重要。好的照料意味着关爱，以及宝宝会爱照顾自己的人，即使这对于妈妈来说有点难以接受。不过，一旦宝宝知道了谁是妈妈和爸爸，就会把爸爸妈妈当作自己最爱的人，并且一直保持这种感情。

研究发现

依恋理论。半个多世纪以来，依恋理论一直在研究依恋对婴儿和幼儿早期关系构建的即时和长期的重要性。这一理论仍在发展，目前主要研究在〝陌生情形〞中，儿童和他们的父母会有哪些互动方式。观察期间，研究人员将婴幼儿和他们的父母带到一个陌生的游戏屋中，接着让孩子暂时与父母分开，并让一个陌生人进入房间与孩子互动，然后再让父母重新进入房间。

- **安全依恋**（B类）的宝宝很高兴父母去而复返，并且很快就能建立起玩耍的兴趣。
- **不安全依恋**（A类）的宝宝会转身或离开去而复返的父母；情绪平稳，玩耍不专心。
- **不安全—抗拒/矛盾**（C类）的宝宝既会寻求与父母接触，也会愤怒地拒绝父母，并持续不快的心情。
- **混乱**（D类）的宝宝不能保持与母亲的关系，行动不可预测，但充满恐惧。

很多研究发现，与母亲建立了安全依恋关系的婴儿，比起其他婴儿，会更愿意合作，社交满意度更高，也更加自信。这些婴儿期的不安全依恋关系并不意味着童年时期会出现特定的困难，但确实存在一种风险因素，即会降低儿童应对压力事件和经历的能力。属于D类的孩子在3岁以后，随着年龄的增加，混乱会导致身体上的紊乱。

继续喂养

到了3月龄的时候，无论是吃母乳还是配方奶，很多宝宝都已经能够适应规律的饮食了，可能还会在夜晚睡得更久。

不要期待自己的宝宝能够按部就班地建立起这些规律，进入间隔更长的喂养模式。宝宝对事物的需求会持续增长，因为他本身也在不停生长。

如果喜欢陪着宝宝，那么无论对于妈妈还是宝宝来说，母乳喂养通常都会慢慢进入状态。即使妈妈在最初的几个月里遇到了困难，现在给宝宝哺乳也应该变得轻松愉快了。与喂配方奶比起来，母乳在时间和金钱两方面都更经济。母乳喂养不需要提前准备，所以不会因遗忘而造成麻烦，也不需要随身携带配方奶，没有冲调、加热、清洗等繁复的过程。当妈妈带宝宝出门的时候，不需要带任何东西，或者当妈妈被事情耽误了的时候，也不用担心饿到宝宝。在宝宝会走以前，无论妈妈去哪里，带着宝宝都没有什么不方便的。

如果妈妈不想带着宝宝四处活动，或者开始考虑回归工作，就要开始让宝宝使用奶瓶。母乳喂养的宝宝可能会不习惯用奶瓶，所以在他们完全接受之前，要慢慢地让他们适应。当妈妈晚上出去吃饭，到了10点宝宝饿了的时候，尝试用奶瓶喂他储存的母乳，如果他拒绝吃奶瓶，变得非常生气，可以等妈妈回来以后喂他。要让他逐渐接受奶瓶，否则一旦妈妈回归职场，宝宝仍接受不了奶瓶，无疑会导致很糟糕的后果。

心得分享

关于宝宝拒绝奶瓶，有位妈妈说：

“‘不，就是不。’我曾经让杰克尝试过奶瓶，所以我知道他不喜欢，但我想等他很饿的时候会接受的，但他仍然没有接受。他变得歇斯底里，而我妈妈也因此变得非常不高兴，还生我的气，因为我让她处于这种无助的、无法安抚杰克的境地，她差点放弃帮我们带孩子！”

母乳喂养加入奶瓶喂养

尽量坚持用奶瓶喂挤出来的母乳，而不用配方奶。毕竟母乳喂养最大的益处在于母乳，而不是容器。除非妈妈在挤奶的过程中遇到了较大的困难，否则应该在冰箱里冷藏（低于5℃ 3～5天）、冷冻（低于−18℃可以存放3个月）一些挤出来的母乳以备不时之需。但妈妈重返职场后用奶瓶喂宝宝吃每一顿奶，就属于另一种情况了。如果妈妈觉得挤奶很轻松，只要找到适合自己的挤奶器，以及工作的地方有合适的环境和时间，也有冰箱，那么妈妈完全可以继续全母乳喂养宝宝。妈妈只要在周一挤出并存好宝宝周二要喝的奶，周二挤出周三要喝的奶，以此类推。当然，这是“理想状态”，因为在工作日挤奶需要花费很多时间。如果妈妈很难在工作的时候安排出挤奶的时间，也不存在过敏和疾病家族史等特殊情况，妈妈可以在下班的时候喂宝宝母乳，上班的时候喂配方奶，这也是一种更轻松的选择。

6月龄以下母乳喂养的宝宝可以很快乐地跟着妈妈出门；无论妈妈想去哪儿，宝宝都很乐意与妈妈在一起。

如果宝宝一周有5天都会吃几次配方奶，就意味着全母乳喂养结束了，但并不意味着完全断母乳。等到宝宝4～6月龄时，妈妈就会发现乳汁的分泌已经不依赖于哺乳或挤奶，而是针对宝宝早晚喂奶的刺激反应。这时，宝宝一早一晚吃母乳，其他时候吃配方奶，并不会混淆两种喂养方式，也不会拒绝其中的一种。

成长

在前3个月，宝宝的体重每天大约增长28克，或者每周增长175～225克，之后宝宝的增长速度通常会慢下来一点。在第二个3个月后，宝宝总体可能会增长1.8千克的体重和6厘米的身长。当然，并不是所有的宝宝都会这样增长，或者总是这样增长。正如第136页所述的内容，全母乳喂养的宝宝在最初的几周会增长较快，之后相对于吃配方奶的宝宝，增长速度会放缓。如果妈妈使用的是以往基于吃配方奶的宝宝的生长表，那么吃母乳的宝宝就会看起来增长得比较缓慢。要知道，吃配方奶的宝宝快速的生长并不是理想的。不要认为自己的宝宝长得“太少”；相反，是吃配方奶的宝宝长得“太多”。

体重增长的规律远比增长的数量要重要。宝宝的体重重新开始增长后，将他一周又一周的体重记录下来，虽然每次都处于第50百分位以下，但如果把他的累加点连起来就会看到他的体重曲线其实是正常的，没有出现突然长得很少而下跌的情况。事实上，如果宝宝的增重真的下跌了，他可能是吃得不够。尽管如此，如果宝宝开始的时候就处于低于第50百分位的位置上，而且一直低于大多数宝宝的增重值，那么他向上的体重曲线就总会比表中的平均线更平缓，说明他比大多数宝宝都长得慢。如果妈妈对于宝宝的增重有任何的疑虑，可以带他去医院重新称重，综合他的身长和头围一起进行比较。

一些说法

宝宝需要固体食物，因为奶不能提供足够的铁。这是真的，但前提是直到宝宝出生半年后体内积累的铁才会消耗完。如果宝宝喝的是液体的牛奶，或者脱水牛奶、浓缩牛奶，那么他可能不到6月龄就需要补铁。事实上，适合宝宝的奶只有母乳和配方奶，除此之外无论哪一种奶都不含有足够宝宝生长发育的铁。母乳和配方奶中含有足够的、更易被吸收的铁，一点量就可以发挥很大的作用。

研究发现

推迟辅食添加。最好将非奶食物推迟至26周龄再给孩子添加，原因有如下几条。

- 在26周龄之前，宝宝的消化系统和肾可能还未发育好，不能有效地适应其他食物。
- 在6月龄以前喂宝宝吃非奶食物对健康无益，还会影响他吸收母乳里的营养。
- 过早引入非奶食物会增加宝宝出现过敏、感染、消化问题的风险，甚至会导致未来出现肥胖。

宝宝什么时候以及为什么需要非奶食物

鉴于母乳和配方奶中的营养对于宝宝来说是完全均衡的，理论上，宝宝可以只靠喝奶生长。但现实是，只喝奶的饮食是不可行的，因为奶的热量不够。随着宝宝的生长，他需要更多的养分——更多的热量。6月龄之前，宝宝只喝奶就可以轻而易举地增重。但到6月龄时，他需要把每天吃奶五六次减少到每天四次。这一“过程”不会持续很长时间。与大多数宝宝一样，他会持续长大，生长会在4月龄的时候达到巅峰，几周后他需要的食物量也会增加。这时他不是减少吃奶的次数，而是增加每次吃奶的量，达到他能吃下的最大量（可能为200～225毫升）。一旦宝宝每次吃完满满一肚子的奶，他就会得到所吃下的奶里的全部营养，所以如果他还需要更多的热量，就需要更多其他的食物——一些不同于奶的食物。如果妈妈不想让他夜里醒来吃奶或者缩短日间吃奶的间隔，那么是时候加入非奶的食物了。虽然没有什么非奶食物能够像奶的营养那么均衡，但却能够提供宝宝所需的铁——奶中缺少的营养之一。但因为“固体食物”缺少水分，大量的热量蕴含在体积更小的固体中，所以只要很少的量就能增加他摄取的能量，又不会占据胃容量。当然，妈妈需要认真选择第一种非奶食物，而且有些食物是生后第一年里绝对不能吃的（见177页）。

添加辅食

加入除了奶以外的食物并不意味着“断奶”。宝宝早期的固体食物并不是要替代奶，而是作为补充。妈妈不能让他从喝奶直接转为吃“真正的食物”，而是在他喝奶的饮食结构中增加一些“真正的食物”。宝宝早期尝试一些食物，不单是出于喂养目的，还可以培养他的味觉。固体食物比奶更加浓稠，但宝宝最开始吃的一勺果泥并不比几口奶更能缓解饥饿。

很多人都认为，4月龄是开始给宝宝吃固体食物的正确时间。也许，周围有人在照顾自己的宝宝时，就是这么做的。而且，超市里一排又一排的婴儿食品贴着“适合4月龄以上的宝宝”的标签。那么，为什么不能这样做呢？因为从2003年开始，官方基于国际研究得出的结论是，不要在宝宝6月龄以前给

宝宝对妈妈做的所有事情都感兴趣，但他并不是真的喜欢茶，当然也绝不该喝茶。

他任何除了母乳或配方奶以外的食物。这一建议非常明确，但却被很多不了解情况的家长忽略。尽管新的建议得到了广泛的宣传，但多数家长仍然认为4月龄才是正确的开始吃“固体食物”的时间，甚至还有很多家长在4月龄之前就开始给宝宝添加非奶食物。研究显示，10个宝宝里就有1个在6～8周龄的时候便已经开始吃除了奶以外的食物了。

为什么会忽略新的辅食添加建议

有些人相信，额外的食物（尤其是“胃里有固体食物”）能够让宝宝在夜晚睡得更久。这是无稽之谈。两勺蔬菜泥或者一口香蕉，并不能给宝宝足够的热量，从而改变他的睡眠规律，但额外的奶却可以。

●**婴儿食品上“适合4月龄以上的宝宝”的标签是误导**。4月龄开始添加辅食这一观念已经存在了很长一段时间，有很多长辈认为这时候添加辅食“并不会带来坏处”（有证据显示存在一定的风险）。

●**有些官方宣传单是专为那些选择提早添加非奶食物的家长准备的**。这样做是为了那些出于某些原因不能等到6月龄再添加辅食的家长，至少能等到4月龄再给宝宝添加。这并不是建议应该从17周开始给宝宝添加辅食，但人们总会误会其中的含义。

如果宝宝很迫切想要拿起东西放进嘴里，那么他很快就可以尝试吃除了奶以外的食物了。

●**同辈压力**。即使妈妈没有急于给宝宝过早地添加固体食物，也可能会因为自己是产后伙伴里唯一一个没有给宝宝添加辅食的人，而深感不安。

●**相关研究和建议不止适用于发达国家**。事实上，20种研究有11种是在发达国家进行的，有9种是在发展中国家进行的。

●**人们总是错误判断宝宝准备好接受固体食物的信号**。这导致某些家长相信自己的宝宝是个例外，能更早地接受辅食。

准备好接受非奶食物的真伪信号

伪：

●体重是出生时的2倍；

●饥饿感增加；

●夜里吃奶的次数变多；

●看大人吃东西。

真：

●会坐，或者至少能够支撑住头和肩膀坐在大椅子上；

●把抓到的东西放进嘴里；

●能伸手抓住东西；

●挺舌反射消失。

如果3月龄的宝宝总是盯着妈妈吃的每一口食物，而且看起来也想吃这些食物，一定要硬起心来拒绝他。几个月之后，可以给宝宝尝第一口适合他的食物，例如用手指蘸一点儿没有加盐和胡椒的蔬菜汤，从宝宝的反应中，妈妈就可以看出他是否已经准备好吃非奶食物了。当妈妈的手指带着食物碰到宝宝舌头的那一刻，如果他把食物用舌头推出来，也就是出现了防止自己被异物或食物卡住的挺舌反射，那么就可以确定他还没有准备好接受辅食。相反，如果他抓住妈妈的手指，像吃棒棒糖一样吸吮，并且在没有了食物的味道只是手指的味道之后变得失望，就说明宝宝很快就能自己吃半勺辅食了。

大部分宝宝吃第一口非奶食物时总会露出惊讶的表情，但这代表好吃还是不好吃呢？

如果双胞胎都能吃手指食物和勺子喂的食物，那么妈妈可以在一个宝宝自己吃手指食物的时候，喂另一个宝宝，然后交换。

过早加入非奶食物

只有少数（非常少）的情况不适用“不能早于6月龄添加辅食”的建议。其中包括一些（但不是全部）早产儿（包括双胞胎），可能在他们出生后5个月（不是纠正月龄）之前吃固体食物能够起到帮助；以及一些有喂养问题的宝宝，例如反流（见99页），或者有其他疾病导致的吸吮困难。如果妈妈认为宝宝应在6月龄之前开始吃非奶食物，一定要在这样做之前咨询相关医生。

如果医生积极建议尽早开始给宝宝进行辅食加奶的混合喂养，那么宝宝进食的第一批食物只是名义上的固体，因为妈妈要将它们与宝宝习惯的奶混合成乳脂状，使它们更易被宝宝接受。但也不要为了让味道容易被接受，就把食物混进宝宝的奶瓶里。否则宝宝为了喝够平时的奶量，不得不忍受其中添加的谷类食物。如果妈妈想尝试添加诸如食物或者药物这样的东西到宝宝的奶瓶里，那么做之前应该想想母乳喂养的宝宝是不能这么做的，因为无法向妈妈的乳房里添加任何

双胞胎小贴士

两个宝宝可能会在不同的年龄段做好尝试固体食物的准备。只要有一个宝宝做好准备，父母就可以开始添加辅食，但要时刻记住，即使另一个宝宝继续吃一个月的奶，他也不会缺乏营养，只是添加辅食的时间较晚。

等到两个宝宝都开始吃固体食物的时候，很多家长选择让他们并排坐好，然后用一个勺子和碗来喂他们。如果他们已经能够抓起食物自己吃了，那么最好让一个宝宝先自己边吃边玩手指食物，妈妈喂另一个宝宝，然后再交换。

要避开的食物

即使不准备按照建议在6月龄以后再让宝宝吃固体食物，父母也要注意有一些特定的食物是宝宝绝对不能在6月龄之前吃的，还有一些是1岁以前都不能吃的。

宝宝不满6月龄之前完全不能吃的食物。这些食物容易引起消化不良、不耐受或过敏。

- 所有含有谷胶的食物（面包、麦片粥、甜面包干、面条）；
- 蛋类（或含有蛋类的食物）；
- 鱼和带壳类海鲜；
- 草莓、橘子（和其他甜的水果）以及这些水果制成的果汁；
- 任何不适合宝宝饮用的奶和饮料；
- 所有用牛奶或羊奶制作的食物（酸奶、干酪、奶酪）。

1岁以前绝对不能吃的食物。

- 加了盐和有咸味的食物，因为盐会增加宝宝肾脏的负担，而且清淡口味对他将来的饮食和健康是很有益的；
- 蜂蜜；极少数情况下蜂蜜会含有一种细菌，其能够产生毒素，在宝宝的肠道中引起一种非常严重的疾病，即"婴儿肉毒中毒"；
- 坚果（整个的坚果在孩子5岁以前都会形成阻塞危险；如果有哮喘、湿疹或花粉症家族史，最好3岁以前都不要吃含有花生的食物）；
- 贝壳类（有食物中毒的风险）和鲨鱼、剑鱼、枪鱼（可能含有汞）；
- 直接饮用牛奶（但等到宝宝6月龄以后，可以在烹饪辅食时添加牛奶）；
- "塑身食品"，因为宝宝需要一些脂肪，所以要避免低脂食物，而且宝宝不能吃人工合成的甜味剂，以及过多的纤维素，否则会阻碍宝宝吸收矿物质。

东西。妈妈可以用勺子给宝宝尝第一口其他食物，如果他吃起来比较困难，也可以让他从妈妈的手指上吸吮。

开始吃非奶食物

等到6月龄时才给宝宝吃固体食物的回报就是，宝宝会更容易接受辅食。宝宝太小，他只能被抱在腿上或者放在宝宝椅里，用很小的勺子喂他吃，还要刮掉蹭到脸上的，当他吐出来的时候，还要再喂进嘴里。宝宝长大以后，可以让他自己坐在宝宝椅里，把已经煮软的蔬菜段和（或）水果片放在他面前，让他自己拿起来，边吃边玩。一旦他发现这些食物不仅能用手捏来捏去，而且味道也很好，妈妈就可以给他尝试烤面包片、奶酪、鱼肉、鸡肉，甚至面条了。宝宝确实会吃得到处都是。妈妈可以在地上铺上垫子，

宝宝总是不由自主地想吃其他宝宝的食物。

tilly

如果房间里够暖和，还可以脱掉宝宝的衣服，给他们穿一个长袖围裙。

宝宝或家长主导的饮食

有些人开始混合喂养后只给宝宝手指食物，让宝宝自己抓着吃，这通常被称为“宝宝主导”混合喂养。而用勺子喂则是妈妈处于主动，宝宝处于被动。如果一开始就给宝宝吃手指食物，宝宝对食物的热情就更大，不需要任何辅助，他就会主动吃，但其间妈妈也要用勺子喂他。有些食物对宝宝有益，而且宝宝也喜欢，例如酸奶、婴儿麦片、汤、面条，但这些东西让宝宝自己吃会吃得很慢，还是需要喂给他吃。

如果妈妈准备用勺子喂宝宝，而且宝宝已经6月龄，那么妈妈需要提前准备好两只勺子，这样宝宝也能参与喂食的过程。最开始的时候，妈妈用一只勺子喂宝宝，另一只让宝宝拿着挥舞和啃咬。刚开始喂辅食的时候，不要把整个勺子都放进宝宝的嘴里（他可能会感到恶心或拒绝）。把勺子放在他的嘴唇上，让他把食物吸吮进去。如果他喜欢食物的味道，他会配合咽下食物，可能还会向前倾身，张大嘴等着妈妈把勺子放进嘴里。很快，他就会抓住勺子，但即使他能把勺子放到嘴里，他也还不会用勺子吃东西。妈妈可利用这个过程来教会孩子自己吃。把勺子装满食物，拿到宝宝的嘴边，并将勺子放进

研究发现

不用牙的咀嚼。宝宝会咀嚼的时候还不需要牙齿。事实上，1岁前他可能只会长8颗牙，而且都不是磨齿，而是切齿或犬齿（见208页）。

自己将勺子送进嘴里能让宝宝吃得更好。

他的手里，这样他就能将勺子放进嘴里，然后妈妈接过他吃完的勺子再装满。

帮助宝宝进食

确保宝宝喜欢自己的辅食和零食。喜爱是很重要的。对固体食物的早期品尝比起营养摄入更多的是为了培养喜好，其中最重要的就是让孩子知道“食物不仅好玩，还好吃”。

●慢慢来。当宝宝拒绝的时候，不要逼着宝宝吃，或者当他不想吃并把头转开的时候，不要不停地用勺子劝他吃。长此以往，他会对吃本身产生抵触情绪。

●不要依赖宝宝的食欲来判断他需要吃多少。从他出生后，妈妈就在等着宝宝发出饥饿的信号，以及吃多少奶的信号。可他在开始吃辅食的时候，是不会发出类似的信号的。宝宝饿了不会想吃东西，而是想喝奶；不会想去吃勺子喂的东西，而是想吸吮乳汁——也就是他一直以来解决饥饿的方式。他会逐渐发现勺子喂的食物也可以带来满足感，但这无疑需要一定的过程。

●不要以为哭意味着宝宝不喜欢食物。等到宝宝知道固体食物能够解饿后，哭可能是因为食物不够。因为吃固体食物不像吃奶的时候一样可以无间断地吃，勺子喂食过程中的停顿会打断他进食。

●注意“吃饱了”的信号。把食物从嘴里吐出来、干呕或哭都可能是吃饱的信号，

研究发现

分散注意力对宝宝进食不利。勺子里装着满满的食物，模仿飞机“飞”进孩子的嘴里，逗他吃，这种喂食方式可能会造成相反的效果，因为宝宝过度兴奋反而会影响他的食欲。

宝宝把头转开，紧闭嘴唇，这是一个明确表示自己吃饱了的信号。

但也可能是因为喂食的技巧不对，或者宝宝还不太会吃。当勺子过来的时候，宝宝把头转开或把嘴闭起来，肯定是不想再吃了。

●让宝宝看到其他家庭成员正在吃的食物，和他们吃的样子。等宝宝再大一些，让他享受跟全家一起吃饭的乐趣，这也是向他介绍新食物最好方法。

●积极鼓励宝宝拿食物、玩食物，把食物放进嘴里。他越感觉控制了自己的进食，就越愿意尝试更多的口味和口感。

●机敏地把握时机，随时变通。不要在宝宝饿得不行的时候，让他尝试吃辅食，他这时需要先吃奶；也不要等他把奶喝完，才让他吃固体食物，因为他可能会太饱或太困。一个“三明治”过程可能会取得最佳效果：先吃一些奶，然后吃固体食物，最后再吃剩下的奶。

食用罐装或袋装婴儿食品

由于妈妈既需要用勺子喂宝宝，也会让

安全养护

宝宝经常会被一小块食物卡到，但通常会咳出来。严重的情况是，宝宝不能清除堵塞物，甚至会停止呼吸，但很少发生。妈妈要清除这样的风险，尽力避免这种情况发生，但也不要因为太过担心而破坏早期的混合喂养，或者过分紧张给宝宝手指食物会造成窒息。

●一般最容易导致严重窒息发生的情况是，一个硬的圆形物体卡在了宝宝的气管中。小玩具，尤其是积木、珠子和纽扣，比食物更危险。不要给宝宝整个葡萄、橄榄、小西红柿、葡萄干、爆米花、玉米粒、樱桃、糖果，当然还有坚果（同时也有致敏风险）。

●需要咀嚼才能咽下的整团食物也不能轻易给宝宝吃，毕竟他们这时还不太会咀嚼。蔬菜和奶酪要仔细磨碎（例如胡萝卜或黄瓜），鸡肉和鱼肉要仔细切碎。

●让宝宝从一开始就坐在宝宝椅或椅垫上在桌前吃饭，妈妈或其他成年人要陪着他。如果他被什么东西卡住了，妈妈要快速从宝宝嘴里将阻塞物拿出来。

●开车的时候最好不要让宝宝吃东西，因为妈妈不可能一边照顾宝宝，一边看路开车。

●不要让宝宝或其他婴幼儿围着食物爬或走。因为如果宝宝不小心摔倒在食物上面，食物很可能〝进到错误的地方〞，导致窒息，而妈妈不可能时刻看着他。

解救噎住的宝宝

学习这种技巧最好是在急救课程上，而不是书上。一定要参加一堂相关课程培训，还要确保雇用的保姆都有婴儿急救知识或经验。以下提供了一个大纲，妈妈需要练习，才能学会。

如果宝宝不能咳嗽、啼哭或呼吸：检查他的口腔，把能看到的任何东西取出来。（不要盲目地寻找，否则可能会把阻塞物推得更深。）

●让宝宝面朝下趴在妈妈的手臂上，头和肩膀稍微低于臀部，用手托住他的头。

●用另一只手的手掌根部击打宝宝肩胛骨中间的位置。

●把宝宝的脸转过来向上，检查嘴和鼻子里是否有异物，能不能够到并取出来。

●如果他不能呼吸或咳嗽，尝试用两根手指用力按住他胸椎的下方。每隔3秒按一次，共按5次，然后再检查他的嘴。

●无论阻塞物是否清除，都要打电话叫救护车。如果未清除，要继续人工呼吸和胸部按压，直到宝宝开始呼吸，或者救护车抵达。

宝宝自己抓着吃，所以有些食物需要在家制作，而有些则可以购买现成的婴儿食品。

当妈妈在给家中其他成员做饭的时候，6月龄以上的宝宝（通常）可以吃同样的食物。在加盐之前给他盛出一份，然后再切碎，让他可以用手拿着吃，或者用料理机打碎，用勺子喂他吃。但如果妈妈不自己做饭或做辅食，可以给宝宝吃罐装的婴儿食品（以及手抓蔬菜），不要给宝宝其他加工好的食物。

购买婴儿食品除了增加了日常开支以外，最主要的问题是宝宝没有办法自己吃。这些食物通常也比“真正的食物”更甜更滑，而且每种吃起来口味都差不多。虽然这些问题不是很重要，但想想整个星期顿顿都吃罐装食物的宝宝，可能在未来会变得不愿意吃普通食物了。

心得分享

关于进餐时间，两位妈妈说：

“詹姆斯总是在早上5点醒来，如果我能及时赶到他身边，他就会在吃完奶后继续睡觉。他9点至10点会在日托中心吃早餐，过一会儿之后还会吃午餐。他一般只需要再喝一次奶，吃块面包片就能一直坚持到7点左右吃晚餐。”

“克莱拉会在早上8点跟全家人一起吃早餐。我会让她在中午12点半左右吃午餐，这是她一天最好的一餐，吃固体食物，然后在下午5点左右单独吃一次简便的晚餐。她通常会在晚上11点左右醒来，吃一次母乳。如果我们要睡觉的时候她还没有醒，我们会叫醒她，然后喂她。”

即食婴儿食品的选择

当妈妈给宝宝选择食物的时候，一定要仔细阅读商标：罐子上的商品名并不能说明里面的食物和营养成分，也不能代表它的价值，所以只看名称是不能确定其是否符合自己的期待的。例如，一个著名厂商生产的名为“苹果和梨”的罐装婴儿食品，其内含有苹果汁、天然酸奶、改良玉米粉、米粉、蔬菜油和维生素C等，但不含水果。这种食品更像浓厚的果汁，而不是果泥。

很多看起来简单的婴儿食品含有超长的食品添加剂清单。另一种由其他厂商生产的名为“宝宝甜品”的产品，其内含物列表如下：大米、燕麦、小麦、大豆和玉米粉、麦芽糖、蔗糖、脱脂奶粉、苹果麦芽糊精、植物脂肪、苹果、梨、杏和李子汁、酪蛋白酸盐、碳酸钙、麦芽和香草精、葡萄糖、柠檬酸、酵母、维生素C、肉桂、烟酸、硫酸锌和铁。看完之后，你能说出这是什么食物吗？

妈妈需要清楚各种食品添加剂都是什么，还有为什么要添加。

- **增稠剂**：无论是什么液体，例如水或果汁，都是列出的第一种配料，紧随而来的便是“增稠剂”。这是一种廉价的物质，用来让深加工的流质食物变稠。常见的增稠剂有改良玉米粉、大米淀粉、小麦淀粉、明胶、豆角胶和黄蒽胶。

- **改良剂**：不允许在婴儿食品中添加与成人食品一样多的添加剂，但可以放“改良剂”，例如乳化剂、麦芽精、氢化植物油、柠檬酸、酪蛋白酸盐、碳酸钙和脱钙乳清。如果成分表中出现这其中的几种，就意味着该食品经过深加工。

- **调味剂**：在“甜品”中要注意不同形态（还有不同名称）的糖，例如蔗糖、葡萄糖、乳糖、果糖和麦芽糖。在配料表中还要注意是否含有肉类提取物、水解植物蛋白、酵母或蔬菜提取物。同样，过多的调味添加剂意味着这是加工产品，而不是天然的。

新食物，新用餐时间

等到了7月龄左右，大多数宝宝都已经准备好三次主餐都吃一些固体食物了，并且开始适应家庭早餐、午餐和下午茶时间。大多数宝宝仍需要母乳或配方奶作为“零食”，而且需要加一餐奶。宝宝既可以在晚上加餐，也可以在清晨加喝一顿奶，但不要吃太多。喂奶时间可以按照妈妈的喜好来决定：如果家人醒得早，妈妈本身又喜欢早睡，可能会选择在清晨加餐；如果妈妈不喜欢清晨被吵醒，而且睡得晚，那最好在准备上床睡觉前喂孩子奶。

开始断奶

一旦宝宝常常表现出他希望吃固体食物，而不是喝奶，或者先喝完奶后再吃固体食物，然后就不想再喝奶了，就说明宝宝开始把对食物的需求由奶转向了“真正的”食物。现在妈妈可以提供更多的固体食物了（可能从两小勺变为两大勺），并且准备放弃“三明治”过程。这个过程要循序渐进。这是断奶的开始，而且是宝宝主导的断奶。如果让宝宝来掌握整个过程的节奏，妈妈慢慢就会发现他每餐想吃什么，而且每周他的进餐模式都会发生变化，有时变化的速度还会很快。要是宝宝只想喝奶而不想吃固体食物，可能会使断奶过程拖延几天或几周。也可能宝宝每天中有某一餐进食得不错，如果妈妈先给他喝奶，他可能又会回到“三明治”过程中。如果妈妈能安排妥善，跟随宝宝的需求，不担心或着急，那么奶与食物的结合可能会满足他的需求。如果妈妈开始烦躁焦虑，要提醒自己，只要宝宝还继续每24小时吃4顿奶，就能保证他所需的营养，而固体食物只是补充。

宝宝总会建立起一个吃和吸吮的规律。每个宝宝的情况都不同：有些宝宝醒来时因为饥饿和口渴，有些宝宝是因为高兴，而需要在吃东西前先喝奶。如果这顿奶是宝宝的早餐，那么就意味着宝宝想吃多少奶就会吃多少，而不会再继续吃固体食物。尽管如此，晨间喂奶也可以当作一种补充，弥补缺失的夜奶，而不作为一顿正式的早餐。可以在稍微晚些时候再给宝宝吃固体食物作为早餐。

等到中午的时候，大部分宝宝都对喝奶不是很感兴趣，而是更希望吃固体食物。如果妈妈在中午才开始给宝宝吃固体食物，然后再喝奶，就会发现他只会喝少量奶，而且会逐渐不再喝奶。这时候就该放弃喂奶了，而是改用杯子给宝宝喂水。对于很多宝宝来说，兴奋地玩耍后，洗个热水澡，然后吃点奶，能够帮助他们平静下来，准备好接受晚

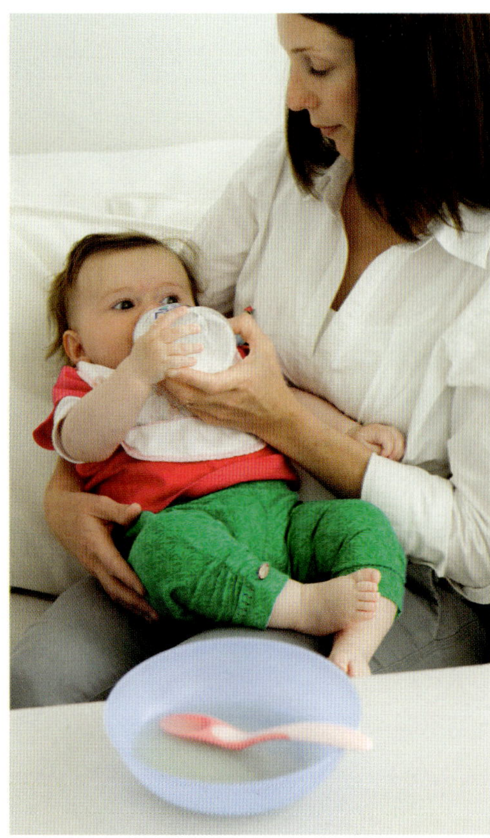

先喝奶、先吃东西，还是采用“三明治”过程，需要顺着宝宝的需求做。

餐中的固体食物。在这之后，进行一次漫长的，最好是能增加睡意的喂奶，能够帮助宝宝晚上入睡。宝宝可能会，也可能不会需要稍晚再喝一次奶。

奶仍然是宝宝的核心营养，而且吸吮本身也能带来幸福感，但当面临固体食物时，要试着培养他有自己吃的意识，而不是别人喂他吃。在这一过程中，妈妈要尽量忍受宝宝玩弄食物的情况，他也许还会在椅子里乱抹，但这些同时也意味着宝宝感觉到自己对食物的控制，并且会吃得很开心，这是将来避免挑食和拒绝食物的关键。更重要的是，现在无论宝宝弄得有多脏，都让他按照自己的节奏吃东西，以后他吃饭的时候反而有规矩，不会弄脏。实践才能带来改进。

不再吸吮

不要在这一阶段过于热衷让宝宝学习直接喝水。宝宝此时仍旧主要从奶、果泥和半固体食物中获得全部或大部分的水分。他并不需要再额外喝水，只需要学习不吸吮的喝水方式。不要让宝宝喝超过他想喝的量，也不要给他用吸管杯，这会让他更加喜欢吸吮而不是直接喝。鉴于宝宝能够从母乳和配方奶还有半流质食物中获得足够的水分，就不需要再让他喝超过需求的水。另外，不要为了让他多喝水就给他喝果汁。

断奶

一旦宝宝在喝奶前先吃辅食变得规律，并且逐渐吃得更多，喝得更少，那么就说明他已经开始由大部分以奶为主的饮食转变为混合饮食。只要妈妈愿意，就可以鼓励宝宝

研究发现

水果汁。每天饮用超过一小杯果汁，即使是高品质、非常稀的果汁，也会危及宝宝将来牙齿的发育，还对他现在摄入的营养造成不利影响。整天喝果汁的婴儿和幼儿，无论何时他们喝除了奶以外的东西，都会把他们的肚子填满，减少他们对饭中富含营养的食物的饥饿感，但果汁本身热量相对小，所以会造成营养摄入不足。对于宝宝来说，最好的饮料是白开水，最好在吃饭或者渴的时候喝。妈妈要从一开始就把只给宝宝喝白开水当作理所当然。这是预防龋齿和肥胖，最重要、最简单的一点。

不用吸吮的喝水是非常重要的技能，宝宝会享受这一过程的。

这样做。例如，在午餐的时候给宝宝增加第二道“菜”，然后这一餐不给他奶喝，而是给他一杯水。断奶不只关于宝宝每天喝奶的量，还涉及他喝的方式。直到宝宝不再喝奶或者吸吮奶瓶，断奶才算完成。会持续多久主要取决于妈妈。如果妈妈放任不管，那么这一过程可能会持续几年。

断母乳

宝宝断母乳的时间有非常强的个体差异，从3月龄到3岁不等。不过，妈妈一般都觉得自己的时间是合适的，而且只要妈妈和宝宝都没有因此造成损失，那么断母乳的时间就是正确的。有些情况下，母子之间会存在一些差异。宝宝可能会在妈妈准备断奶之前很早就已经厌倦了母乳，而更想用杯子喝奶。虽然妈妈可能会感到有些挫败，但宝宝主导的断母乳会更加平缓，更没有痛苦。随着宝宝吃得少了，妈妈的产奶量也会跟着下降。其实这个过程更像是妈妈配合宝宝的节奏。

如果准备在宝宝6月龄到1岁之间给他断母乳（大部分妈妈都是这样做的），那么在这期间妈妈还是要尽量亲自哺乳，直到宝宝想尝试用杯子喝奶为止。尝试将断母乳推迟到宝宝对吃奶的兴趣稍有减退的时候（大约9月龄的时候），并且做到白天至少哺乳一次，然后循序渐进地做出改变。如果宝宝午餐吃得不错，加餐只是简单地进行补充，妈妈就可以放弃哺喂了；给他一杯奶或水，将他从宝宝椅里挪到推车里，跟他保持一点距离，这样宝宝可能就不会想着吃母乳了。几周后，妈妈可以在晚餐的时候也这么做（可能需要爸爸回家后转移一下宝宝的注意力），把睡前和清晨的奶留到最后再断。很有可能，妈妈都不需要在他想吃的时候拒绝他，就可以轻松断掉母乳。但如果宝宝不能理解妈妈的拒绝，会使他感到妈妈是在故意远离他。

全面结束母乳喂养

如果想在宝宝7月龄或8月龄之前就断掉母乳，尤其是妈妈已经回归职场开始全职工作的时候，那么妈妈就要提前判断好宝宝是否能够接受固体食物和用杯子喝奶，或者他什么时候需要奶瓶。在28周左右，多数宝宝都能靠白天吃固体食物，用杯子喝水来度过，而不会感到饥饿和口渴。所以，如果妈妈还愿意再坚持几周清晨和睡前哺乳，就能不用奶瓶给孩子喂奶。宝宝现在还不到完全断奶的时候，所以如果妈妈想在这一年龄就完全断掉母乳，就需要用奶瓶喂养。尽管如此，这一选择也可能会被宝宝拒绝。

断奶瓶

随着月龄的增加，宝宝会越来越依赖奶瓶，不仅为了喝奶，也为了得到安抚。鉴于这种安抚不是来自于妈妈，而配方奶想喝多少就能有多少，所以很难拒绝他再喝一瓶的需求。宝宝可能会因此喝得太多，以至于影响正常吃饭的食欲。所以，不要认为奶瓶是安抚物（比起奶嘴），也不要当作好用的不洒的杯子，而一直让宝宝用到幼儿时期。妈妈要控制宝宝使用奶瓶的时间、用处和年龄。但也不是说当他能从勺子里吃东西，能从杯子里喝东西的时候，就应该马上放弃使用奶瓶。如果他对奶瓶的需求越来越多，且时间上超过半年，妈妈突然不给宝宝用奶瓶，会影响母子关系。同时，安抚吸吮对于宝宝来说很重要，所以要温和地进行。

奶瓶是和乳房一样的容器

不必为了避免长时间依赖奶瓶而过早给宝宝断奶。妈妈需要做的就是把奶瓶当作乳房，让他像戒掉母乳一样戒掉奶瓶。

●不要让宝宝在床上吃奶，无论妈妈多么渴望快速和平静地入睡。这么做可能会使宝宝呛到，而且他刚长出来和还没长出来的牙齿也会受损。另外，一旦他发现这种舒适的入睡方法，不仅每天晚上睡前要喝奶，而且每次醒来之后都会要奶喝。

●不要让宝宝手里拿着或嘴里叼着奶瓶走来走去，他必须在妈妈的腿上用奶瓶吃奶，就像吃母乳一样。如果他手里总是拿着奶瓶，会限制他的玩耍和“说话”，而且在室温环境下放置了几小时的奶，也是细菌繁殖的最佳环境。

●从4月龄开始，除了奶以外不要让宝宝用奶瓶喝其他东西，尤其是打算让他戒掉奶瓶之前。等到了6月龄，所有除了吃奶以外的饮料（水或果汁）都应该让他用杯子喝。奶瓶跟乳房一样，只能用来装奶。

把奶瓶当作乳房。图1和图2中的宝宝想一边走动一边喝奶。但如果她吃的是母乳，她就做不到这一点。图3中，妈妈抱起了吃奶的宝宝，就好像在亲自哺喂一样。

●随着宝宝对固体食物越来越感兴趣，妈妈要把握好时机，让他戒掉奶瓶。换句话说，

在7月龄的时候，可以让他午餐时不再喝奶。

●一旦宝宝能睡整宿觉了，不再喝夜奶和清晨的奶，就会一天吃三顿饭，其间还会穿插一些零食。奶是一种很好的零食，但这时要让宝宝用杯子喝奶，而不是用奶瓶。或者也可以给他手指食物当零食，然后喝一杯水。

完全戒掉奶瓶

一旦宝宝开始每天只喝两次奶，一次是在早上吃完固体食物之后，一次是晚餐后，父母就要尤为注意喂奶的时间和地点。如果把奶瓶当作乳房来处理，宝宝会在适当的时候自己戒掉奶瓶。

只要宝宝想就可以给他吃这两次奶，但要让他在某人的腿上，让别人帮他拿着奶瓶吃。等到他1岁的时候，宝宝增长的想要独立的驱动力会让他越来越想要自己拿着奶瓶喝奶，而他增长的好动的热情会让他带着奶瓶在房间里爬来爬去。如果是吃母乳的话，他绝对无法这么做，所以不要让他发现自己可以这么做。

宝宝可能会出现既想吃奶又想运动，而且还伴有很深的焦虑感，多次之后，妈妈可能会很难按捺想让他同时做这两件事的心情。但千万不要这样做。如果让宝宝把他最喜欢的这两件事结合起来，他马上就会知道这是可行的，还会要求下次仍然这么做。宝宝是很聪明的。妈妈可以帮他做选择，要么吸吮，要么爬行，也可以让他爬一会儿，然后改变主意爬回来再吃两口奶（毕竟母乳喂养的宝宝也可以这样做）。但一定要保证，每次他爬回来吃奶，妈妈都一定要让他坐在自己的腿上，抱着他吃，或者至少帮他拿着奶瓶（就像哺喂母乳的时候一样）。

无论在什么情况下，都不要放弃把奶瓶当作乳房来对待的想法。在给宝宝喝水或果汁，尤其是想让宝宝补充水分的时候（如发热的时候），妈妈很难拒绝他使用奶瓶的要求，而且妈妈自己可能也认为宝宝用奶瓶会比用杯子喝得更多些。问题是，如果他这次用奶瓶喝了，下一次他还会要求用奶瓶。

更多睡眠

尽管宝宝在吃奶的时候还是会昏昏欲睡，而且一旦吃饱就会睡熟，但吃和睡的关联会在3月龄的时候开始削弱。

现在，宝宝醒过来可能不仅是因为饥饿，有时候，他醒来只是因为已经睡够了。而且，他不再像更小的时候，在特定的“清醒时段”醒来，宝宝现在每天可能会有两到三次清醒时间。吃好奶能让他昏昏欲睡，但随着他慢慢长大，小睡会变得很短，也越来越与吃奶无关。

困了就睡觉

对于接下来的一年可以肯定的是，宝宝需要睡多少，他就会睡多少，而妈妈可能就不是了。无论他睡觉（或不睡觉）的规律如何，对于宝宝来说都是自然而然的事，但对于妈妈来说可能会造成困扰。假设宝宝很健康，没有疼痛，这么大的宝宝会在他们需要睡的时候就睡，直到睡够为止，而且只有家长或照看人才关心他们睡多久。宝宝还不能有目的地使自己保持清醒（虽然他们也会过度疲劳，并导致不易入睡）。当然，他们也不能有目的地自己醒来，事实上，成年人也做不到这一点。

研究发现

安全小睡。近期有关婴儿猝死的研究显示，四分之三（总人数很少）死于白天的宝宝，都是一个人睡在房间里，而且很多都是侧睡的。无论是白天小睡，还是晚上睡觉，父母都要按第190页的安全指引来引导宝宝睡觉，这一点非常重要。

帮宝宝区分白天黑夜

宝宝不是天生就能区分昼夜。在夜晚睡觉并不是一种生物学适应性，这要在宝宝出生后一年里逐渐形成，通常需要3～4个月才能完成。如果比起白天，宝宝在晚上不能睡得更熟或睡得更久，妈妈可能需要帮他来区分昼夜行为。

- 思考晚上是否有什么声音会打扰宝宝睡觉。习惯了的背景噪声不会吵醒他，但突然的或意外的声音会。不要把手机放在宝宝附近。
- 如果宝宝和父母在一个卧室睡觉，父母要确保自己不会打扰他。如果妈妈不停地对他的每一个很小的响动都做出回应，就可能会把夜晚的浅睡眠变成清醒时间。
- 如果宝宝已经不在床边床上睡觉，转而在婴儿床上睡，那么精力充沛的宝宝可能会踢被子。即使他不觉得冷，少了被子的遮盖，他也会感到暴露。试着不要让他盖被子睡，而是用很轻的棉质宝宝睡袋，也就是看起来像睡衣，但下面有封口的那种睡袋。睡袋会让宝宝觉得安全、舒适，而且房间变冷的时候，他也不会觉得冷。在正常的温度下，宝宝不需要再盖被子了，睡袋的包裹正合适。另外，使用睡袋也能避免将来宝宝会爬以后，爬出他的婴儿床。

有高高围栏的婴儿床可能看起来很可怕。把宝宝放在他平时用的小睡篮里再放进婴儿床，会让他觉得更舒服。

“合睡篮”或者“床边床”都是在睡家庭床和单独的婴儿床之前很好的过渡方式。

研究发现

SIDS：婴儿猝死综合征。婴儿猝死的原因是不可预知的，所以也就不可避免，但父母可以通过以下方法来降低已知的微小风险。

•让宝宝6月龄以前都与父母待在同一个房间，宝宝白天小睡的时候也要时刻注意他的情况。

•如果妈妈喝了酒或吃了药，又或者吸烟，不要让宝宝与妈妈睡在一张床上。

•让宝宝平躺睡在婴儿床里。平躺更不易让他窒息。侧躺更不安全。一旦他会自己翻身，能从平躺翻到俯卧，他就已经度过了风险最高的时候。但此时还是应该把他平放在婴儿床里，但晚上可以让他自己选择睡觉的姿势。

•要么让宝宝睡在睡袋里，不要用毯子，要么让孩子的脚顶在婴儿床的床尾，这样他就不会向下扭动钻到被子下面去。

•不要让宝宝太热，不要让房间过热（如果大人觉得太热，那么对于他来说也太热），也不要盖羽绒被。

•不要让他穿着户外的衣服入睡（他可能在车上的时候就睡着了，而大人也不愿意吵醒他）。

•不要让宝宝在头可能被卡住，或者会有异物影响呼吸的地方睡觉，如沙发、扶手椅，或者婴儿床里的床垫和床不匹配。另外，不要给宝宝用枕头。

•如果宝宝看起来有任何不适，一定要立刻就医。如果他发热，减少一些或全部的被子，或者打开他的睡袋。

●随着宝宝长大，他醒着的时间会越来越长，所以如果他白天睡得多，那么晚上就会精神很大。宝宝不太可能会睡整宿觉（即使中间吃一次奶），除非他夜晚能睡白天两倍的时间，即一天24小时内一共睡14小时，晚上睡10小时，白天睡4小时。如果是自己照顾宝宝，妈妈可能需要调整他白天睡觉的规律，还要确保给他足够刺激的游戏。如果是与其他人一起照顾宝宝，如育儿嫂、保姆或托儿所的阿姨，妈妈一定要确保即便在宝宝不需要关注的时候，也能受到鼓励，保持清醒和玩耍。送托儿所的宝宝通常会被动降低要求，得到较少的刺激。

●宝宝不能像大人一样区分夜晚的结束和白天的开始。有些宝宝醒得非常早，除非吃奶，否则无法再次入睡。这意味着他们的夜间睡眠已经结束了。妈妈此时能期待的最好情况是，抱着他躺一会儿，好让自己慢慢醒过来（同时要想想当家长真正意味着什么）。等到宝宝7月龄或8月龄的时候，他醒后如果有人来探访，将灯打开并且给他书和玩具，他可能会用20分钟左右的时间边玩边自言自语，直到有人喂他。

开始睡大一点的婴儿床

等到宝宝达到体重上限，或是能够翻身了，就不能再睡婴儿睡篮或者新生儿小床了。有些宝宝需要几天时间来适应宽敞的空间和标准大小的、围栏可以单边放下来的婴儿床。如果把他放在平时睡的睡篮，再放进婴儿床，可能会有助于他习惯新环境。

婴儿床可以给宝宝提供一个安全的环境，一般家庭都会用到。即便父母和宝宝睡在一张家庭大床上，也要准备一张婴儿床。一旦宝宝会翻身，或者会爬的时候，一定要有人陪他一起待在大床上，才能保证他的安全。不可以在晚上让宝宝单独睡在没有围栏的床上，即便是只离开一小会儿也不行。

双胞胎小贴士

如果双胞胎睡在同一张不是为双胞胎设计的床上，他们活动的腿可能会打扰到对方休息，所以这时妈妈就该把他们分开到单独的婴儿床，或者准备一张专给双胞胎用的床边床。所有的宝宝在6月龄前都应与家长睡在同一个房间里，但在这之后，可以把他们移到另一个房间里睡，或者条件允许的话，让每个孩子占用一个房间。

研究发现

双胞胎和猝死。双胞胎分享一张婴儿床不会增加猝死的风险。但需要让他们的脚都抵着床尾，换句话说就是让他们肩并肩躺着，而不是头对脚。

安全床边床

最理想的安排家庭睡眠的方法是使用床边床，有时也称为“婴儿摇篮”。比起让宝宝睡在父母的床上或让宝宝完全单独睡，这是一种折中的办法。床边床比普通的侧边开放婴儿床要贵，如果准备等宝宝6月龄时就让他自己睡一个房间，那就没有必要买这种床。如果希望把他放在自己的房间里，那么床边床就是个非常好的选择，这样还可以保证父母自己有足够的空间。一定要买四边都可以竖起或放下的样式，这样在父母离开时，才能够保证宝宝的安全，而且如果想让宝宝的床挨着父母的床，就可以放下一侧围栏。

为将来小睡和夜间睡整觉做准备

睡眠时间安静平和，对于妈妈和宝宝来说都很重要，可能任何事情都不能促使妈妈去破坏它。即使宝宝在夜间醒来，如果他还能再次快速轻松地入睡，那么一般不会给妈妈的情绪造成影响。

宝宝吃饱后更容易入睡，所以他需要经常吃奶或者吸吮奶瓶，直到他因太困，乳头或奶嘴从嘴里掉出来。一旦入睡，他可能不会再醒来，即使为了让他打嗝而竖着抱他也不会弄醒。等宝宝完全睡熟的时候再把他放进睡篮或婴儿床。只要他得到了充足的食物并已昏昏欲睡，宝宝会很渴望到自己的小床上睡觉……直到宝宝完全睡着，妈妈的注意力就可以从宝宝身上转到自己的问题上来。

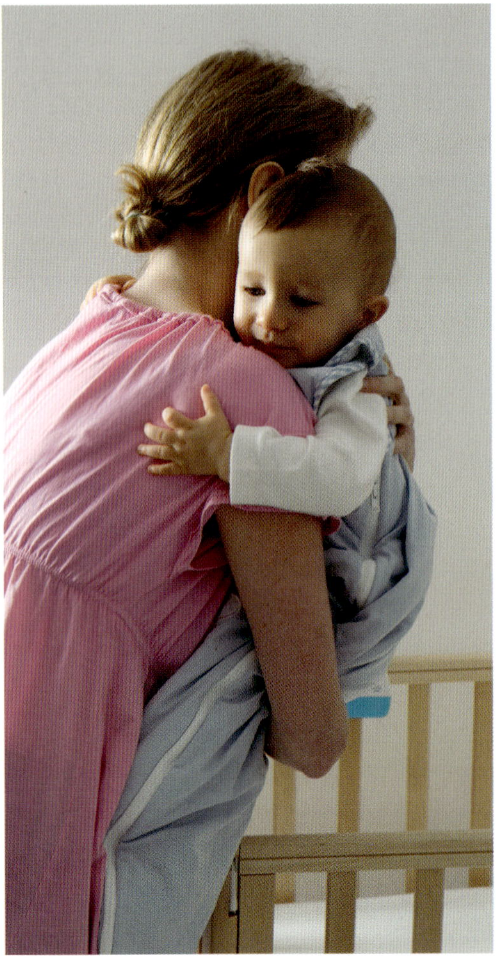

只要吃饱了肚子，而且有了困意，宝宝就会满足地躺进婴儿床里。

把宝宝放到床上睡觉不再是双赢的事情；事实上，在他更大之前，妈妈要重新思考一下宝宝的睡眠问题。宝宝要能够自己入睡，或者重新睡着，而不是靠其他人帮他做。如果总是在他睡着以后才把他放进婴儿床，那么他就没有机会练习自主入睡。事实上，如果给他吃奶、拍他或摇他直到他睡着，然后再把他放进婴儿床，他并不是自己想睡觉了，而是外力使他睡着了。而且，无论现在这一过程对于母子双方来说有多么美好，也不值得冒着宝宝未来入睡困难的风险持续下去。

如果总让宝宝吃着奶睡着，然后不让他醒来就放到床上，那么在他夜晚醒来的时候，他就会发现自己待在婴儿床里，而不是在妈妈的怀里。他不明白自己是怎么到床上去的，也不知道发生了什么，或者妈妈在哪儿，接下来要做什么。他没有经历过自己躺下，闭上眼睛，然后入睡的过程，所以他一定会哭。他哭是为了让妈妈过来抱起他，然后再哄着他入睡，就像以往做的一样。如果妈妈很快过来并抱起他，他可能会在怀抱中睡着。但即使这样做，他仍可能需要妈妈从更前面的步骤开始重新哄他入睡，如给他奶喝，这样他才能伴随着吸吮重新睡着。

通过让宝宝吃奶来哄他入睡或重新睡着，非常容易导致宝宝睡眠紊乱。几分钟的吸吮就能把他重新哄睡，而且宝宝不会有任何反抗。但他下次醒来，整个程序又要再重复一次。如果放任下去，那么在接下来的一年中，他每次醒来可能都需要重复这样的过程。很多婴幼儿每晚都要喝两三次奶，虽然他们不是经常醒来，但是没有其他的办法能够让他们重新入睡。

妈妈需要确保宝宝学会如何自己入睡。

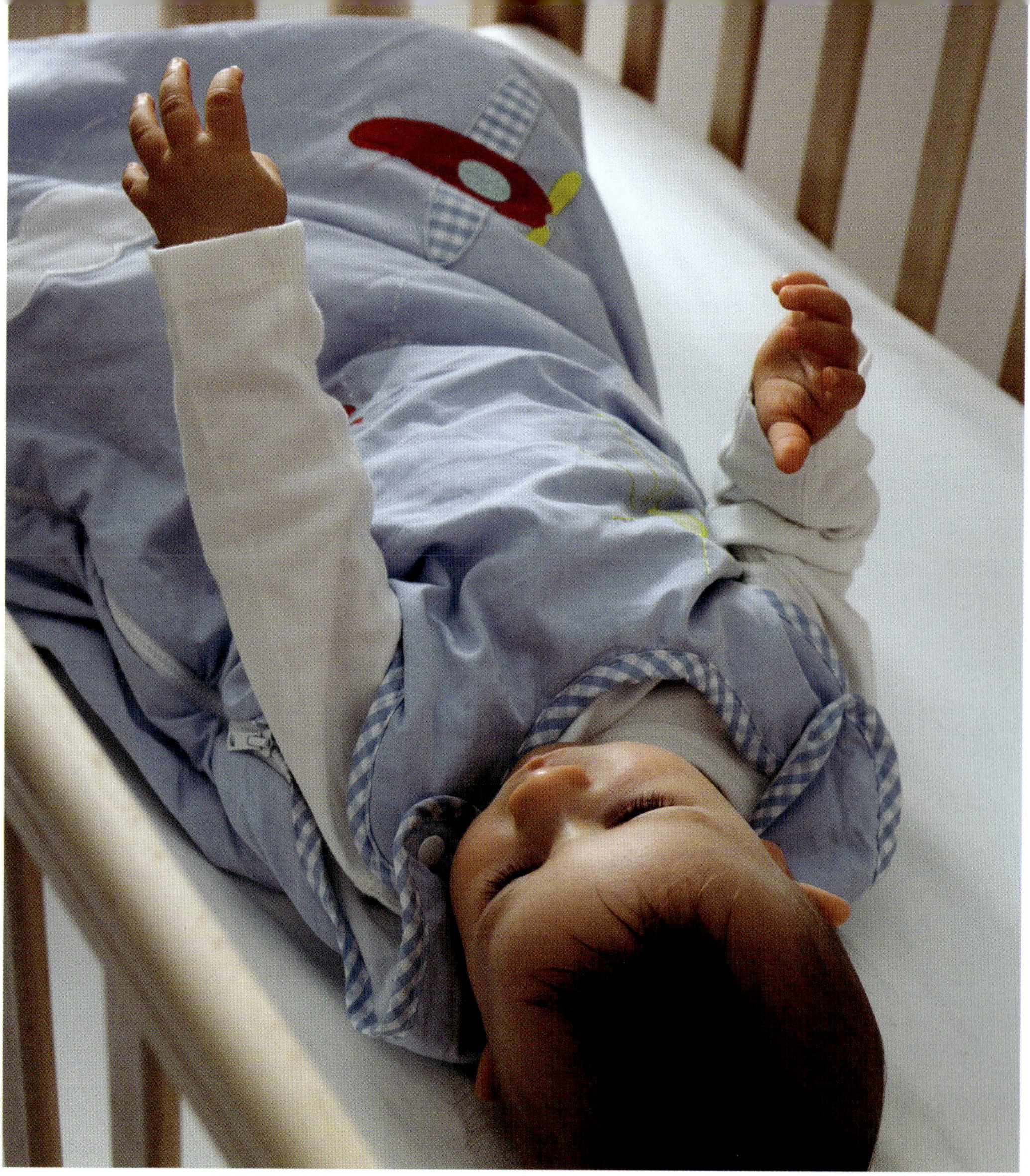
当宝宝醒来时，他会自己慢慢地再次入睡。

窍门就在于让他在妈妈怀里的时候变得很困，困到不会介意被放下，但要确保他是醒着的，能意识到自己在婴儿床里，而且可能还感到很舒适。

如果像很多家长一样，担心打乱已经很顺利的入睡常规，妈妈可以在宝宝白天小睡的时候让他醒着进到床里。即使宝宝睡不着，需要妈妈照顾，妈妈在白天的时候也比较有精力做到这一点。当他能够在白天自己入睡的时候，妈妈就可以在晚上也让他自己入睡了。否则，他每次在夜里醒来的时候都需要妈妈给他喂奶，即使他在晚餐和早餐之间已经不再需要吃奶。妈妈甚至可能会让他在床上吃奶，一旦他发现可以这样做，他就会每次都闹着要这样。

等到宝宝会自己翻身以使自己舒服，而且每天只需要吃一两次奶，妈妈这时就可以让他独立入睡。只在他晚上浅睡的时候感到不舒服，或者做了噩梦的时候，他才需要妈妈的帮助。

适应睡眠问题

无论妈妈多么认真地遵循那些帮助宝宝独立睡眠和不需要喂奶或哄睡就能重新入睡的建议，也不能保证宝宝建立起好的睡眠规律。

在宝宝啼哭的同时，有客人拜访（或是有最爱的电视节目），妈妈很容易忽视什么才是长期重要的事情，而是做任何可以马上解决的事情。然而，当下没能解决的事情，可能会在几个月后造成问题，所以要冷静下来把整个问题想清楚，还可以与照顾过宝宝的人一起解决。

希望宝宝几乎每晚都能够平静地上床，然后满足地慢慢睡去，而让宝宝自己哭却不理会他，肯定是不对的，因为他哭的时候肯定不是冷静的，也不满足，而是感到被抛弃和恐慌。他可能会在第二天妈妈还没离开的时候就闹脾气。但妈妈也不能见到他哭就抱他起来，妈妈需要帮助宝宝感到他是安全的，并且能够自己入睡。不要觉得他不应该单独入睡，而不尝试这样做。

有一些长期有效的解决办法，不过它们不能立即解决当前所面临的问题，而是需要妈妈长期努力。要让宝宝知道妈妈总在身边，妈妈总会回应他的啼哭；但也要让他知道，晚上是睡觉的时间，妈妈是不会抱他给他吃奶或跟他玩耍的。给他需要的感情保证，但要按妈妈的方式给予（毕竟妈妈是成年人），不能立刻满足他所有的要求。

如果安抚宝宝躺下后，他有困意但还清醒，而且他不是慢慢睡着，而是开始啼哭，一定要立刻回到他身边。如果他还不到6月龄，还不能自己保持平静，可能需要妈妈轻拍安抚他，直到他睡着。如果妈妈觉得这比让他吃奶入睡复杂太多，就要提醒自己孩子不可能总以吃奶的方式入睡。

如果宝宝已到6月龄，而且比起1个月前，还是不能很容易地使自己平静下来，甚至更加不情愿，那么妈妈最好更加积极主动一些。因为在这之后的三四个月里，他可能会执着地依赖妈妈。是的，孩子会开始黏人，他会很难忍受妈妈的离开。

可以尝试的技巧

“陪在他身边”：先按照宝宝平时的入睡程序进行，最后亲亲、抱抱他，把他放进婴儿床里。继续陪在他旁边，如果他哭，就拉拉他的手，但是不要把他抱起来。对他微笑，慈爱地看着他，但不要跟他说话。要耐心地陪着他，直到他睡着。

- 继续重复2～3天同样的程序，直到他看起来更放松，然后站在稍远的地方陪着他，但能看到妈妈，妈妈也能碰到他。
- 在这之后，妈妈可以坐到房间另一边的椅子里看书。
- 最后，试着在周围来回走动，例如整理衣服和简单的清扫。
- 不要急着进入后面几个阶段。如果妈妈离开之后宝宝变得焦虑，可能会让整个过程退回到一开始的状态。

“突然出现”：这可能听起来不像是“睡眠训练”，但这一技巧其实非常重要。妈妈不是要让宝宝觉得哭没有用，无论他哭多久妈妈都不会来，而是要让他知道，只要他一哭，妈妈就会出现，无论是白天还是黑夜。不同的是，如果是夜晚，妈妈不会抱他起来

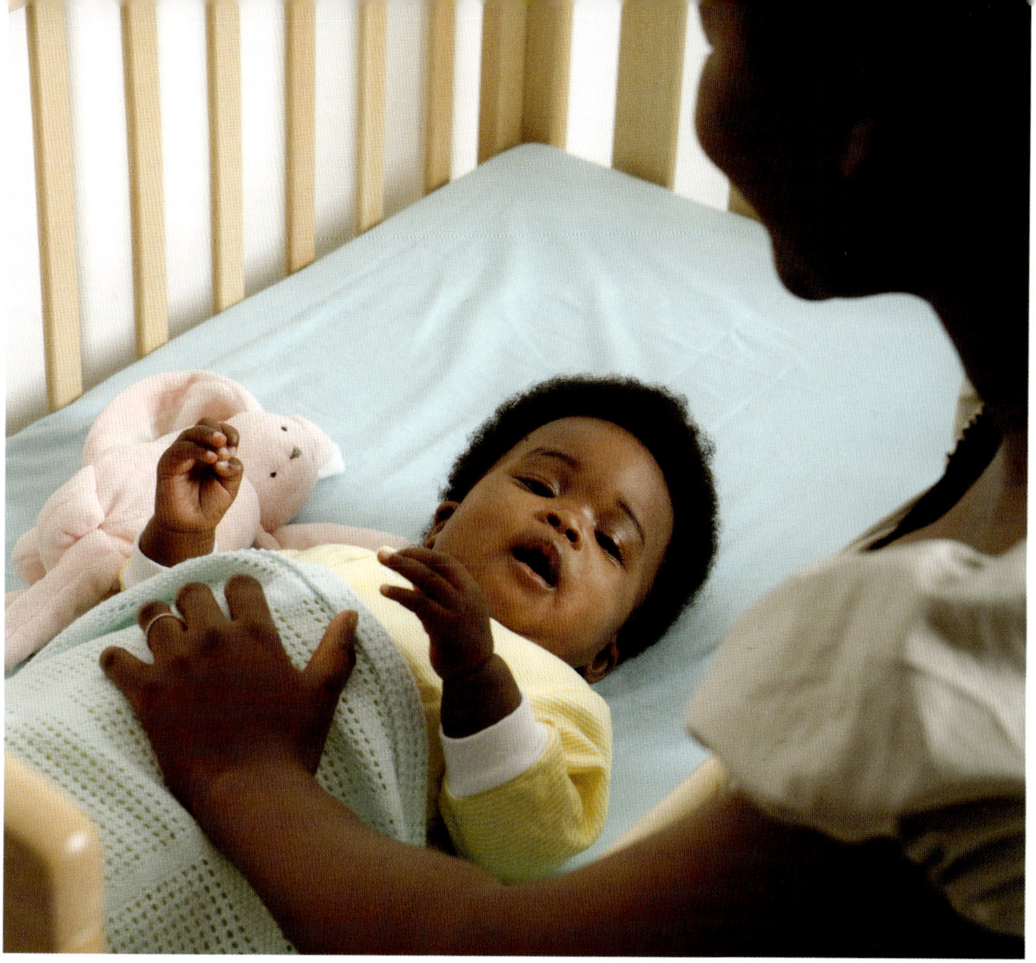

现在花时间陪在宝宝身边，是为了将来的夜晚他能够平静地入睡。

或跟他玩耍。

●让宝宝安静下来，亲他，然后离开房间。如果他开始哭闹，妈妈要回到房间，但只做停留，与他说话，直到他重新平静下来再离开。不要将他抱起来，或者拍哄他。如果他再哭或反复哭，妈妈要保持耐心，重复上面的过程。

●即使妈妈反复进出，宝宝可能还会哭并且持续哭，因为妈妈拒绝做他喜欢的事情——抱起他。妈妈要提醒自己，啼哭对于宝宝来说不是压力，但哭了没有得到回应会造成压力。

●妈妈一整晚反复照顾啼哭宝宝的情况可能会持续一周，一般是两三天，但如果时间更长就意味着情况不正常。如果妈妈真的不忍心让宝宝这么不开心，可以随时将“突然出现”转换回“陪在他身边”，但自主入睡的过程会需要更久的时间。

尽管宝宝三四月龄的时候能睡得很好，尽管妈妈帮他意识到自己也能开心地入睡，也不要认为自己已经永远地解决了这个问题。一年之内，宝宝对妈妈的依赖可能会变得更强，他几乎不能让妈妈离开他的视线，即便只离开2分钟去上个厕所也不行，更不要说晚上让他独自睡觉了。而且，即使他能不吃奶就入睡，且一直睡到早上，还能在清醒之后让自己再次入睡，也不意味着他总会这样做。有时，他会希望妈妈知道他醒了。最终，这些新的睡眠规律并没有在他心里变得根深蒂固，任何对他的打扰，例如假日出行，出牙时的不适，或者严重的感冒，都会导致睡眠又变得不规律。

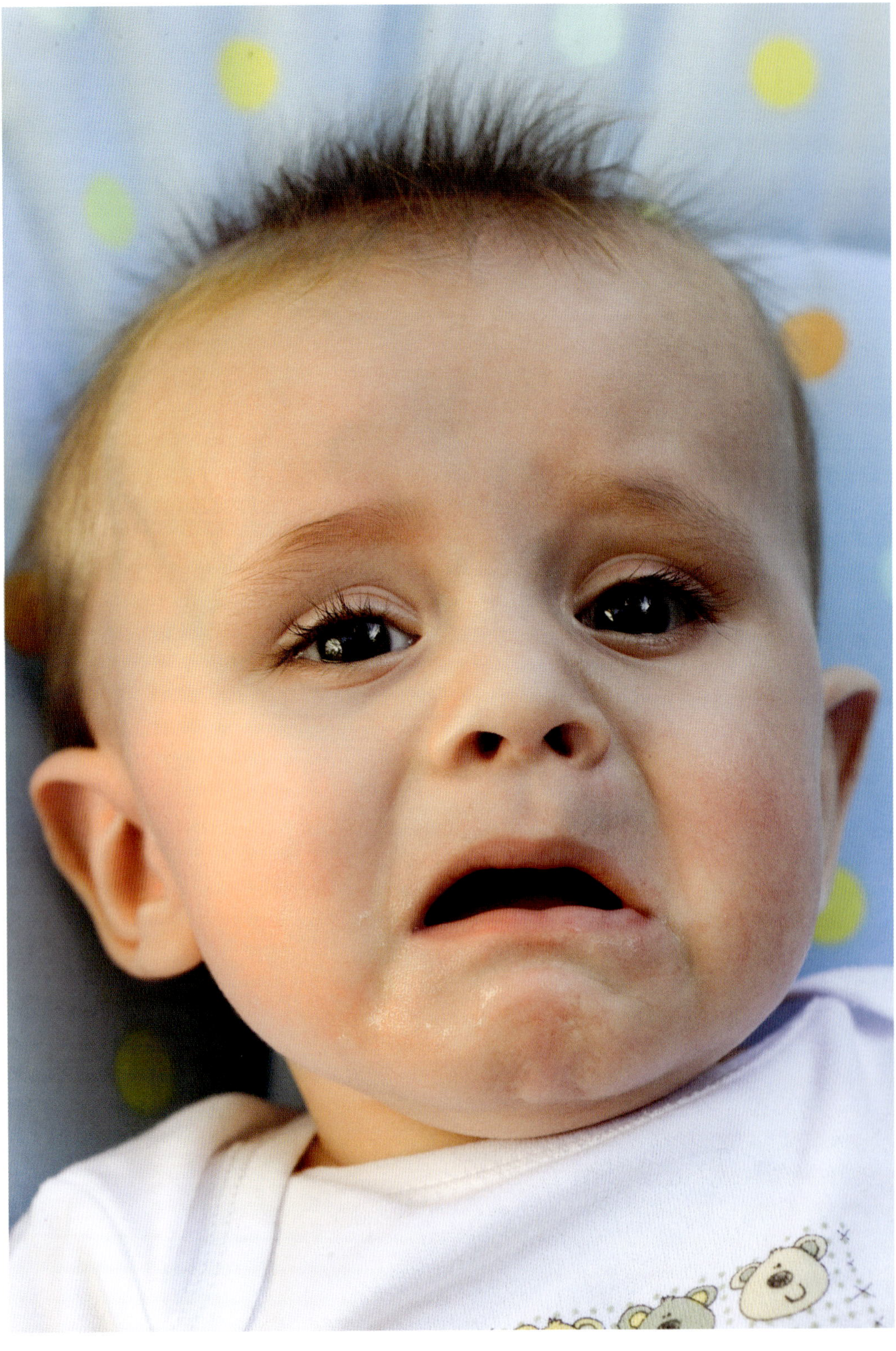

啼哭原因的转变

等宝宝到了3月龄的时候，啼哭在他（也是妈妈）的生活中会出现得越来越少。

啼哭不是宝宝时不时做出的一种身体反应，而是他的一种活动。有时无论妈妈做什么，他都会不停地哭。他的啼哭可能是对妈妈即将停止某一动作的一种反应。他并不是因为心血来潮才不停地哭，宝宝可能是因为今天有更多的事情和感觉让他感到压力很大，所以要比平时哭得更多。

随着宝宝长大，尤其是到了6月龄以后，他因普通的事情而哭的概率会大大减少。即使是那些曾经让他害怕的事情，例如突然的噪声，也是如此。甚至有时候，意外的画面和声音、动作可能还会让他发笑。当他因为某事而担忧的时候，宝宝可能会神色不安地看着跟他在一起的大人，来寻找安全感，还可能会发出哀怨的声音。如果没有人安抚他，宝宝会全面爆发性地哭起来，或者更糟糕的情况是，他发现自己想依赖的大人本身也很紧张。他现在已经对大人的表情变得非常敏感了（见199页）。

但尽管宝宝比起过去更不容易哭，哭的频率也越来越低，但在接下来的6个月里，宝宝会因为新的原因而哭泣。这些原因全都与宝宝发育的各个特定方面有关，如果妈妈从现在开始能够识别和了解这些原因从而帮助他，妈妈体贴的处理肯定会让母子今后的生活都变得更加轻松，平稳过渡到幼儿期。

离开妈妈的身边和独处

宝宝4月龄左右最主要的引起啼哭的原因就是他依赖的大人离开自己。如果家长或照顾他的人离开会让他啼哭，那么宝宝持续不停地哭泣的原因就是没有得到大人的回应。哭的时候没有人管，被大人忽视——可能是因为大人在用“任由他哭”的方法来解决睡眠困难问题——可能只会导致史无前例的、久久停不下来的哭泣。

对分离敏感并不是宝宝很快就能摆脱的，这可能会一直持续到宝宝1岁以后，并且逐渐加强。宝宝反感大人在夜晚的时候离开他。很多宝宝都非常不喜欢当他们睡觉的时候或是白天在玩耍的时候被一个人留下来，就像夜晚他们在婴儿床里一样。有些宝宝有时如此敏感，即使家长只是离开一两分钟去旁边房间拿东西，也会让他哭起来。持续哭闹的感觉就像成年人没有穿衣服的感觉——完全暴露而没有安全感。很多家长都幻想溜出房间，再在宝宝察觉前回来。请不要冒这个险。宝宝仿佛有个能侦查家长动态的天线。因为一旦宝宝发现家长离开了房间，他不仅会马上大哭起来，还会将家长盯得越来越紧。

如果家长的离开会让宝宝变得不高兴，那么被单独留下比起把他跟另一个家庭成员留在一起要更糟。所以，当要面临更大的分离时，例如有个家长要去上班，或者被家长送去托儿所，宝宝都有可能会哭。一个好的、有爱心的看护者能够确保他只哭一小会儿。

宝宝的恐惧

现在宝宝可能对所有的事情都有点害怕，包括大的噪声、奇怪的画面和突然意外的动作。尽管如此，在接下来的两三个月里，他能够更稳定地适应日常生活的各个方面，并且开始享受新的冒险，例如被带到像火车站或飞机场等吵闹的环境中，又或者看一看小马等小动物。与此同时，宝宝总的来说适应生活的自信也在随之增长，可能会对某一两个方面变得更加敏感。他对大多数的噪声都不会感到害怕，但可能会被突然开始工作的洗碗机吓到。他喜欢激烈和翻滚的游戏，可能强烈地讨厌脱毛衣的过程或被放到汽车座椅里。因洗澡或其他“玩水”的机会而感到兴奋，可能因为水排空，流进下水道而恐慌。

这些恐惧会给日常生活带来困难，有时看起来甚至是有些恼人的不理智：为什么洗碗机会吵到宝宝，而其他家电不会呢？但妈妈不需要明白（或分析）宝宝为什么恐惧，就已经能感受到宝宝害怕了。让宝宝恐惧的原因并不是因为它们的声音更大，而是因为它们就是这样。不要试着“证明”给宝宝看“没有什么好怕的”。不能通过惊吓来让婴幼儿或者大多数成年人变得不再害怕，而是应该让宝宝远离使他害怕的东西。

宝宝越多地面对他的恐惧，就会越害怕。更多地帮他回避这些恐惧，或者远离这些东西，他才能更快地消除恐惧。当然，在这一阶段，他可能会以另一种恐惧来代替已经消失的恐惧。他也可能只有几个晚上会表现出害怕洗碗机。妈妈可以不在宝宝面前使用洗碗机，而是把他带离房间或者放回到婴儿床上。千万不要让宝宝感到妈妈跟他一样恐惧。他越感到妈妈是无所畏惧的越好。当他需要面对妈妈一直帮他避开的恐惧时，要明确告诉他帮他回避并不是因为危险，或者妈妈也害怕，而是因为他害怕。

典型的恐惧和其他原因的啼哭

- **对意外的恐惧**：在宝宝人生第一年的下半年，随着他开始慢慢认识每一个家庭成员，并且能够区分陌生人，他在意识中会对不同的人和他们的行为，还有日常做的事情、节奏和仪式等都开始产生不同的预期。这些预期都是第一次产生，而且很强烈，宝宝能清楚地感受到它们。当发生的事情与他的认知和了解相反的时候，他的自信就会消失，取而代之的是焦虑和恐惧。试想，宝宝知道吃晚餐的时候，在听到一系列特定的声音（钥匙开门、关门、脚步声）后，他的父亲会走进来，把他抱起来，然后拥抱他。现在再想象一下，在这种情况下，如果不是孩子的爸爸进来，而是宝宝从来没见过的陌生人，那么当他看到进来的人的那一刻，宝宝就会开始哭。这并不是因为进来的是陌生人（宝宝通常会对没见过的客人展现灿烂笑容），而是因为他以为进来的会是自己的爸爸。他对这种与预期相反的情况都会产生出类似的反应。例如，如果他总是喝热的奶，那么给他喝刚从冰箱里拿出来的奶他就有可能会哭。宝宝不是不喜欢凉奶，而是有可能更喜欢用杯子喝凉的奶。但从奶瓶里喝到凉

心得分享

关于婴儿吊篮，有位妈妈说：

“当我的公公给宝宝买了婴儿吊篮并放在门口的时候，我真的很不确定要不要给宝宝用。这难道不危险吗？不可怕吗？不是只有4月龄以上的宝宝才能用吗？但因为公公婆婆每天都跟我们待在一起，我就没有将它收起来，而是把艾拉放了进去。结果她居然获得了难以形容的幸福感。在接下来的6个月中，她没有一天不玩吊篮的，随着吊篮轻轻地上下晃动……我觉得每个宝宝都应该有一个吊篮。”

的奶，跟预期完全不一样，所以他就会变得情绪崩溃。

对于宝宝来说，不能有与特定的预期完全相反的体验。当然，有些事情可能还是会超出他的适应能力。他第一次坐公交车，第一次吃冰淇淋，或者第一次看到羊，都可能会让他哭。可能在他以后的生活中，他会喜欢上这些曾经让他哭的事情，但在他习惯之前，他都有可能会哭。

宝宝在他尚短的人生当中体验过的事情还很少，所以到目前很多东西和事情对于他来说都还很新鲜。帮他适应这些东西和事情，支持他寻找兴趣，都很重要，因为现在觉得新奇的体验，将来他长大后才能为他打开眼界，丰富他的人生。警告和安抚的话等到宝宝能明白大人所说的话时，会变得更有效，但即使在6月龄的时候，妈妈也可以通过语调、面部表情和肢体语言来让他明白话里的意思。

把宝宝放进婴儿吊篮，随着他发觉独立跳跃和旋转的乐趣，惊喜和意外很快就会带来快乐。

如果宝宝第一次乘公交车是坐在妈妈的腿上，让他看着妈妈的脸而不是窗外的景色，妈妈用有趣的声音来告诉他窗外能够看到什么，用他熟悉的手臂抱着他，宝宝可能从头到尾都会很开心。

●**无助**：据我们所知，宝宝所有的感觉都很强烈，跟成人一样对追求的东西充满热情。但有一样事情他们无能为力，他们太小，身体机能还不健全，还不会说话。很多时候，宝宝哭都是因为他们处在一种很想做些什么，但又无法自己完成的情景之中。他的啼哭就是告诉妈妈来帮他完成。

当妈妈离开房间时，宝宝还不会爬，所以不能跟着妈妈。他也不会说话，不能叫妈妈带上他，所以除了哭他还能做什么呢？在公园里，宝宝不认识的人在和妈妈聊天。那个人想抱抱宝宝，宝宝感到妈妈松开了手。他阻止不了妈妈。他还不能说“不要”，能做的只有号啕大哭。

如果妈妈和照顾宝宝的人都对他微妙的疲惫或压力的信号很敏感，例如改变的面部表情，那么宝宝感到无助只能哭的情况就会减少。例如，如果妈妈在离开房间之前注意到宝宝脸上出现不愉快的表情，妈妈就会及时停下来，宝宝则会张开双臂，让妈妈带着他一起离开。当然，避免宝宝感到痛苦无助并不总是取决于妈妈。随着他越来越成熟——身体和心理双方面的——他会变得什么事情都要自己做。例如，学爬不仅是一种巨大的乐趣，而且还能促进宝宝独立。突然间，如果他想就能跟着妈妈；如果他想要那个玩具，他就能拿到。他从最极端的依赖中解脱出来了，对妈妈而言也不用再替宝宝做全部事情了。

●**遭受挫折**：等到了1岁的时候，宝宝哭是因为或者大部分是因为感到挫败而不是其他原因。即使啼哭意味着他感到悲伤，或者因为晚上被一个人留在婴儿床里，其中也必定会有一种挫败感。因为把他留在婴儿床里，他凭借自己的能力是出不来的。宝宝自主活动的能力越强，并且能在沿途寻找好玩的东西，妈妈就越是要限制他，他也会感到更大的挫败。想象一下，妈妈把宝宝从小睡中弄醒，然后让他坐在客厅。他发现了什么，爬过去探索。他看到的是沙发旁边的地上有一个还没完全空掉的马克杯。妈妈比他更快到达目标，把杯子拿到他够不到的地方，等他还没来得及抗议就把他抱进厨房，他会再次挣扎着要下地。妈妈把他放在刚才玩的玩具旁边，但他还能看到更有趣的东西：猫正从自己的食盆里吃东西。一旦放开他，他就会追过去。猫会照顾自己，所以不用担心，但它会逃跑，这让宝宝很不开心。宝宝一边哼哼唧唧，一边把注意力转向

宝宝在干吗？图1，一分钟前他还开心地拿着玩具放进嘴里玩。图2，下一分钟，他从嘴里拿开了玩具，于是玩具开始向地上滑落。图3，两秒钟后，玩具掉到地上看不见了，宝宝也不知道它们去哪儿了。这是不是很令人崩溃？

猫食，并且在妈妈赶到之前把手伸了进去。当妈妈过来制止并把他抱到水池边洗手的时候，他会非常生气，感到十分挫败。妈妈再次放下他，他会径直回到猫食盆那里。妈妈把食盆拿起来放到橱柜上，他就会开始哭。

这个年龄段的宝宝，15分钟后就会忘记刚才发生的事，重新开始探索。会爬的宝宝都是探险家，无论他们的家布置检查得多么仔细，都需要不停地查看对宝宝是否安全，东西是否完整。这样的情况会慢慢消磨大人（和宝宝）的耐心。一旦宝宝发现自己非常想做的事情，例如去玩弄猫的食物，他就会非常专注。当然，他并不明白为什么妈妈不让他做会让他高兴的事情。唯一能帮助妈妈的就是让宝宝的注意力分散。没必要因为宝宝总喜欢调皮捣蛋而感到不高兴。勇敢点，把他抱起来，带离这个房间。他可能会气愤地尖叫，但几秒钟之后就会忘掉整件事。

偶尔生气、挫败哭泣是不可避免的，因为妈妈必须阻止宝宝做危险或有破坏性的事情。另外，宝宝会而且肯定会哭，因为尝试对于他来说太难的事情就会让他感到受挫。但太多的挫败，无论来自于严格的大人，还是他自己能力有限，都不利于成长。好的育儿方式就是要找到与维持太多的挫败感和太少的挫败感的平衡。

如果宝宝正努力推倒楼梯口的安全栅栏，妈妈知道他不会成功，最后只会因挫败感而哭，这时就要转移他的注意力。但如果他下一个目标只是当妈妈坐在沙发上的时候试图把妈妈的鞋脱下来，就不要自己脱下来给他。他可能距离成功还很远，但妈妈可以稍微提供一点帮助，例如解开一条鞋带，或者动一动拇指，可能就能帮他达成愿望。

正如大一点的孩子和成人一样，每个宝宝对挫败感的承受力也是不一样的。但承受力绝不会在这个年纪就固定不变了，所以即使宝宝会因一点点失败就屈服，并不意味着他会一直这样。他可能会成为一个冷静、温和的孩子。

但宝宝对恐惧和挫败感的反应，会给家长关于他将来会成长为什么样的孩子、什么样的人一点提示。目前日常生活的经历肯定会反映一些蛛丝马迹，也会对宝宝造成一定的影响。很爱哭的宝宝，一般都很难哄，也很难转移注意力，而不太容易哭的孩子就比较容易哄。更有甚者，一个不会开心超过一分钟或者满足超过五分钟的宝宝，对于家长和照顾他的人来说是很棘手的问题，最终可能会使亲子关系恶化。最好弄清楚到底是什么让宝宝不高兴，避免是环境或对他的照顾有问题，家长也可以针对问题进行改进。宝宝的啼哭多半都是因为跟家长分开而感到害怕，需要家长为他做些什么，因为他太无助，自己什么都做不了，或者是因此而感到生气或挫败。一旦家长破译了宝宝的这些信号，知道宝宝哭泣的原因是什么，家长就可以做得更多，来替他把事情变简单。

●睡得少的宝宝会感到无聊：有时宝宝哭泣是因为他们没有睡得像家长期待的一样长，所以家长总是哄他睡他不需要的小觉，或者觉得他“应该睡觉”而把他留在小床里无所事事。其实宝宝的睡眠时间或规律并没有一定之规。婴儿平均的睡眠时间是每24小时睡16小时，从12小时到19小时都属于正常范围。如果希望宝宝每天睡16小时，但他其实只需要12小时，或者希望让他每天有两次2小时的小睡，这样能让照顾他的人休息一会儿，那宝宝只会因此而不停地啼哭。强迫宝宝睡觉，可能意味着他会感到身体上的挫折

研究发现

无聊也是一种压力。研究人员表示，人脑会因为缺乏刺激而感到压力，并且会尝试改变这一状况。

清醒时间更多就意味着玩耍时间更多；一定要确保宝宝醒着的时候有很多事可做。

和无聊。醒着的宝宝需要活动，而睡不着的宝宝更喜欢动来动去。如果宝宝醒来时需要单独在婴儿床里待一会儿，至少确保包被和被子不会限制他身体的自由。如果房间不是很温暖，宝宝必须盖被子，那么可以尝试利用婴儿睡袋。因为婴儿睡袋不仅能够保证宝宝的体温，还能给他活动的空间。

当然，能够自由地活动只会让宝宝高兴几分钟。有趣的事物也能起到同样的作用，只要妈妈把它们挂在宝宝能够看清楚的、足够近的地方，让他不仅能看到，还能碰到，偶尔还能抓到手里。有趣的意思是经常变换。不要一直挂着同一件玩具，而要挂起不同的玩具，并经常更换。

即使有身体的自由和有趣的东西看，宝宝醒来之后自己待太久还是会哭。他会哭是因为没有人陪而感到孤单和无聊。如果他醒来以后总有人陪伴，那么他很可能会减少哭泣的次数。

陪伴醒来的宝宝，尤其是还在吃母乳的宝宝，如果妈妈总是抱着他，宝宝就会轻松很多。在几个月后，直到他可以自己移动了，对食物和母乳以外的饮食有了需求，妈妈就可以带他去自己要去的地方，例如其他房间或者公园，而且带孩子会比以前变得更轻松。只要他不是很饿，所有的人和食物都会引发宝宝强烈的兴趣。当有人在家里或花园做简单的工作时，他会很喜欢被背带背着参与进去。如果没有人能抱他，他也可以在一旁观看，并且感觉自己也参与了大人的活动。如果他被放在婴儿车里靠在靠垫上，或者坐在宝宝椅里被带到他最感兴趣的成年人活动的地方，例如有人弹钢琴的地方，去捡被风吹落的果实，或者晾衣服，即使成年人会感到无聊，宝宝也会兴致勃勃。

但宝宝不能长时间待着不动。铺在地上的垫子可以给他带来一些乐趣，只要让他远离太过兴奋的狗，或大孩子的恶作剧，那里会是一个理想安置宝宝的地方。但对于大一点或者所有宝宝来说，最棒的娱乐就是婴儿吊篮。它尤其适合睡眠较少的宝宝。吊篮的宝宝座椅可以用有弹性的蹦极绳拴在门框上或房顶的挂钩上，高度正好能让宝宝脚尖点到地面为宜。这能给宝宝一个直立的、全方位的视野，还有极好的上下晃动、跳跃的自由。如果宝宝不开心，那么婴儿吊篮能让他高兴起来；如果他本身已经很开心了，那么婴儿吊篮会让他变得更高兴。

安抚习惯

当宝宝受到惊吓或感到疲惫、生气或悲伤的时候，需要妈妈或其他成年人来安抚他。但随着他的成长，他开始能够自己安抚自己了。

人们总是把“安抚习惯”想成吸吮等行为，但其实安抚习惯也有很多好处。当宝宝完全依赖于他人安抚时，他能够得到多少安抚主要取决于他人。他不能逼谁来摇晃他。但一旦他发现了自我舒缓、自我安抚的方式，他就能自己控制安抚了。他可以无论何时想要多少安抚就给自己多少，而且大人也无法干预。

安抚习惯的好处就是让宝宝开始依靠自己，而不是依靠大人的怜悯。但如果本应从大人那里获得的安抚也被宝宝自己的安抚取代就不好了。如果他一直在角落里摇晃，家长就要问问自己，他是不是隔绝了外面世界的其他人和玩耍，还是因为没有人能给他安慰才一直安抚自己。

人们总说吃手是“坏习惯”，但吃手其实只是宝宝在自己的控制之下安抚着自己。

1岁前会形成的安抚习惯

吮吸是最常见的安抚习惯。宝宝可能在子宫里就已经开始吮吸拇指了，但3月龄后宝宝已经能将吮吸和其他安抚习惯相结合，作为一种防止情绪困扰的新方法，将它赋予了一个全新的意义。如果妈妈离开他时他没有吮吸，就会哭。但如果妈妈在他吮吸的时候离开他，他会更用力地吮吸，用吮吸带来的安慰来掩饰妈妈离开的痛苦。

●**过渡性安抚物品**：那些我们通常称之为“抱抱”的旧帆布毯、纱布尿布或玩具是许多婴儿最珍视的财产。宝宝也许不喜欢“抱抱”——绝不是所有的孩子都喜欢这种方式，但如果他表现出对这一方式的偏爱，他很可能会在半岁以后开始表现出来。“抱抱”象征着爱和安全。在孩子的心目中，这些织物似乎代表着爱的人。宝宝不能让妈妈随时都待在他的小床旁，但当妈妈离开他时，他可以抱着“抱抱”，当他在夜晚醒来而妈妈不在的时候，“抱抱”会在他身边。不同的婴儿以不同的方式使用“抱抱”，但不管他们如何使用，“抱抱”对于他们来说都具有真正的情感重要性。宝宝可能会依附于一个传统的软玩具，并在他睡着的时候简单地拿着它。但他也可能会依赖一些与玩具没有联系的东西，并以一定的方式使用它。“抱抱”的特殊气味可能是它魔力的一部分，所以不要洗它，除非真的已经很脏了。

如果宝宝拥有一个“抱抱”，那它会成为宝宝最重要的东西，也是妈妈和其他照顾宝宝的人都要好好照看的东西。千万不要把“抱抱”弄丢了，否则宝宝会在“抱抱”

宝宝的“抱抱”是他最重要的东西。如果丢了，会引发极大的恐慌。

找回来之前变得非常伤心。妈妈无法复制一个同样的“抱抱”给宝宝，因为每天的把玩让它有了独特之处（气息）。但如果真的发生严重情况，找一个替代品比什么都不做要强得多，所以妈妈要提前做好准备工作。如果“抱抱”最开始是一块纱布尿布或者一个柔软的玩具，妈妈可以买一个其他东西，然后把它藏起来，以备不时之需。如果是一个特殊的物品，例如妈妈的毛衣或围巾，妈妈可以趁宝宝不注意买个新的回来，然后收到一个安全的地方。虽然每个宝宝喜欢的“抱抱”不尽相同，但都会安抚烦躁不安的宝宝。

●**仪式**：上床睡觉的仪式能帮助大多数宝宝平静地安定下来，而“去上班”的仪式对宝宝放开家长，转向其他照顾人有很大帮助。当妈妈帮宝宝建立仪式的时候，一定要注意，当他9月龄的时候，他会接受妈妈的安排，并且每天早上只用5分钟就可以形成规律，但等他到了1岁的时候可能会需要15倍的时间才行。妈妈还需要确保其他照顾宝宝的人知道这种仪式。

●**舒缓的节奏**：当在子宫里的时候，宝宝会随着妈妈身体的晃动而体会摇动的感觉。所以，当他出生以后，妈妈可以用有节奏的动作来舒缓和安抚他：抱着他散步，摇他，跟他跳舞，轻拍他。随着长大，多数宝宝仍会觉得身体有节奏的动作很舒缓，而且很多宝宝都能找到使自己感到舒服的节奏。有些宝宝十分渴望这种节奏，所以会想办法让自己得到。宝宝可能会有节奏地抽动他的脸，或者拉他的玩具，这显然都是无害的。拉和拽自己的头发并没有危害，但最好不要经常这么做，因为会让宝宝的头发打结，甚至扯掉头发。很多宝宝会在婴儿床里用自己的手和膝盖来摇晃自己。他可能会使婴儿床移位，这虽然没有什么，但如果他用头磕围栏，妈妈需要知道是由什么原因造成的。

●**撞头**：宝宝会在摇动小床的时候有节奏地把头磕在床上，通常是出于追求声音和震动的感觉，但有些宝宝会伤到自己，而且看起来他们就是想伤害自己。最简单的找出疼痛是否为宝宝的兴趣的方法，就是在栏杆里侧钉一块纸板，这样他仍能听到和感觉到声音，但又不会伤到自己。如果他还像往常一样平静地入睡，就没有什么需要担心的。但如果他转移到其他栏杆上开始撞头，或者不能像往常一样平静下来，看起来有点想念撞头的习惯带来的痛感，妈妈需要思考一下为什么他想要或需要伤害自己，还要与其他照顾人一起探讨一下。如果更换了照顾他的人，他在习惯新的照顾人的过程中，撞头的情况才达到这种令人担忧的程度，那么逐渐让他接受新照顾人就能够让这种情况停止。如果没有人能够确认他生活中特定的压力来源，可能是妈妈过于注意其他家庭成员或事情造成的，妈妈可以试一试改变这种情况。如果做什么都没用，而且宝宝撞头的频率很频繁，也很用力，甚至会使自己受伤，那么一定要咨询医生或者儿童健康诊所。不要因为其他人说不用担心，就放松警惕，这种情况很严重。

●**自慰**：对于宝宝来说，探索自己的身体是很自然和正确的事情，发现触摸自己感到舒服也是。如果妈妈发现宝宝有节奏地拉动阴茎或者在婴儿床栏杆上摩擦外阴，而且明显感到很兴奋，会感到吃惊也是很自然的。不要因此而吃惊，但如果妈妈真的很吃惊，试着不要表现出来或表达出来。这种婴儿的身体玩耍是完全无害的，妈妈反应过激，反而会造成不必要的影响。

心得分享

关于丢失的“抱抱”，一位爸爸说：

“我当了父亲之后，最可怕的一天就是在利物浦城中心寻找那条脏围巾。建议大家在宝宝的婴儿床里给宝宝最喜爱的‘抱抱’一个家，并且把它一直留在那儿……”

是里程碑，不是田径场

所有宝宝的身体发育都遵循同样的道路，也会经过同样的里程碑，只是速度不同。所有宝宝从一个里程碑到下一个都是按照他们自己的速度发展的。

有些宝宝从开始到结束跑得很快；有些开始很快，然后慢下来一段时间，再快起来；还有的宝宝始终走得较慢，但全程都很稳定。这么说的意思是，在一组健康活泼的宝宝中，有些可能会比其他宝宝完成特定技巧的时间早几周，有的则是落后其他宝宝一些，但他们全都发育正常，都在同样的发育时间段内完成了同一发育目标，而且是按照相同的顺序。宝宝可能很早就比其他宝宝会坐，但他们都是要先学会坐才会站，而且如果宝宝喜欢坐，而不急于走，那么他会站的时间就要晚一些，从而被其他宝宝超越。

生活在当下这个以个人主义和成就为导向的社会，家长对孩子成功的期待不仅是个人的成功，还有相对于其他人的成功。尽管如此，下定决心要从上幼儿园的第一天起就开始证明这一点，仍是一件很不幸的事情。儿童的技能按照他们完成的速度，而不是按照质量、范围或用途来评估，是与人类发育的本质相悖的，显然还会事与愿违。

身体发育的里程碑，例如翻身、坐、爬、站和行走，是很有用的提示。它们会告诉妈妈接下来宝宝将会做什么，但却不会告诉妈妈他什么时候会做，更不要说什么时候应该会。发育是一个有顺序的过程，并不是比赛，即使第一个到达也没有奖品，所以只要到达了就好。而且，从一个里程碑更快地到下一个并不一定就比慢要好。要试着相信

研究发现

爬楼梯。近期大范围的研究发现，宝宝会爬楼梯的年龄范围在6~18月龄，而且跟其他身体发育指标没有关联。比较早会爬的宝宝并不一定站起来的时间也早，而且有时比较晚会爬的宝宝却能先学会独立行走。

宝宝越早会爬楼梯，那么他越会不知轻重地去爬。图1中的宝宝上楼梯完全没问题，但是在图2中，宝宝发现下楼梯比她想的要困难，她还不能安全地趴着爬下来。

这一点。

主要的里程碑，如行走和说话，是很重要和令人兴奋的，因为在宝宝人生的第一个月和第一年里，他会以闪电般的速度重复着人类进化的各个阶段。但这并不意味着对于宝宝来说，更快地完成就更好。现代婴儿一出生就带着人类种族的特征，并不需要向着人类进化，所以会发育成直立行走和会用语言交流的现代人。他并不会因为在更早的年纪达到平均水平，或者在婴儿时期早熟，就意味着将来能更优秀，成为种群中更好的个体。我们经常会觉得最早会走路的宝宝，将来一定跑得最快，而说话特别早的孩子尤其是之后会说有意义的句子的孩子，将来就能像聪明、独立和社会化的人那样，可以通过与年龄匹配的教育、依存关系或克制来提高他们的发展速度。然而事实并非如此，而且有大量的研究证据可以证明这一点。

年龄和成就

就像成年人一样，如果不知道对方在“做”什么，宝宝与家长就无法互动。所以，直到彼此足够熟悉之前，所有人似乎都无法与孩子好好交流。

家长并不会因被问到孩子的年龄而感到惊讶，轻而易举地就能精确地回答“3个月零4天”“下周满4岁”。但有些家长在潜意识里将孩子的发展安排成一个个日程表，并用图来判断自己孩子的需求是否正常，他们的要求是否合理，以及他们的发育是否达标。新生儿在凌晨3点的啼哭意味着他饿了，但按日程表他是否应该这样呢？又或者，宝宝一次又一次地爬过地板去拿他的食物，家长的反应却是根据日程表而不是他的行为来做出的。如果宝宝“只有”6月龄或者9月龄，家长就会感到很得意；如果他“已经”12月龄或18月龄，那么家长的主导情绪是感到释然，认为这是他们可爱的宝宝正在追赶的证据……追赶什么？追赶谁？是书上的“年龄规范”或发育表，是托儿所、祖父母或其他人的期望，还是亲戚家、邻居家的孩子，或比宝宝小的孩子可怕的“超常”行为？

研究发现

什么是“正常”？ 儿童大多数发育都有一个“正常范围”，也就是在范围之内的任何一点都跟其他点是一样正常的。例如，在10月龄的时候会独立行走是正常的，和14月龄的时候会走是一样的。超出18月龄还不会走才算不正常。

发育中的宝宝是一个整体

人类第一年的发育有时被形容为一套测量尺，测量身体的各个里程碑——翻身、出牙，还有一种是测量手的使用——伸手、触摸、抓握，以及对名字的反应，一起唱歌，等等。但到1岁之前儿童的发育都在不停地进行中，这更像是彩色刺绣，每次发育都是其中的一股色彩。重要的不是把每一个成就都当成列表中的一项勾掉，而是它们对宝宝其他各方面的影响。当3月龄的宝宝开始自己翻身的时候，他不仅是完成了一个神经肌肉控制的里程碑动作，而且是体验了视野的自主性，能够通过翻身来改变眼前的视野：从婴儿床或从桌上转换观看的角度，或者是将压在身体下面的胳膊拿出来，又或者是当妈妈穿过房间的时候翻身看着妈妈。

牙齿和出牙

与身体其他部位的发育一样，牙齿按照什么顺序更换是很容易预测的，但在什么年纪出牙就不是了。出牙“早”或“晚”对于其他方面的发育没有任何影响。如果宝宝6月龄的时候有了三颗牙齿，也不要认为他“超前”了——也许他会在吃奶的时候咬妈妈。相反，如果他在1岁的时候还没有牙，也不意味着他发育迟缓，或他不能咀嚼食物。

第一年里出牙可能的顺序和大致的月龄如下。

- 大约6月龄：下牙，中间两颗切齿的其中一颗。
- 第一颗牙长出之后很快：挨着第一颗牙齿的另一颗切齿。
- 大约7月龄：对应的上切齿。
- 不久之后：挨着上切齿的另一颗切齿。
- 大约8～10月龄：与门齿相邻的两颗上牙都会萌出，所以宝宝这时就有了四颗上牙和一对下牙。
- 大约9～10月龄：与下门齿相邻的牙齿也会萌出，这样宝宝就有了一排牙，即四颗上牙、四颗下牙。因为这些刚长出来的切齿很锋利、扁薄，所以比臼齿更容易萌出。如果有两颗或三颗牙齿同时萌出，那么宝宝可能会感到有些难受。
- 1岁左右（之前通常会停顿一段时间）：两侧的四颗磨齿中的一个会占领“角落”的一个位置萌出，紧接着是另外三个。正在长磨齿的宝宝可能会“牙疼”，脸蛋明亮粉红。流过多的口水可能会使他下巴疼。所以，要避免宝宝的脸被冷风吹到，还要注意保湿。

以下方式可能对缓解出牙不适有所帮助。

- 可以咬的舒缓玩具。可以放进冰箱里冰起来的有牙咬胶填充的出牙圈，也很受欢迎，或者冷藏胡萝卜条也可以。
- 用手指按摩牙龈疼痛的部分。
- 用出牙啫喱按摩牙龈疼痛的位置也很有效，尤其是在出牙的宝宝晚上睡不着的时候。当然，要非常仔细地选择啫喱和用量。

一些说法

一旦宝宝开始出牙，就不能再喂奶了，因为宝宝会咬妈妈。

宝宝萌出的第一颗牙是下牙中间的其中一颗切齿，没有任何可以与它咬合的牙齿。往后这一年中，当上牙和下牙都萌出时，妈妈就要制止宝宝在吃完奶后玩弄乳头。但他通常都不会咬妈妈，因为他吃奶的时候，乳头位于牙齿后面的口腔中。

出牙会引起大部分宝宝烦躁不安和哭闹。

鉴于通常6月龄前不会出第一颗牙，所以在那之前，他不太可能引起任何不适，所以宝宝的哭闹不是因为出牙。

出牙会引起发热、腹泻、癫痫……

这绝对是危险的谬论。每年都会有家长认为宝宝的不适“只是在出牙”，而延误了就医。如果宝宝有任何上述症状，他可能是生病了（不论他是不是在出牙），应该立即就医。

研究发现

出牙啫喱。一定要注意不要把专为宝宝出牙设计的配方啫喱，与成人用来缓解口腔溃疡的止痛药混淆。英国药品和健康产品管理局最近报告了与含有水杨酸胆碱的口腔啫喱使用有关的严重儿童不良反应。这种物质对身体的影响与阿司匹林类似，而且不适用于16岁以下的儿童。

控制自己的身体

看到新生儿蜷缩着的身体和皱皱巴巴的皮肤时，父母几乎无法想象他在一年以后就能满屋子乱跑。

肌肉控制从顶部开始发育（从宝宝很快就能学会用软软的脖子平衡他的脑袋），然后以惊人的速度向下发展。不用6个月，宝宝就能稳定地控制他背部的肌肉，被拉起来后可以坐一会儿，然后便可以自己坐直了；再过3个月，他的肌肉控制会向下扩展到臀部，然后他就能爬过地板；又过了3个月，他就能控制膝盖、脚踝和脚，从而让自己站起来。

踢腿和翻滚

3月龄左右的时候，当宝宝能够用背部平躺时，他就能看到上方的东西——包括他自

这个年龄段的宝宝喜欢上半身活动的快乐，而翻滚就是其中一种。

己挥舞的手，还能自由地踢动腿。他会突然变得很开心，因为他能控制自己的身体做很多事情。只要他醒着就会动，而且比起3个月前，他现在对很多的动作都有了更多的控制，也更有节奏。“踢腿”不再是小玩闹的动作，这意味着他能平躺，然后像蹬自行车一样有节奏地轮流踢腿。当他趴着的时候，他会练习一种新的头部控制，即把头抬离床垫，越抬越高，最后用前臂支撑起身体，这样不仅头能够抬起来，肩膀也能抬起来。他还不能保持这个姿势很长时间，但也是巨大的飞跃了。

很快宝宝就能翻身了。如果妈妈把他身体翻成侧躺，他可能毫不费力地自己就能扭动回仰卧的姿势。但自发翻身到另一种姿势，如从平稳的躺着翻身到相对不太稳定的侧躺，对他来说还比较困难。要注意：一旦宝宝学会翻身，他就会开始翻动，而且用不了几个星期，他就能从仰卧到俯卧翻一整圈，然后再翻回去。

宝宝就像训练中的体操运动员一样，他身体发育和能做的动作的变化都是瞬间完成的。但当他还是一个无助的新生儿时，他被过大、过沉的头部固定和牵扯，这些微小的身体发育会给他的娱乐和独立带来巨大的转变。他不再依赖于他人来移动，改变姿势，他能够自己改变，以翻身来达到舒服的姿势。他能够看到自己的手，还能偶尔瞥见自己的脚。抬起头意味着他能够换个视野看房间，看不同的事物，妈妈在房间里移动的时候，他也能追着妈妈看。如果妈妈明白这些小小的成就对于他而言有多么重要，妈妈就会知道破坏这些有多容易，孩子会多伤心：掖好的被子会阻碍他踢腿，用垫子把他围住会阻碍他翻身，四周光秃秃的白墙让他没什么可以看的。

安全养护

安全地翻身。对宝宝来说，最安全的练习翻身的地方就是地板、摇篮或带护栏的床。尿布台看起来安全和方便，但在换尿布的间隔，宝宝的处境会变得危险。而且，即使将宝宝放到大床的中心，如果无人监管，宝宝也不再安全。

准备坐立

到了3月龄，宝宝在妈妈抱着他走的时候能稳住自己的头，当他趴着的时候头能够完全离开平面抬起。他的肌肉控制正逐渐向下发展，从肩膀到上半身，所以如果妈妈把他扶到坐着的姿势，他能够支住头和肩膀，而不再像以前一样耷拉着头，几乎碰到地面。

一旦他达到这一阶段——可能是3～4月龄，宝宝想要坐起来的决心几乎达到了痴迷的程度。如果妈妈握住他的手，他会立刻试着借力想要把自己拉起来。如果妈妈不拉他的手，他也会绝望地进行尝试，然而毫无成果。他在没有他人的帮助下还不能自己坐起来。他在躺着的时候使劲探着头，然后试着抬起肩膀离开床面，让自己能够惊讶地瞥到自己的脚。

从这一刻开始，宝宝至少会花一些醒着的时间在练习撑起自己上，而不再是平躺着。一旦他撑起自己来，他不仅能看到脚，还能看到其他有趣的事物，而且能参与到房间里正在发生的事情中。大人也更爱在路过他身边的时候跟他说说话。宝宝支撑起自己能更让父母意识到他是一个人的事实。

第一次坐立

宝宝是个真实的人，而且随着他的肌肉控制向下发展，他会跟成人越来越像。等他到了五六月龄时，他就能够保持从脖子到臀部之间的背部的直立。当其他人握着他的手让他坐起来的时候，他更多的是用他人的手

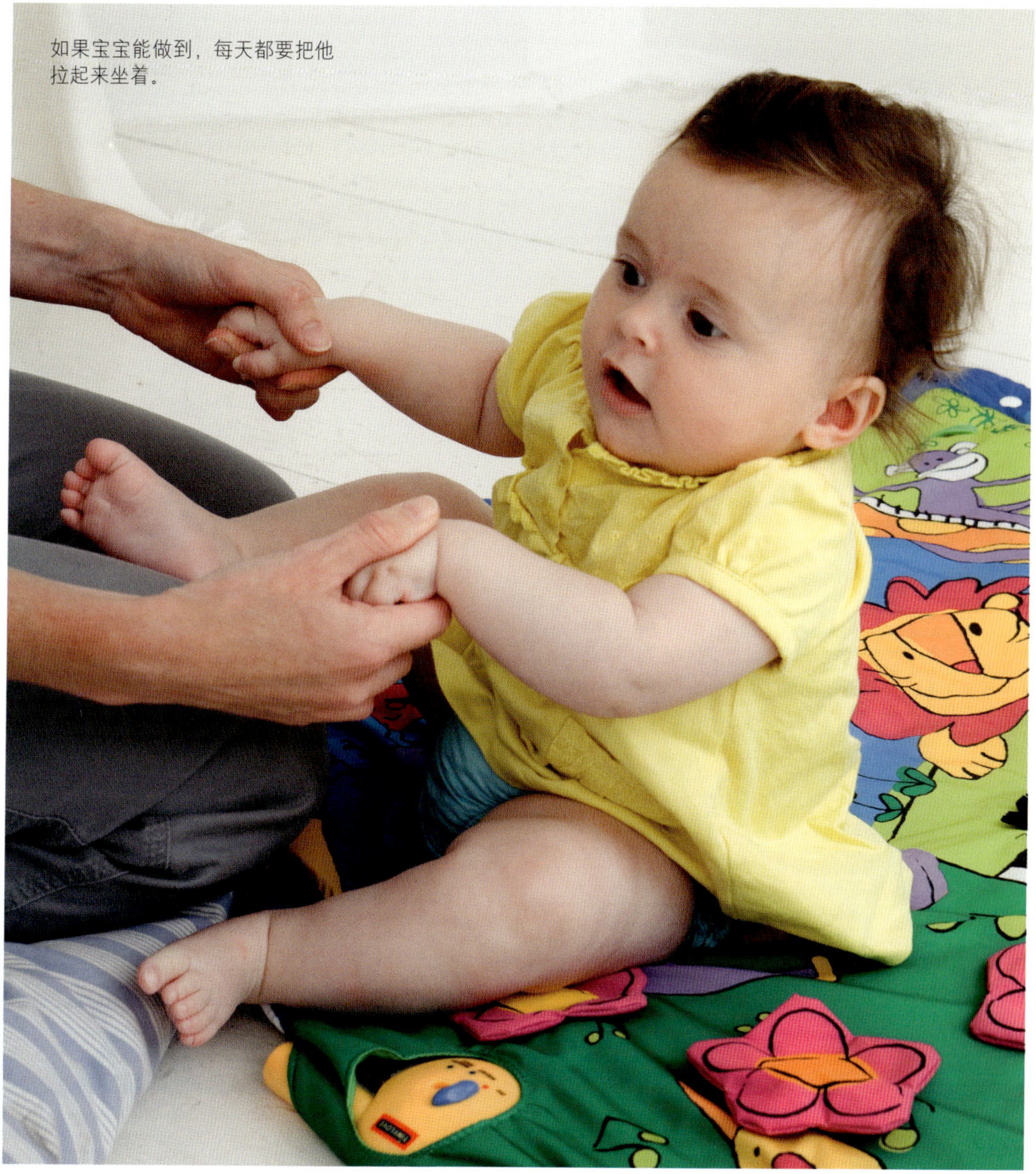

如果宝宝能做到，每天都要把他拉起来坐着。

保持平衡，而不是自己用力。等他到了6月龄时，他就能用屁股稳定地坐好，腿分开，让自己保持平衡，然后大人就可以松开自己的手了……宝宝真的坐起来了，虽然只有几秒钟。他的肌肉在他的控制下有效地让自己坐住了，但还不能保持平衡。有些宝宝能够自己解决平衡问题，到了七八月龄的时候，他们发现如果自己向前倾，用手撑在面前的地板上，就能保持坐姿。如果宝宝掌握了这个姿势，他会变得很稳，而且肯定能坐住，但他还没有找到真正有效的解决办法。向前倾，双手撑地，他就不能抬头看或环顾周围，而且不能用手玩其他东西，更不能吸吮手指。

坐立是成为人类的关键一步。不需要鼓励或教宝宝如何坐起来——他已经尝试数周

一点支撑和柔软的平面让坐立变得有趣。通过练习让坐立达到完美。

了，但需要给他机会安全地练习。

等到了6月龄或7月龄的时候，宝宝可能已经准备好或者渴望练习用屁股保持平衡了。但要到9月龄，他才能自己坐起来，同时他还会要求妈妈辅助他。当他躺在床上，妈妈每次靠近他的时候，他会停止探头和用肩膀做尝试，而会直接抓住妈妈的手当作杠杆，支撑起自己。

除非妈妈想整天都陪他玩坐起来的游戏，否则就要特意帮助他练习保持平衡。幼儿园或者托儿所通常有泡沫或充气“玩具环”可以让宝宝坐进去。这些东西能够给宝宝提供一点背部支撑，以及当宝宝倒下的时候，作为柔软的铺垫，防止受伤。在家可以使用枕头或把被子卷起来作为辅助和保护。

如果宝宝得到了充足的练习，可能只要

大约1个月的时间就能真正完全靠自己坐起来了。当然其中还有一个小障碍：他只能在姿势非常稳定的时候保持平衡，但这可不像他想象的那么有趣。可以继续使用靠垫帮他维持平衡。当他伸手去抓东西，太过前倾，用胳膊做了很大的动作，或向后倒的时候，靠垫能避免他磕碰或受到惊吓。

学坐期间的安全事项

当宝宝想要坐起来的时候，他会找任何“扶手”来帮自己，妈妈这时需要帮助他保持坐姿的平衡。一定要注意宝宝坐在什么地方。有些之前用到的道具目前已经不再安全了。

•在移动的时候只能使用重量轻的婴儿手推车。当妈妈在买东西的时候，宝宝如果躺在一个仰卧推车或便携婴儿车里睡着，一定要确保他醒来的时候妈妈在身边，否则他可能会侧过身，然后抓住车的边缘，把自己拉到接近坐立的姿势，这就有可能会让整个车翻倒。同样的事情也可能发生在家里。当妈妈让他坐在推车里去忙别的事情时，宝宝可能会扭动向前来练习坐立的平衡，或者想要找妈妈，从而失去了平衡。

如果曾使用手推车或仰卧推车作为宝宝的移动卧铺，让他在拜访祖辈家或去朋友家参加活动的时候睡在上面，那么就需要考虑给宝宝换一张移动卧铺了。一个折叠旅行床是个不错的选择，可以一直用到幼儿期。

•慎用质量很轻的椅子。虽然这种椅子看起来利于宝宝社交性的发展，但千万、千万不要把宝宝放进椅子里，再把椅子放到桌上或工作台上。因为宝宝坐在椅子里时不会好好地把重心放在后背，他会扭动上半身，挣扎着向前伸，带动重心使椅子离开平台。有几秒钟，椅子背部会完全不受重，宝宝放松肌肉的时候会向后撞向椅背……如果椅子放在地上，翻倒时宝宝可能只会受到惊吓。但如果椅子从厨房操作台上翻到地上，就会造成很严重的后果。不值得冒这样的险。

•所有的乘坐工具都要使用五点式安全带，无论是椅子、婴儿车、小推车还是汽车座椅。仅有腰部和胯部的安全带是不够的。在接下来的几个月，宝宝几乎就能尝试站起来，如果摔倒就会整个翻倒。现在很多工具都自带安全带，但一定要检查，尤其是年代比较久远的宝宝椅。平时使用的工具也需要单独配备安全带。如果需要把安全带从一个拆到另一个东西上，总有一天可能会忘记给宝宝戴安全带。

•如果房间里没有大人，就不能让宝宝单独待在地板上。如果宝宝是躺着的，那他可能会翻动或扭动身体引发问题；如果他在练习坐立，周围有靠垫，那他可能会面朝下倒在垫子上。如果他真的倒下了，虽然窒息的可能性很小，因为他能抬起头让自己解脱，但等到他会爬了，就会引发其他危险，所以妈妈要时时刻刻地盯着他。

研究发现

平躺的重要性。尽管宝宝醒着的时候会花些时间来练习抬头，这对于宝宝的社交发育很重要，但也要多平躺，尤其是睡觉的时候。现代生活方式意味着大多数宝宝会在汽车座椅里待很长时间，而白天使用的推车和便携座椅很少能让宝宝平躺。而且，出于安全原因也应让宝宝平躺睡觉，最好不要趴着睡。

向着爬行前进

宝宝在6月龄以前可能就表现出爬的欲望，但其实他们还不能爬。宝宝很少有能够在坐稳前就会爬的，一般都要在学会坐几个月之后才会爬。

多早能够看到宝宝有爬的意向取决于他平时有多少时间是趴着玩的。现代宝宝通常都不习惯面朝下趴着，因为与以前的人不一样，他们都是平躺着睡觉。但总有宝宝强烈抵触趴着，可能因为趴着影响他观察周围环境。

如果宝宝喜欢趴着，并用前臂支撑重量，然后抬起头和肩膀，可能很快就会看到他支起膝盖，然后将屁股撅起来。等到4～5月龄时，他会发现自己能够通过手发力而不是胳膊发力来让肩膀抬得更高，然后把腿收起放在身体下面，用脚蹬地，而不是用膝盖。接下来的两三个月里，宝宝能学会掌控四肢来爬行，但每次移动的时候只能先挪动手或膝盖。他还不能同时挪动手和膝盖，但学会之后，他就能爬得很好了。

如果宝宝非常努力地想要同时移动手和膝盖，他可能看上去像一个跷跷板：头下去屁股上来，然后屁股下去头上来。会这样做的宝宝通常能够移动足够的距离滑下床的边缘，或者从楼梯上掉下来，所以妈妈要时刻注意宝宝的安全。

能够移动

独立的移动对于宝宝的发育来说很关键。只有当他能够按照自己的意志从一个地方移动到另一个地方，才能开始主动探索周围的环境。现在，他可以去看看拐角处有什么，或者找到门后说话的人，他还会探索物体之间的平面、位置和通路。

尽管爬要比坐立发育得晚，但很多宝宝都是在同一阶段同时学习两种技能，所以两者有密切的联系。到6月龄的时候，宝宝也许可以自己坐几秒钟，但不能保持平衡，然后变成爬行姿势，但不会爬走。到了7月龄或8月龄，他也许已经坐得足够稳，而且可以在坐着的同时玩耍，然后再过一个月左右，他就能爬了。

很快，6月龄之后，宝宝就可能表现出非常想爬的意愿，并且真的在尝试。妈妈能看到他正在“琢磨”如何前进，尽管他还不能前进。到了8月龄左右，随着他能把肚子抬起来，或者翻到趴着的姿势，又或者从不稳的坐姿变换成趴着，他就能用手和膝盖撑住身体。然后，他会前后摇晃，再转一转，在房间里跟着妈妈的动作，或者跟着要逃开的猫转动。无论如何，只摇摆、转圈以及翻滚，也能使他从房间的一边移到另一边。不过，这并不是什么有用的进步，甚至还没有坐着的时候用双手放在地板上保持平衡的作用大。宝宝还不能选择他想去的方向，但如果他试着朝一个能看到的东西移动，一旦他翻滚到完全看不到的地方就会停下来。

尽管宝宝第一次自主运动通常称为“爬”，但这跟用四肢到处“爬动”还不太一样。有些宝宝开始能够移动很远的距离，但这是用各种翻滚和扭动相结合的动作实现的。学会向前倾用手撑地保持平衡坐姿的宝宝，可能会用屁股扭动的坐姿姿势，单手单脚推动自己；还有些宝宝是趴着移动，就像

图1，扭屁股也很有效，所以有些宝宝始终都没有真正学会〝爬〞。图2，会翻滚和扭动的宝宝还不能控制自己的方向。图3，大多数宝宝都能学会〝经典〞的用手和膝盖的爬行。图4，〝像熊一样〞用手和脚爬的宝宝虽然爬得更快，但是看不到他前进的方向。

摔跤手（或毛毛虫）。大多数宝宝——大约80%——最终都能学会25种爬行姿势中的一种，包括“像熊一样走”，也就是用手和脚爬，而是不是用手和膝盖。

除了传统的方式以外，“扭屁股”大概是最有效的一种移动方式，尤其是对那些很早就能坐稳的宝宝来说。这种方式是如此高效，以至于很多掌握了这种方式的宝宝通常不会再采取“真正的爬行”的方式，而是一直“扭屁股”直到他们准备好学走。会坐的宝宝已经准备好扭屁股——不用手和膝盖——来移动了，这样他就有一只手可以拿着玩具，而且坐着的视野也很好。

一旦宝宝能够自己在房间里移动，他的

生活就完全不同了（父母的也是）。用膝盖爬行的宝宝多是从9月龄开始的，但让他们感到气愤的是，刚开始总会倒退着爬。把视线放在房间另一边，然后做出最大努力准备出发，但宝宝对手臂和上半身的控制比腿和下半身更强，所以他的手和手臂的推力会超过膝盖的，而使他不能按照自己希望的方向前进，反而将自己推得更远了。宝宝可能会因此很生气，但幸好这一阶段并不长。一旦他会爬了，他就能够控制好力量和方向。

与坐立不一样，坐立没有成人的帮助就无法练习，但爬就不需要任何外力的帮助。练习的机会来自足够的在地上活动的时间。妈妈要确保宝宝爬行更安全，这样才能使他更开心。

研究发现

为什么爬行很重要。爬不像坐或站那样是婴儿发育必须经历的阶段，但近期研究显示，爬在宝宝掌握空间关系和方向感方面有重要意义。

- 宝宝能了解物体在离他很远的地方（即使他在靠近之前还看不清），而且能够学习校准刚才物体在什么位置。对于宝宝来说，远处的物体看起来都是同样的距离，就像天空中的星星一样。现在他发现要够到东西就需要多爬一步，这代表它比较远，而东西不会在远离和靠近的时候真的缩小或放大。
- 他能学会辨别方向，"头对着沙发，向大椅子的方向转，然后从后面绕过去，我就能拿到玩具盒"。
- 就像成人开车时会注意到多个行人一样，爬行的宝宝也会注意到越来越多的周围环境的细节。
- 对于是否要继续爬行，他会学习做出正确的选择，例如爬到楼梯口的时候。

鼓励爬行

- **保护宝宝膝盖的皮肤**：宝宝膝盖的皮肤很柔软，很容易被地毯或草地磨伤。即使是夏天，也要让宝宝穿背带裤或长裤，而且对于宝宝来说，这也很舒适。
- **当心新的危险**：会爬并不意味着宝宝就有很好的感觉能够意识到危险，所以要注意房间之间的台阶，以及明火或暖气。还要注意不要让宝宝爬向家里的任何宠物。猫经常会突然逃走，但狗会因为耳朵被拉或玩具被拿走而愤怒，这些都可能成为真正的危险。
- **封锁所有台阶**：只要构成从上到下的移动，就有必要封上。
- **会爬之前的移动也要注意**：宝宝在能够自由穿梭房间之前，可能会翻滚或扭动出放置他的安全角落。
- **检查宝宝够得着的所有东西**：想要爬的动力就来自想要拿到的某样东西上。一定要确定当某样东西吸引宝宝去拿的时候，不会是一支笔或别针等可能弄伤眼睛的东西。
- **不要总想着让会爬的宝宝保持干净**：注意厨房和盥洗室的卫生是正常的，但其他地方有正常的清洁对于在地上玩的宝宝来说就足够了。如果妈妈在意衣服的磨损情况，那就把易坏的衣物留在其他场合穿，平时在家玩的时候给宝宝穿工作服、牛仔裤等不易磨损的衣服。
- **现在如果让宝宝自己自由地待着已经不再安全了**：如果他是在围栏里面，那么他可以自己到处爬着玩。他需要一片安全的地面、安全有趣的玩具和不间断的监管（见258页）。

开始学站

宝宝通常都是先学会坐立，然后才学会爬，有时中间还加有翻滚、扭动的阶段。与之相似的是，学会站和走的过程中间也夹着“缓行”阶段。

所有这些里程碑的顺序都是固定的，但每个宝宝需要的时间或应该花费的时间各有不同。即使宝宝在1岁以前还没有学会走，他也会表现出一些直立行走的迹象。

行走的初期发展开始于3～4月龄时，宝宝在妈妈的腿上保持站立的姿势。他会从无力松软，变为会用脚趾向下用力。在这种伸直膝盖的练习中，他能够逐渐学会承受一点自己的体重。等到了4～5月龄的时候，他的伸腿开始变得有节奏，感觉就像他在“跳跃”一样。从那时开始，宝宝可能表现得不想坐而想站。当妈妈抱起他，让他坐在妈妈的腿上时，他会转过来对着妈妈，抓着妈妈的衣服或头发，想挣扎着站起来。宝宝站起来跟妈妈面对面，是他最喜欢的姿势，因为他可以感受妈妈身体温暖的接触，能够凝视妈妈的眼睛。除此之外，这还能给他提供一个不同的视野，当妈妈轻轻地颠动他的时候，他会看到妈妈的肩膀一上一下地移动。

在接下来的几周，妈妈几乎完全没办法让宝宝坐在自己的腿上。一旦妈妈抱着他坐下，他就会抓住任何能抓到的东西——衣领、项链、头发，然后把自己拉起来。

很快，“跳跃”就变成了“跳舞”。等到7月龄左右，妈妈扶着宝宝站立时，他不再同时用两只脚而是轮流使用两只脚，而且通常会把一只脚放在另一只的上面，然后再把另一只拿上来，反复这样。

宝宝还不能承受自己的全部体重，而且还没有“前进”的想法，就像他刚开始爬一样。他可能至少要到9月龄才会想到把一只脚放在另一只脚前面，在妈妈的膝盖上“行走”。被安全地抱着，用自己的脚着地，让妈妈支撑着他的大部分体重，宝宝可能会喜欢在这种情况下练习走路。

宝宝要等到大约10月龄，他的肌肉控制从臀部向下发展到膝盖和脚的时候，他才能站起来支撑自己的体重。即使到那时，宝宝虽能用腿支撑体重，但臀部还有一点向前下方倾斜，这意味着他还不能站，因为他保持不了平衡。幸运的是，一旦达到这一阶段，宝宝就不再完全依靠妈妈的帮助来练习了，因为他很快就能学会自己站起来保持站立姿势。他开始可能是把自己拉起来——一手在上，一手在下，拉着婴儿床或楼梯围栏的杆子站起来。他也会抓住所有能抓到的其他人的腿，站起来。

站立和学步

一旦宝宝能将自己拉起来，扶着能站住，他就会展开有辅助的行走，也就是说宝宝很快（可能是几天之内）就会开始“学

心得分享

关于助步手推车，一位家长说：

“助步手推车就是一种小推车，有特殊的、带有角度的推手和轮子，并且跑得不快，这就让我们不在他身边的时候，宝宝能有个安全的东西拉自己起来。”

步”了。当时机一到，宝宝会像平时一样把自己拉起来，但不同于以往紧紧用手抓稳站住，而是将双手沿着辅助的东西一起移动几英寸。就在他失去平衡时，他会把一只脚伸出来，这样腿就能分得更开，然后他可能会坐下。宝宝有时会对自己第一次伸脚感到很惊讶。而把脚分开就算是宝宝跨出的第一步。

一旦宝宝能把自己拉起来，他就会这么做：光脚和结实的支撑都是为了他的安全。

宝宝会站以后的安全事项

一个会爬的宝宝已经准备好使用他看到的任何东西帮自己站起来：如果他是在起居室，那就是家具；如果是在婴儿床里，那就是栏杆；如果是在浴缸里，那就是湿滑的边缘；甚至当没有能够到的东西时，狗的项圈也能成为他拉拽的物体。他选的东西越不结实就越容易使他摔倒。妈妈不可能预防所有的磕碰，但是如果站起来摔倒次数太多会打击宝宝的自信，而且在这一阶段也很容易让他还很重的头摔伤。再过6个月，当他能够自由行走的时候，他就能学会在摔倒时伸出手，就像大人一样。但现在他还不能保护自己，因为他的平衡感还不好，而且他的手也因扶着东西被占用而不能帮自己，因此宝宝还是需要妈妈尽量去保护他。

刚会站的宝宝通常会经历一个阶段，即当他能自由地寻找到辅助的时候会立刻站起来，但站起来后却不知道要如何再坐下来。当他被大人重新放回坐位时，他又会再站起来，然后又会呼唤大人帮他坐下。这一阶段可能对于妈妈和宝宝来说都很疲惫。妈妈可以帮他缩短坐下的距离，而不要只是单纯地把他从任何扶着的东西上粗鲁地拉下来放回坐姿，要帮他把手从辅助物上滑下来，同时把他放回地上。每次这样帮助他，都会让他感到安全，无论是松手坐下，还是把手从辅助物上滑下直到屁股着地，都不会让他感到不安。同时，多一些乘车或做手推车出门的机会对亲子双方都有帮助。他出门在外，宝宝不会想着站立，而会很高兴地坐着观察外面的事情。

站立时的注意事项

- 由于宝宝可能会（试着）拉拽所有可

以拉拽的物体站起来，所以在他经常玩耍的房间里肯定不能有那些太轻而不能承受拉拽的家具，或者当他拉动家具几乎要站起来的时候，上面摆放的足够高且可能会砸到他身上的物品。家中能确保不存在这样的家具，或能确保把一切有可能伤害宝宝的物品都放到他够不到的地方吗？如果不能，妈妈可以把它们收集起来，放到一个不让宝宝进入的房间，直到他不用拉拽物品就能站起来为止。

●如果宝宝很喜欢到处爬，那么那些带有很多抽屉的柜子，就像梯子一样，他会拽着抽屉的把手往上爬。如果柜子支撑不了他的重量，就可能会砸到他身上，造成严重伤害。最好使用没有把手的抽屉，或者把柜子固定到墙上。

●由于站立起来后，宝宝要比坐着的时候高出一倍，所以以前安全不可触及的东西站起来后可能会变成可以抓住的。不要将桌布或电线悬垂下来，因为宝宝可能会拉着它们站起来，这会给他带来危险，如桌布上的东西砸到他身上。

●对于宝宝来说，光脚是最安全的。鞋可以保护脚，却不能“支撑”它们。直到宝宝能自由行走于任何平面，包括户外时，他才需要穿鞋。穿上鞋以后，宝宝就很难保持平衡，因为鞋会阻碍宝宝感受脚触及地板的感觉和调整敏感的脚趾，而且有些鞋也很滑。对于刚学站的宝宝来说，只有带防滑底的袜子是安全的，除非家里的每一块地板上都铺了地毯。

●婴儿学步车真的很危险。所谓婴儿学步车，就是一种能让宝宝半坐半站在车篮座里的小车，宝宝能用自己的脚划着地面驱动车上的轮子滑动，从而使自己移动。千万不要给宝宝使用婴儿学步车。使用学步车的宝宝可能会撞到东西（如壁炉）而摔倒；他也可能从台阶上摔下来，或撞到门槛上，又或者碰到高处的物体，如台灯（而不用学步车，他可能根本就碰不到台灯）……而且，学步车根本就不能帮助宝宝学习走路。它对于宝宝的姿态有害，因为用它走路时，宝宝只能用脚尖滑动。

开始缓行

大多数父母都认为独立行走是宝宝通过的最重要的身体里程碑，所以当宝宝可以拉着东西站起来，开始慢慢走动，并且可以不依靠东西而独自站立时，家长也会变得越来越兴奋。这当然值得高兴，但家长也不能太执着于此。学习站和走不仅是宝宝身体发育的一部分，而且还取决于其他方面，特别是宝宝的动力和对自己的信心。如果家长催促宝宝从一个阶段进入下一个阶段，往往会事与愿违，反而使宝宝的发育减慢。如果宝宝发育到了一个阶段，例如可以拉着东西站起来，但还没有表现出要缓慢地移动几步的迹象，可能是因为他对自由爬行已经感到极大的满足了，却还没有准备好用自己的双脚行走。无论对宝宝还是对父母来说，这都没什么好着急的。尽管很多宝宝都会在1岁以前学会缓慢行走，少数甚至能学会真正的行走，但大部分宝宝在1岁前都不会自主行走。

渐入佳境

与真正的行走相比，缓行要慢得多，而且很笨拙。当宝宝第一次站立起来时，他还不能完全相信自己的腿，所以他觉得必须用手来承受一些重量，并且两条腿需要同时移动。发展的过程是缓慢的。再过1～2周，宝宝才开始逐渐信任自己的双腿，敢于把全身的重量压到上面。如此一来，他就可以站得离支撑物更远一些，不再用双手带动身体滑动，而是双手交替地扶着支撑物行走。再过一些日子就能看到，宝宝的全部重量都压在一只脚上，而另一脚悬在空中，而宝宝自己则不知所措。但经过一段日子的练习后，他会将重心往后移，从而利用支撑物维持平衡。

学习走路的阶段

从第一次把自己拉起来站住，到通过一片开放空间的过程，所有的宝宝都会经历几个明显的阶段。

阶段1：宝宝拉自己起来呈站位。他紧紧抓住辅助物，还不能完全相信自己的腿和脚能承受所有的重量。缓慢移动的最初尝试就是用双手沿着辅助物移动一些距离。这时他就会失去平衡，于是便移动一只脚，让自己叉开腿。无论是否有外界的帮助，这时他都会坐下来，然后重复这个过程。因为两只手和两只脚都是分开的，所以他不知道该怎么办，只能坐下。

阶段2：这是一种更加有效的缓慢移动的方式。宝宝现在已经完全信任自己的脚能够支撑自己的体重，所以他就能扶着辅助物站起来，然后交换手扶着辅助物，顺着边缘，交换脚，慢慢走。等到这一阶段末期，他就能有节奏地移动手和脚，然后在某一关键时刻，他就能只靠一侧的手扶着辅助物行走了。

阶段3：在这一阶段，宝宝会发现自己能跨越两个辅助物之间的小距离，只要距离不超过他双臂展开的宽度。在另一只手能扶到东西之前，他不会松开扶着东西的那只手，但如果家具的位置很方便他扶着，他现在就能在房间里四处走动了。他会沿着沙发走，然后来到窗台，再沿着它走，最后走过椅子。

阶段4：在第四阶段，当宝宝面对一个他还不能勇敢面对的距离时，他也许会迈出无辅助的第一步。面对着这段距离，他紧紧扶着第一个辅助物，同时向着前方迈腿，然后松手，蹒跚着走一步，让他能够再扶到第二个辅助物。其实，他能走过去，而且他已经能独立站着了，但他可能还没有意识到这一点。

看和做

宝宝最开始只是看和看到，但在3～6月龄，宝宝就开始把看到的和所做的事情联系起来，将看到的东西与认知联系起来。

随着宝宝能够区分他看到的人，他就会逐渐明白谁是谁，然后就会一个接着一个地区分他的玩具盒等其他物品。接下来，他就不再满足于只是看，而是试着对这些东西做些什么。

这些都是很重要的发育，因为如果宝宝的看和接触的系统仍旧相互独立——就像他1月龄的时候那样，那么他仍是一个被动的观察者，而不是主动的参与者。宝宝必须学会把看和接触联系起来，这样他才能伸出手去够、去拿他感兴趣的东西。

心得分享

关于把危险的东西放在宝宝拿不到的地方，有位家长说：

"同时有一个幼儿期的大宝宝和一个婴儿最困难的事情就是，保证大宝宝的玩具没有放在小宝宝能够拿到的地方。我们给小宝宝在她还远不会爬之前就准备了一个地垫，然后教给大宝宝不要把自己的玩具放在这块垫子上。"

找到自己的手

等到了3月龄左右的时候，宝宝开始对自己的手感到着迷。他不再需要借助摇铃的声音找到自己的手（见155页）；他知道自己的手在哪里，而且他能够抬起手到自己能看到的地方，并且互相触摸。他的手是他最喜欢的玩具，而且他可能每次都会玩上几分钟，看着自己的手并挥舞它们；用一只手抓另一只，并且拉手指；把两只手都放下，离开自己的视野，然后再把它们抬起来嘬一嘬手指，再从嘴里拿出来，检查一番，接着又将拇指放进嘴里。

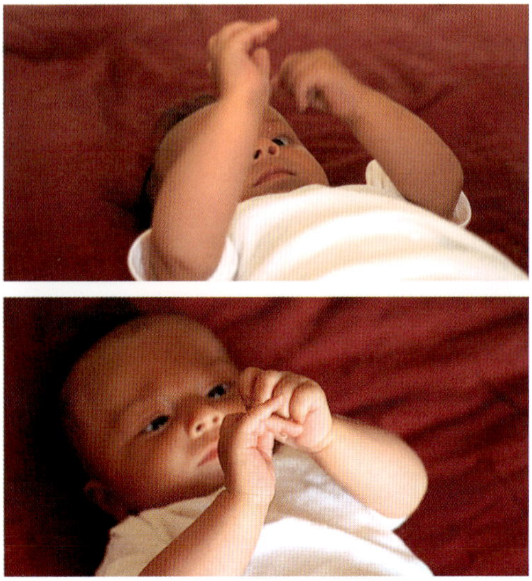

自己的手就是3月龄宝宝最好的玩具，比其他任何东西都适合他。

一旦宝宝开始不停地把手指放进嘴里，他就会把其他东西也放进嘴里。想要阻止他用嘴来探索一切只是徒劳——家长做什么也阻止不了他——而且还会影响他的发育。如果担心卫生问题，那就找一个既能玩又能看，还能咬的玩具给他，然后经常清洗这个玩具。如果更担心他吃掉什么危险的东西（这个问题很重要）或者被噎住，那就动员全家人确保宝宝拿不到任何危险的东西。他还不会够东西，但很快就会的。

对于宝宝来说，伸手和触摸都很有趣，要是能拿在手里感觉会更好。如果宝宝双手同时拿东西，他更会扬扬得意。

安全养护

把不适合的东西放进嘴里。由于用嘴尝试是宝宝认识物体必须经过的阶段，所有宝宝有时都会把不合适的东西和物品放进嘴里，如虫子、炭、猫食、泥土等。虽然这让家长感到恶心，但其实对宝宝没有什么危害。尽管如此，还是有一些东西宝宝拿到会很危险，妈妈最好不要在家中存放这些东西。

- 很小的用来挂卡片和图片的吸铁石。它们很容易被吞下，如果有两个或更多的吸铁石，它们会吸在一起，对胃或肠道造成严重损伤。
- 大头钉。这种钉子跟图钉不一样，因为它们更小（所以更容易被吞掉）、更锋利，所以更危险。
- 所有的电池。如果吞进去，会中毒。
- 纽扣电池。现在有越来越多的小物品会使用以前只有手表用到的、闪亮的纽扣式电池，它们很容易吸引宝宝放进嘴里吸吮，而且很容易被吞下。
- 药盒和内容物。不要把药片放在任何容器里，除非其带有儿童锁或是原装的带标签的药瓶，也不要把它们放在宝宝能去到的地方（如放在起居室地上的手袋里）。
- 窗帘和百叶窗的拉绳太长，会爬或会站的宝宝会拉住绳子，导致绳子缠绕在他们的脖子上。

触摸和拿取

学会把手能做的事情与自己所见结合起来——手眼协调的开始，对于6月龄以前的宝宝来说，是等同于站立的大事件，而且它对其他身体发育也有着持续的影响。手眼协调能力好对于掌握很多技能都有益处，例如玩球类游戏、跳舞和驾驶……

成年人通常无法意识到对于宝宝来说要握住一个东西是一件多么复杂的事情，毕竟我们不需要想就能做到，宝宝却需要进行很多的“思考”。首先，他要看到一个东西，注意力集中，决定自己想要拿到。其次，他要努力计算这个东西距离自己有多远，移动手臂让手靠近一些。最后，他张开手，确认这是正确的能抓到它的方向。

在宝宝没有准备好以前，谁也不能教宝宝如何手眼协调，但足够多的玩耍机会肯定能促进他的发育。

同时使用手和眼的阶段

三四月龄的宝宝可能已经不再满足于能触摸东西，他还想抓在手里。在这以前，当妈妈把有趣的东西挂在他的摇篮上方时，他挥手碰到这些东西，就会明显地表示出开心。但现在，他不再是大范围地挥舞，他会看着自己想要的东西，然后看看自己离得最近的手，把手冲着目标抬起来，用眼睛“测量”它们之间的距离，然后反复重复这一过程，直到自己真的摸到玩具。但他还没有想要抓住它。他几乎总是会错判距离，但下一次手就能离得更近。

想要抓住东西的宝宝不喜欢会动或会摇摆的玩具。这个阶段最好让宝宝一个人在婴儿床里玩，给他一些玩具，这样所有的东西都在这么小的宝宝能够到的地方。大人陪他一起玩的时候，给他最好的（也是很有趣的）手眼协调练习。大人可以给他很多不同的东西来摸和拿，如摇铃，各种不同形状、不同材质的玩具，或者一些看起来和感觉很有趣的东西等。

伸手和拿住

宝宝需要后背有支撑，然后双臂能够自由地伸出去，慢慢地、一点一点地调整自己的手臂和手，直到能碰到想要的东西。当妈妈手里拿着东西给宝宝摸的时候，要对他缓慢的努力有耐心。如果妈妈把玩具很快放进他手里，就会破坏他的练习。宝宝很快就会伸手要那些妈妈没有给他的东西，而且可能更想要妈妈没有拿着的东西，例如妈妈的围巾。把大人脸上的眼镜拿下来可能是宝宝第一种最明显的带有意图的行为。

大约半岁的时候，手和眼的发育会让宝宝同时使用它们轻松地够和拿到东西。在视觉上，对于宝宝来说，对距离不同的事物的聚焦，以及能从各个方向用眼睛追着物体看，都变得更容易。当他撑着椅子坐直时，他已经能看到大人在房间里活动，甚至可以看到窗外有趣的东西。在动手方面，宝宝随时都知道自己的手在哪里，所以他不再需要看手到物体之间的距离，当他伸手够东西的时候，就可以把视线保持在想要的物体上面，然后直接伸手去拿。他也会很快握住碰到的物体。他现在能张着手直到碰到物体，然后再把手合起来抓住物体。如果一个物体太大，一只手抓不住，宝宝知道张开两只手臂，用双手将物体抓住。

展示越多不同大小的物体给宝宝越好。妈妈可以帮助他学习看到的什么样的东西是可以触摸或抓的，什么样的不能。例如，他能看到窗外的卡车，但却碰不到也抓不到；衣服上的小花是可以摸的，但却不像花盆里的花那样可以握在手里。图片书，还有实践，都能帮助他搞清楚。

大约宝宝6月龄的时候，他会开始进行更多的实践，因为他的控制技巧会迅速增长。他不仅想要玩具盒等其他东西来触摸和吸吮，他还想将它们碰在一起，或者摔到地上。他陶醉于能够直接放进嘴里的食物，而不是需要用勺子来吃的东西，而且他会想要自己拿着奶瓶或捧着乳房吸吮。除此之外，他会拿起所有能拿到的东西，动作之快可能家长都来不及阻止他。所有能拿起来的东西，宝宝都会送进嘴里，对于他来说，钢笔、剪刀与摇铃和面包没什么不同。

触摸同时握住

除了伸手和抓住，手部还有很多动作技能。到了半岁的时候，宝宝不仅已经知道自己的手在哪里，还能用它们做各种事情，例

无论是否安全，宝宝会要所有妈妈的东西。

如挥手。但直到他学会单独用手指做不同的事情，他才能真正完成复杂的动作。食指和拇指的对捏动作让我们能捡起很小的物体，或是系复杂的结。在6月龄以后，宝宝会逐渐掌握人类手指灵巧的关键。

6月龄，宝宝已经开始意识到，抓和把玩具放进嘴里并不是手能做的唯一的事情。他会发现，自己还能用手去抚摸或轻拍其他东西。这让他能探索自己无法抓在手里或放入口中的物体，例如地毯或一个小动物。

一个可以触摸和抚摸的世界，比只能抓和吸吮的要丰富得多。妈妈可能会发现宝宝开始对抚摸更加感兴趣——宝宝椅的桌面和妈妈的头发都是他喜欢抚摸的对象，他还喜欢摸喜爱的有天鹅绒表面的毛绒玩具，以及砂纸和丝绸，喜欢在不同材质的表面玩耍，如草地、地毯、垫子和木地板。

食指和拇指的对捏动作，是人类最独特的能力之一，能让宝宝捡起细小的物体。

独立使用手臂、手掌和手

当宝宝刚开始伸手和抓东西的时候，他的动作表现出他还不能区分胳膊和手。宝宝抓住大人的时候是用手臂环住最近的一点，而不是用手抓住，而且指着想让大人看的东西时，是用肩膀带动整个手臂挥过去。渐渐地，宝宝才发现自己可以分开使用胳膊的不同部位：只动下臂，从手肘开始动；或只动手，从手腕开始动。等到八九月龄时，宝宝可能会很喜欢挥手告别。

与此同时，宝宝也在学习独立使用手的方法。他不再用整个手去握住物体，也不再用手像勺子一样盛起小东西，或用两只手拿起大一点的东西，他开始用手指和拇指来抓和捏住东西，就好像是钳子一样。到了大约9月龄的时候，宝宝就对每个手指有了足够的独立控制能力，他每次能只用一根手指（通常是食指）来捅或指一个东西。

拇、食指对捏

只有人类和猿类能够将拇指和其他手指相对，而宝宝会在9月龄左右发育出这一功能。宝宝不再像勺子一样使用整只手，而是使用精细的对捏动作。对捏动作是人类最独特的遗传特征之一，但妈妈需要注意，宝宝已经能够，而且会捡起掉在起居室地板上的大头钉了。

放手

随着学会更多捡起东西的方法，宝宝也学会了放开它们的方法，而这远比看起来的要难得多。尽管9月龄的宝宝有放开东西的意识，而且当妈妈跟他要的时候，他也会拿出来，但他发现要放开它——伸直自己的手指让东西从手里掉下来，非常困难，除非他的手和物体同时都平放在一个结实的表面上。例

彻底地检查形状和质地需要手、眼和嘴同时工作。

如，把食物放在宝宝椅的桌面上，他就能放下食物，但如果没有桌面，他可能就不能。

等到了约10月龄的时候，宝宝可能会发现如何在空中放开东西，而妈妈则不愿意他这样做。一旦他学会这样做了，他就会不停地这样做。宝宝会在一段时间里，最喜欢将东西从手里放开，会将其视为一种游戏：从宝宝椅上放下食物，从推车上放下商品，从婴儿床上放下玩具，从浴缸里放下毛巾。为了增加他的乐趣，也为了减少自己的疲劳，妈妈可以把他的小玩具拴在他的婴儿床或推车上，这样他就能放下它们，然后再拉回来。拴的绳子不要太长——不要超过15厘米，这样可以避免绳子绕在宝宝的脖子上，而且要使用一些容易断掉的材质，例如毛线或棉线（不要用人工合成的太结实的绳子）。

宝宝对于随机放下东西的热情不会持续太久。等到了1岁大的时候，他会更感兴趣“管理”玩具和其他东西：故意扔个室内球，把玩具或积木排好队，把袋子或盒子装满或放空。专为最后一种行为设计的小玩具都很好（只要它们足够大不会噎住宝宝），但用纸袋或布袋子装的土豆或橙子可能会让宝宝高兴更长时间。

帮助宝宝使用他的双手

尽管宝宝最爱的成年人也是他最喜欢的玩具和玩伴，但宝宝开始变得想要探索这个世界，以及这个世界里所有的人和物。出于这一点，他需要玩一些东西。

宝宝还不能自己去得到任何东西，他需要家长带他了解这个世界，所以一定要充分地将这个世界介绍给他。即使当他还很小不能玩什么东西的时候，宝宝也已经准备好通过观察和吸吮以及感觉来了解它们。宝宝能把妈妈给他的所有东西都最大化地使用，包括他看到妈妈使用的家居用品。到了6月龄或7月龄的时候，宝宝会很喜欢拥有很多的玩具。如果同时有很多玩具放在他面前，他只玩一个会更开心，因为他当前的发育阶段决定了他每次只能对一个东西集中注意力。如果他一只手拿着一块积木，妈妈再放一块到另一只手上，他不会两个都拿着。他会把注意力放在第二块积木上，然后放下第一块。

约1个月之后，宝宝可能会拿着两个东西——每只手一个，但他仍然不会拿两个东西相撞，或者用任何方式把它们结合起来。这些要再过几个月才会发生在他身上。

等到学会独立使用自己的手指和拇指的时候，宝宝可就能会开始同时拿着两个玩具了。这两种发育都预示着宝宝已经达到了要探索更复杂的物体和形状的阶段。可以给他一些圆环来练习用手指穿线（或者给他买个穿线玩具），也可以找一些有趣的表面让他用食指来捅，例如有突起花纹的垫子或跳棋的棋盘（当然不能给他跳棋玩）。

可以用来玩的日常用品

宝宝对这个世界还知之甚少，所以几乎对所有给他的东西都很感兴趣。尽量给他各种不同颜色、形状、大小和重量的东西。当撞击或掉落时会发出不同声响的东西对宝宝更有吸引力。东西的用途是什么并不重要，因为他还不懂这些。

但用不了多久宝宝就会明白这些东西的用处，甚至是如何使用它们。他通过观察别人来学习。到了大约9月龄的时候，他可能就不只是看了，而是学着做，甚至模仿刻意的示范。当写待办事项清单的时候，妈妈也可以给他一根短蜡笔和一张纸。他可能还不会用，但他会模仿妈妈在做的事情，下一次他可能就会涂涂抹抹了。

宝宝开始明白为什么自己会最喜欢玩这些游戏，所以他开始故意重复它们。例如再过几周，他可能会喜欢拉着玩具的绳子挥舞的时候，玩具毫无规律的乱动。但直到现在，他还没有表现出任何信号显示他能意识到自己做的事情和玩具的变化之间有什么联系。突然——真的是从第一天到第二天这一瞬间，宝宝就发现了原因和结果；他的脸上

研究发现

宝藏筐。由埃莉诺·科尔德施密特发明的宝藏筐，能为会坐但还不会爬的宝宝提供一个有选择和独立的世界。找一个浅而硬挺的篮子，放入50个左右的物品，包括自然的、家用的或玩具，涉及大范围各种不同的质地、重量、气味、味道和外观。妈妈可以在里面放一个松果、一个大贝壳、一个面点刷、一个木勺、一个钱包、一个软刷，等等。宝宝拥有想要认识世界的人类本能，他会在其中寻找物质的意义，然后感受一些对它们的控制。当宝宝开始玩耍的时候，他最先检查的是那些在他能触及的范围内的物体的特点。他通过观察、抓握、摇晃、碰撞或品尝来认识。如果宝宝也有语言，他肯定会问："这个东西看起来像什么？"

宝藏筐为好奇的宝宝提供了大量令人兴奋、有趣和安全的东西，同时可以给宝宝正在发育中的脑建立起神经元的连接，这也是所有智慧思想的基础。宝藏筐给发育中的宝宝提供了对物质世界进行智力思维的机会，这也是为将来的抽象思维做准备的重要第一步。

一定要确保筐里物品的安全性，还要在宝宝探索和拿出来玩的时候陪在身边。不要拿其中的某个东西给他，这是宝宝的宝藏筐，如何探索和玩耍取决于他。

宝宝会好奇"这是什么"，而不是"这是干什么的"，但会思考"它看起来、摸起来像什么"。

出现了喜悦的表情，然后他会不停地把妈妈推开的小车拉到身边。

模仿对于宝宝来说很重要，是他们学习事物的用途，以及使用方式的重要途径。如果妈妈带宝宝去看别的孩子玩，他会专注地观察，然后尝试模仿。向他展示妈妈和其他大人在做什么，然后演示一些技巧，例如打开牙膏盖子或果酱瓶盖，把手纸卷和纸卷穿到挂杆上，把钥匙插进锁里和给他的杯子倒满水。每天日常生活中要用到的技能——那些我们不需要意识就能完成的动作——都是很普通的事情。宝宝不仅当时会模仿妈妈正在做的事情，还会在其他的情况下对其他的东西产生这样做的想法，他会逐渐泛化妈妈的动作，看妈妈怎么拧开牙膏，然后他就会学着这样拧他的螺旋玩具。

一旦宝宝学会做这些事情，妈妈要多帮助他在各种情况下进行练习，即使他的努力只会带来更多混乱，或是让妈妈事倍功半。当然，他还不能自己用勺子吃饭，但如果给他一把勺子，他也能吃一点，并且感到很有参与感。妈妈可以直接将教宝宝一种技能当成游戏，例如用毛巾洗脸、翻书页，或者把苹果放进碗里。这些看似普通的经历还有成千上万种，对于宝宝来说，它们既新鲜又好玩，而且跟大人一起做这些事能帮助他感到自己参与了家庭生活，这是玩具无法带来的体验。家中的人越有耐心，放慢他做事情的节奏，忍受宝宝带来的混乱和错误，他就越能学到更多的技能（见264页）。

安全养护

把日常用品当作玩具。宝宝可玩的东西越多越好。玩具对于宝宝来说，不像成人认为的那样总是那么有趣。但与宝宝分享家居用品对于家长来说意味着更多的责任，因为产品制造商不会遵守玩具制造的规范和检验标准，那么大人的知识、警惕性和常识是确保这些东西玩起来安全的唯一保证。妈妈不仅自己要注意可能存在的危险，还要请照顾宝宝的人注意那些潜在的危险。一个做母亲帮手的人——即使是奶奶，当她看到宝宝正在玩一个东西时，也可能会认为这是妈妈给他的，很安全，而没有意识到她需要对此进行检查，给予额外的关注。

要记住宝宝会吸吮和咬所有的东西，所以他玩的东西必须是安全的、可以放进嘴里的。检查看起来没有危险的物体，例如茶叶滤网，看是否有锋利的边缘，记得如果是完整的，那么就是安全的，例如酸奶，可一旦有破损或破裂，就可能会产生威胁，所以妈妈需要随时进行检查，并在发现有破损迹象的时候第一时间扔掉。吸吮有时候就意味着吞咽、误吞或故意吞下；小心意外中毒，例如电池和一些油墨（只要看上去像油墨都可能会有危险）；以及一些明显有害的物质，例如塑料瓶子里残留的清洁剂。最好不要玩任何曾经装过可能对宝宝有害的物质的空容器。如果要玩塑料瓶，最好只玩装过果汁和宝宝乳液的洗干净的瓶子。而且要记得，无论宝宝拿的是什么，肯定会掉落。避免玩太重的东西，当宝宝躺着玩的时候要防止东西掉到脸上时会砸伤他，或者当他坐在宝宝椅里的时候会伤到手指。

更多的听和越来越多的说

大约在3月龄时，宝宝会对他的技能发育感到越来越兴奋，会发出一串像吐泡泡般的声音来庆祝。

当宝宝踢腿和翻滚、玩手、挥手和触碰物体、拥抱妈妈、对妈妈的玩笑和游戏发笑的时候，他会用声音来表达自己的情绪。

虽然宝宝在大人与他说话的时候发出的声音最多，但如果他一个人待着，他也很少会长时间地保持沉默。

在这一阶段，宝宝发出的大多数声音都是开元音："啊"和"哦"。人们通常称之为"咕咕声"。一早醒来听到宝宝跟自己"说话"的时候，那声音听起来真的像只小鸽子在叫。

当宝宝开始添加辅音到咕咕声中时，通常用到的是K、P、B和M。他们将咕咕声转化成了声音，听起来几乎就是字音了，所以有的家长会以为宝宝是有目的地在"说话"。事实上，"选择"这些辅音只是因为对于宝宝尚未发育完全的声道来说，它们相对简单而已。尽管妈妈会因宝宝发出"妈"（Maa）的声音而激动，而爸爸有时则会因为听不到"爹"（Daa）而感到忧伤，但现实并不是因为宝宝更喜欢妈妈，而是因为"M"音比"D"音要更容易发出。宝宝半岁的时候还不会叫任何人，他只是将辅音加入，开始学习发出越来越复杂的声音。这与生俱来的"程序"很重要，因为它能确保在大人总对着他说话的情况下，宝宝会更频繁地咿呀学语，而且变得越来越流利，甚至在他因为耳聋而听不到任何声音的情况下，他也会发出声音。一定要注意，只有到了6月龄以后，听力损失才会对宝宝发音产生影响。在那时之前，妈妈只能通过宝宝对声音的反应来确认他是否有听力损失。如果有人轻声说话时，宝宝从未向着说话声音的方向回头，或者当有人在他背后掉落一本书时，他也没有吓一跳，那么一定要咨询医生。无论如何也要使宝宝学会说话。

如果双胞胎宝宝跟彼此说话多于对妈妈说，那就说明妈妈跟他们说得不够多。

双胞胎小贴士

与双胞胎说话——跟每一个都要说——对他们的语言发育尤其重要。人们曾经认为"自语症"或"双胞胎对话"是种实际的双胞胎之间的语言发育，但当代研究已经证实，这并不是一种不同的语言，而是一种错误的或非正常的语言模式，即双胞胎中的一个说，另一个模仿。

虽然宝宝会持续喜欢面对面地谈话（其实成人也是如此），但等到了四五月龄的时候，他也能在妈妈一边跟他说话，一边在做其他事情时，倾听并观察妈妈的脸。他学语过程中最令人兴奋的转变莫过于，他开始将倾听和咿呀学语转化为“真正的”对话，即当妈妈讲话出现空隙时他就会插入自己的声音，然后停止“说话”，给妈妈的回应留出空间。

宝宝并不是在模仿

很多家长都以为孩子学习说话是通过模仿家长达成的。一旦他们发现了宝宝咿呀学语中的规律，他们就开始准备让宝宝通过重复单一的字和加重语气，来模仿发音。但语言并不来自于模仿（宝宝是人，不是鹦鹉）。学习说话的宝宝从成年人那里需要的不是单字的模仿，而是更多的双向对话。是交流的喜悦刺激着宝宝喜欢玩“说话”的游戏。而且，跟宝宝说话时要想象他能听得懂，这才是最好的帮助他学习的方式。

世界通用语音

很明显，模仿在宝宝学习语言的过程中发挥的作用很少，他发出的声音甚至不取决于人们使用哪一种语言，或用什么口音跟他说话。所有的人类宝宝都会使用应用宽泛的咿呀学语声。宝宝现在发出的声音取决于他是否为爱说的宝宝，以及发声器官的生理发育状况。当然，宝宝最后会像所有宝宝一样学会家人和环境中所说的语言，但不是因为他会模仿其他人的词语，而是因为人们对他的声音的选择和反应。如果妈妈说的是英语，妈妈就会对听起来像英语的声音表现出欢迎，认为这是宝宝要说话的尝试，而把其他只当作无意义的发声。日本人或意大利人、捷克人会选择和庆祝不同的声音，但事实上宝宝的发声是世界通用的，没有哪个宝宝发出的声音会与其他语言环境中的宝宝不同，直到一年后他才能发出类似字词的声音。

就像宝宝通过观察学会区分家人和陌生人，以及区分不同的家人一样，在这一年龄段，他也会通过倾听学会区分不同的人。宝宝通常能够将妈妈的声音从其他所有人的声音中识别出来，因为他从出生之前就已经熟悉了妈妈的声音，但从6月龄开始，这种熟悉感扩大到了其他亲戚和朋友身上。不仅是爸爸的声音会让宝宝笑和兴奋，友善的邻居

观察、模仿妈妈在做的事情，跟妈妈轮流玩耍，会让宝宝感到很开心，这一过程也是最高质量的学习。

重要提示

为什么要与孩子轮流玩耍？轮流玩耍很重要，不仅有助于语言发育，而且对宝宝各个阶段的社交发育都有好处。无论大人做什么有节奏的动作，如拍桌子、点头，宝宝都会停顿一下，等着大人再做一次，然后就会跟大人有节奏地轮流进行。

或照顾他的阿姨的声音也可以让宝宝喜上眉梢。

帮助宝宝语言发育

来自家长的压力几乎会减缓或降低宝宝各个领域的发育，尤其是语言方面。对于宝宝来说，制造声音是一种游戏，而进行对话是其中最好的一种。当他感到高兴和兴奋的时候，他会跟妈妈、其他成年人或自己说很多话，但当他很不满的时候，他会完全不说话。如果宝宝感到疲惫、生气或悲伤，那么他也不会“说话”，而会哭。当妈妈听到宝宝在婴儿床里自言自语——发出声响，停顿下来好像等着人回答他，然后继续再发出一系列的声音时，妈妈可能会感到很有趣，进而尝试与他进行“对话”。宝宝会在开心的时候发出第一个真正的字。如果“泰德”是他说出的第一个词语，那也并不表示他想要泰迪熊，或者是急切询问它的下落，而是一种对它满怀爱意的评论。

从咿呀学语到说话

尽管语言发育并没有严格的时间表限制，如果宝宝会发声之后的发育顺序与别的

说话就是玩耍，跟心爱的人对话更是一种非常好的游戏。

研究发现

咿呀学语的发展。到了6月龄或7月龄，宝宝开始说一些辅音，如K、P、B和M，并且开始能够用上腭和嘴唇发出一串辅音：塔塔、呐呐、嗒嗒、吗吗。他1岁之前，可能就会说些混合音节（"达大"）和发出大多数的元音，以及母语中一半的辅音。最近的调查显示，与之前的咕咕声不同——那是一种发生练习，咿呀学语阶段已经包含部分实际的语言：当宝宝咿呀学语时，已经激活了他左脑的语言控制中心。

宝宝不同，也不需要担心。以下给出的“常规”顺序，能帮助家长和看护人知晓宝宝的语言发育发展到了哪一步，和接下来可能经历的发展。

●在宝宝大约6月龄的时候，只要有认识的成年人跟他说话，他就会跟他们持续长时间的咿呀学语式的对话。宝宝可能会说“啪”，停顿下来等妈妈回答，然后再说些别的。他大多数的声音仍然只是单音节的咕咕声，像“吗”和“噗”，而且他还会在它们之中夹杂些笑声和咯咯声。只要妈妈一直看着他，与他对话，他也会一直跟妈妈说。一旦妈妈离开了他的视线，他就会停下来。在房间的另一头呼唤宝宝，不会得到任何回应。

●到了大约7月龄的时候，宝宝会对说话的声音非常警觉，并且开始对他看不到的声音也做出回应。如果妈妈在视野外的地方呼唤他，他会四处看并寻找妈妈。他甚至会寻找电视里说话声音的来源，并且准备好一旦发现是谁在说话就做出回应。

●在刚刚7月龄的时候，妈妈可能会听到宝宝第一次说两个音节的“词语”。第一个词仍然是基于那些咕咕声，所以会听到他说“爸爸”和“母母”还有“呐呐”。渐渐地，“词语”就会从咕咕声的背景中脱离出来。当它们开始出现的时候，妈妈就知道这是到了新的语言发育阶段，这时的发音与早期的非常不同，马上就要出现新发音了。

●大约8月龄的时候，新的双音节“词语”组合出现了，它们更像感叹词，也不再那么像鸽子叫了。宝宝会说“了米”“阿加”“了皮”……这些“词语”宝宝说起来也很兴奋，妈妈听起来也是。从这一刻开始，宝宝会“说”得越来越多，他可能经常会在早上用听起来像是愉快的对话声音来唤醒妈妈。

●到了8月龄的时候，宝宝会开始对妈妈的对话感兴趣，即使妈妈不是在对他说话。如果两个家长在他的视线范围内说话，他会来回看两个说话的人，但当他受够了被忽略的感觉时，他会大喊来吸引妈妈的注意力。大喊是新出现的。这不是哭、吼叫或刺耳的尖叫，而是一种明确的大声喊，可能是他第一次用自己的声音来表达特定的信息。

●一旦宝宝会喊叫了，他也就能歌唱了。当然还不是一整首歌——在这一阶段能唱出四个音符已经很好了——但肯定是歌而不是说话，而且通常是随着音乐而唱，例如妈妈唱歌、播放CD或电视里响起一段熟悉的音乐时。

●在9月龄到12月龄之间，或12月龄前后，宝宝的发声会取得飞速的变化。他会精心地编排这些双音节感叹词，直到它们成为很长的多音节“句子”。宝宝逐渐开始进行变音和加强，直到妈妈会在不经意间以为自己听到宝宝在争吵和讲笑话。他说话的形式也会改变，不再是增加小音节到他所说的整段话中，而是将所有他知道的不同音节一股脑儿都说出来。他听上去真的像是在说话了（尽管还不是完整的句子），而妈妈可能还没注意到，无意间会问他“你说什么”。当然，宝宝还什么都没有说，但很快就会说的。

向真正的说话前进

几乎所有家长在等待孩子说出第一个字的时候都很没有耐心。时间的流逝完全不受控制，但语言的发育是受基因控制的，而不是家长的行为。

没有人能教会宝宝说话，或催促他说出第一个字。显然，他流畅热情的咕哝与他学习语言的快慢有关，所以家长要确保在他玩说话游戏的时候，用到所有他会用的发音。这会使宝宝的语言发育取得明显的进展。

并不是所有人都觉得与宝宝说话很轻松。有些很健谈的人能跟身边的任何人说话，包括宝宝、狗甚至是电视里的主持人。不那么健谈的人就不会跟宠物说话（更不要说电视机了），但即使他们忽略来拜访自己的人，也不会忽略身边的宝宝。但也有人跟健谈的人完全相反，这种人与任何人都不怎么说话，并且觉得与宝宝说话很尴尬、很傻，因为宝宝不能正常地回答，这让他们感觉好像在和自己说话。如果妈妈天生是个很安静的人，如果试着强迫自己去聊天，可能会听起来很不自然，而宝宝也不会像对待真正的对话一样给出回应。可能建立一些情景能够帮助这样的妈妈轻松地跟宝宝聊天，而且宝宝对妈妈设计的对话的回应，能够帮助妈妈发挥更多的自然谈话。

心得分享

关于找一个健谈的保姆，一位家长说：

"找健谈的保姆可比找个会照顾人的保姆难多了。宝宝不到半岁时，我就回归了职场，我们的宝宝前后共经历过三个不同的保姆。尽管她们都很友善，但没有一个人能够跟宝宝说足够多的话。宝宝整天跟无聊的年轻阿姨待在一起，所以我们尝试了一家‘刺激性’托儿所，但对于那么多宝宝来说，成人的数量太少，所以也没有时间跟他们说太多的话。我们还曾请一位亲戚帮忙照顾，但他整天都开着电视，不理宝宝。"

设计与宝宝的对话

●跟宝宝一起看图片，然后告诉他里面的人在做什么、说什么，就像自己也是个孩子一样。当然，宝宝大部分还听不懂，但他会喜欢图片和妈妈的话。宝宝就算还很小，最好也能拥有适合他的书。他需要新书不像需要新玩具那么频繁，因为他喜欢反复读同一本书。到家附近的儿童图书馆，给宝宝借本书看也不错。

●不停地讲解正在做的事情也是一种简单的说话方式。告诉宝宝在做的饭，在剥的蔬菜的名字，并且让他帮忙拿着，问他炖菜香不香，如果他觉得香就会喜欢的。

●问题能让宝宝参与到和妈妈的交流中。“那个好不好”“它去哪里了”“这个够不够热”或者“谁是爸爸的乖女孩”，这些问题写下来看起来有点傻，而且宝宝肯定听不懂也不会回答。但这并不意味着他完全不会回答，妈妈可能会对他丰富的面部表情、动作和声调感到惊讶。没有必要简化自己说的话，或者太在意自己的讲话方式。如果天气变化或超市大减价让妈妈觉得有意

现代技术并没有减少图书带给宝宝的纯粹快乐。

思，就可以和宝宝讲一讲。宝宝会像听妈妈讲可爱的小松鼠一样听得津津有味。

●用妈妈觉得最自然的方式讲话。无论是像宝宝一样讲话，还是用正常语气讲，都很好。

●有些人会觉得当着其他人的面跟宝宝说话，会比单独跟宝宝说话时要尴尬。这也是一个与宝宝进行一对一聊天的理由。如果宝宝是双胞胎之一，或者是大家庭中的一员，又或者有个比他大的手足总喜欢自己主导谈话，那么宝宝可能会缺失谈话时间。

●如果妈妈觉得与宝宝聊天很困难，不要感到绝望。他需要的并不是持续流利的词语，而是对话。可以让他展开对话：听他说什么，每次他对妈妈笑或发出声音的时候，妈妈都可以用语言回应他。

研究发现

语言学习的方法和原因。就像很多人都认为宝宝是通过模仿来学习词语的，他们也经常认为宝宝学习说话是为了表达他们的感觉或要他们想要的东西。无论是日常观察还是研究都不支持这种简单的想法。模仿游戏在语言学习中只占很小的一部分；如果妈妈怀疑这一点，可以自己想想看为什么一个幼儿会说的典型的话是“看到人”，而妈妈和其他任何成年人通常都不会这么说话，所以他又是模仿的谁呢？对于表达需求，宝宝说出的第一个词可能与他的需求或想要的东西没有任何关系。他不会说“奶瓶”或“拥抱”“上”，而是说保护性词语“我的”甚至是“不”，但他也可能会说自己在乎的人或东西的名字。

不需要语言的交流

在宝宝准备好说话（第一个有意义的字）之前不久，他会对语言的运用变得越来越纯熟。等到1岁的时候，他可能会用各种方法来表达自己还不能有效地完全控制发声器官说出的话。这可以是肢体语言，其也能表达精准，而且任何敏感的人都能明白。他会用点头和摇头来表达“是”和“否”；他会指给妈妈东西在哪里，或者他想要什么；他会通过拥抱来打招呼，挥手再见，有时还会放大这些动作，用拥抱来表达爱意，挥手表示“走开”。

教给宝宝手势语并不会给他造成影响，

研究发现

手势语。使用英国或美国手势语的宝宝，做出第一个可辨识的手势是在7~9月龄，大约比大多数宝宝的家人听到他们说第一个字早3个月。手势语早于语言的原因一半是生理性的，另一半是社会性的。对于宝宝来说，对手和手指的控制要比对发声器官的控制简单。另外，对于家长来说，比起宝宝的声音，手势更加容易建立、解读和控制。

宝宝手势语的忠实拥护者认为，口语词汇的形成需求支撑着语言的发育，并建议发展早期的手势语，以便形成真正的语言。虽然一直这么说，但其还未被证实，因为会手势语的宝宝能"说"他们要什么，所以他们就不太会感到挫败，也很少会发脾气。

妈妈要多和宝宝玩带有歌声、节奏以及挠痒痒的游戏。

除非妈妈对他发展的进度很没有耐心。但要记住，无论是否教他，所有宝宝都会一些"手势语"，如指着他们想要的东西，伸开双臂要求抱抱，当需要关注时用手抱住对方的脸转向他。在1岁以前，亲子依赖关系很好的宝宝和父母之间无须语言交流，就能相处得很好，所以妈妈应该向着语言发展的方向努力，而不是手势语。这个年龄段的宝宝可能会喜欢各种节奏和歌曲，以及结合身体动作、歌唱、语言和戏剧性高潮的游戏。妈妈要多尝试一些儿歌，再配以动作，陪宝宝玩这些游戏。

什么时候才会说带有意义的词

这是一个所有家长都关心的最直接的问题，但只有一个笼统的答案。大多数宝宝说出第一个"真正"的词是在10月龄或11月龄的时候，但并没有一个可靠的统计数字，因为关于"第一个词"的标准就很难确定，甚至研究人员都不能给出统一意见。如果一个7月龄的宝宝说了"妈"，没有人会把这个声音当作一个词语，因为那个年纪的宝宝还不会说。但如果同一个宝宝到了10月龄的时候再发出这样的声音，妈妈可能轻易地就会相信他刚说了一个真正的词，因为妈妈正期待着他说话，在他咿呀学语中搜寻着。为了庆祝宝宝会说第一个词，妈妈可能会给孩子亲人打电话汇报这个喜信，然后求着宝宝再说一次。家长很容易忘记，刚刚被自己升级为词的那个声音，其实宝宝已经说了好几个月了。

努力尝试辨别哪个是宝宝说的第一个词没有什么意义，因为在这一阶段无论他说没说都不重要。更重要的是，词语如何融合为流利的、有意义的话语，以及代替他用来交流的大部分肢体语言。

用词语说话意味着使用特定的声音或一系列声音来指向特定的人、事物甚至是动作。等到快1岁的时候，宝宝可能会经历一个阶段，即使用一个单字的声音来指代任何和所有他想要的东西，或他觉得有趣的事情：在一两周内，一种零食、一本书、最喜欢的游戏和家里养的狗，都可能被称为“卟”。接下来，宝宝会尝试“决定”使用什么音来给特定的物体命名。他可能会用两个或三个不同的词，来叫重要的东西，例如他的“抱抱”。从他的行为可以明确地看出他是在要“抱抱”，所以他并不需要特殊的词语来辅助说明，以前用过的那些词语就可以达到目的了。

可能要到1岁的时候，宝宝才会想到用一个词指代一个物体，然后用不同的词来指代其他的物体。即使到了那时，宝宝使用的词可能还不是在对话中运用“词语”的感觉。第一个词通常严格意义上来讲叫作“自有词”，即宝宝自己发明的词语来指代特定的东西和特定的人。“自有词”可能代表任何事，但同一个“自有词”总是指代同一个意思。

宝宝如何选择第一个“真正”的词

宝宝生活在词语的海洋中，几乎所有醒着的时刻都会听到词语此起彼伏地出现。宝宝并不会复制它们，他会抓住自己注意到的特定的单个词语。他注意到的这些词语通常是出现在他最感兴趣、最兴奋，或与使他发笑的东西相关的地方。这些词经常出现，而且是在各种不同的环境和语境中。是多样性给了他思索每个词语意思的机会。宝宝听到一个词，例如“大衣”，他可能整个冬天在各种不同的场合里不停地听到这个词。一天又一天，他总能听到“大衣在哪里”“哦，你的大衣脏了”“让我们脱掉你的大衣吧”“现在你必须穿上大衣了”。他可能会从爸爸、阿姨和妈妈那里不停地听到这个词，而且无论是谁说的，“大衣”这个词总是与进门和出门（也是他喜欢的事情）联系在一起。总有一天，他会将物品“大衣”和它的发音联系起来，然后他就会知道这个词的意思了。

当他明白了词的意思，他就会用吗？不一定，或者不会立刻使用。宝宝知道的词比他们会说的词要多得多。宝宝最有可能使用新词，是在有趣的事情发生的时候：当妈妈给他买了一件新的洋红色的大衣，并让他看镜子里的样子时，妈妈说“看看你的新大

研究发现

学习说两种语言。尽管婴儿早期的发声是世界通用的，也就是说一个中国宝宝和一个挪威宝宝的发音都差不多，但当宝宝学习说话的时候，他不仅从身处的环境中学习，而且从其他人对他说的语言中学习。如果宝宝生在双语家庭，而且从一开始就同时、同量地跟他说两种语言，他就会说两种语言。然后，他会在相同的月龄达到学会两种语言的里程碑。

如果成长在所有人都说同一种语言的家庭，但社区所说的语言却是不相同的，例如家里说一种，幼儿园说另外一种。那么，有些孩子就会以非常快的速度习得“第二语言”，但另一些孩子在突然面对一种新语言的情况下，发现除了自己以外其他人都在说这种语言，而没有人说“家里的语言”，他会在一段时间内完全停止说话。如果一个宝宝或大孩子不会说“社区语言”，找一个会说两种语言的朋友跟他玩耍和说话，会使他慢慢接受新语言。

衣”，他也许会跟着大喊“大衣”。

跟宝宝说话从而引导他与人说话

跟宝宝进行越多热情、有趣的双向对话，越有利于他语言的发育。但就像我们看到的那样，不是所有的成年人都很健谈，尤其是跟宝宝说话，还要注意涉及各种类型的内容，才能有利于他语言能力的发展。

有益的对话条件

●单独与宝宝待在一起，这样妈妈就能直接与宝宝对话，而不会受到别人的影响或者被其他人转移宝宝的注意力了。在这一阶段，当他在声音的海洋中寻找可以识别的词语时，他不能听完整个对话，或者当所有人都在互相打断的时候，追踪某一个人的话，直到听完整个句子，或者理解除语言之外的表达方式。大家庭中更小的孩子有时实际情况会延缓他们的语言发育，因为他们很少有机会能与大人进行不受打扰的对话。

●确保宝宝除了与妈妈说话以外，在其他任何时间里都可以与熟悉的人进行说话练习。宝宝学习词语的意思是通过不停地在不同的句子中反复听到这个词，然后结合说话人不同音调的声音、面部表情和肢体语言，才学会的。

研究发现

宝宝DVD和视频。尽管这些东西本意是激发宝宝语言学习的，但事实上很可能耽误宝宝的语言发育。最近大范围的研究表明，每天看一小时视频的宝宝，比不看的宝宝要少知道6~8个词语。因为宝宝每天清醒和思维敏捷的时间只有有限的几小时，如果把这些时间花在屏幕前，自然就减少了真人语言和社交的经验。即使到了幼儿期，如果是陌生人说的话，宝宝也不能明白，因为说话时伴随的身体语言和声调他都不熟悉。

有益的对话主题

●谈论近在眼前的事物（或花园围墙上的猫），这样宝宝就能立刻把面前的物体和反复出现的物体联系起来。

●讲书。书中又大又清晰的插画能让宝宝产生上述即时的联系，但却比妈妈能真实呈现的范围要广泛得多。

●谈论所有能让他感兴趣、开心或兴奋的东西。

有益的对话技巧

●帮助宝宝明白词语的意思。在跟他说话的时候，代词要使用名词。例如，要说“托比去哪里了”，而不要说“他去哪里了”。

●使用宝宝自己的名字描述（“玛丽会喜欢吗”），即使从宝宝的角度描述事情也要这样讲。这是他学习的关键要点，因为“玛丽”比起“我”更能让他联想到自己。语法中的代词对于宝宝来说非常难学，使用的正确性取决于说话的人：我这个人对于自己来说是“我”，但对于你来说则是“你”。

●把妈妈的信息夸张化，使用很多的动作和表情。家长爱说话，宝宝学会的第一个词有时会是表示感叹的词，因为他们经常听到有人带着令人兴奋的变音说出这些词。

●认真对待宝宝说话的尝试，这样他才会保持积极的态度去尝试各种交流方式。如果他在房间的另一边说了一个词，并且对着什么东西做出动作，妈妈要看看他指的地方，然后询问所有视力范围所及的他可能所指的东西。如果妈妈说对了，他会再次重复这个词。伴随着巨大的快乐，他可能会接受妈妈教给他的说法。

与宝宝说得越多越好；没有人能像宝宝这样充满感情地专注地倾听妈妈说话。

●尊重宝宝的“自有词”。尽一切可能告诉宝宝正确的说法是什么，但不要强迫宝宝再说对一次。这会让他感到厌烦（他现在需要说些不同的词），而且这也不能教给他什么，因为我们已经知道宝宝不是在模仿语言，而是在开发语言能力。他的“自有词”会在适当的时候——也只有这个时候才可以——发展成更正确的说法。

不要在宝宝没有使用正确的词语时，装作听不懂宝宝说什么，这是在欺骗他。妈妈拒绝的是他能想到的最好的说法，不要在自己明知道宝宝的意思时仍装作听不懂。早期的语言是由感情、兴奋和乐趣驱动的，当因为他说的是“笔”而不给他指着的球时，妈妈就会破坏宝宝的积极性。

不再是婴儿，
却也不是幼儿

从婴儿到幼儿的蹒跚学步

到了宝宝1岁生日的时候，他的变化如此迅速，妈妈甚至会感到已经跟不上他发展的脚步了。事实上，从这时起，做一个有耐心的家长可能会变得越来越吃力，因为要时刻准备着修正自己与宝宝的互动关系。

学会在自己的精神指引下行动，通常看起来更能给宝宝增加士气和自信。学习站立或者行走，能够明白大人说的大部分词语，而且自己还能说一些，都是充满了戏剧性的发育，让宝宝像变了一个人似的。当然，他还是他。虽然宝宝现在已经会跟在妈妈身后爬，张着手臂要抱抱，马上就会走了，但他还是那个被一个人留在屋里的爬行垫上时会哇哇大哭的宝宝。他长大了，会动了，但他还是个宝宝，不要太快就对他抱有过高期望。

如果按照宝宝的喜好满足他所有的要求，那么妈妈可能哪里也去不了。

偶尔觉得自己被爱得太深

就像我们看到的一样，宝宝第一年的最后一个月是他人生中对家长的依恋变得极为深刻的典型时间段，让他们不愿与家长分开——即使一刻都不愿意，更不要说几小时了。尽管如此，这在家长的生活中只是一个阶段。当妈妈终于要回归社会，并期待着（或者被期待着）重新适应成年人的世界时，妈妈也要离开宝宝，但宝宝却紧抓妈妈不放，将妈妈卡在中间，左右为难。

平衡这两者从来都不简单，尤其是在宝宝1岁以前，因为该年龄段的宝宝处于最依赖妈妈的阶段，在愈发加深的亲密度的影响下，分离更是困难。到了现在，妈妈可能会把宝宝的感觉放在第一位，而不是自己的。如果宝宝不高兴，妈妈也不会高兴，而且妈妈可能还会感到自责。

控制好自责的情绪

宝宝完全需要家长和其他成年人的照顾，而这些成年人都拥有控制宝宝健康和幸福的力量。这一点值得父母小心行事。使用这种力量没有任何问题，但随之而来的责任也要重视。但尽量不要成为那种只要宝宝的生活有任何不完美，就觉得自己做错了什么的家长。

父母不是万能的。无论多么努力地保护宝宝不受伤害和痛苦，父母也不可能让外面的世界都按照自己的意愿来运转，而有时不幸就会发生。当然，父母会不自觉地希望发热的宝宝快一些好起来，不再感到痛苦；父母也会盼望滞留的火车赶紧发车，好早点回到家陪自己的孩子。但对于这些事情，父母都无能为力，所以即使不能实现，也不是父母的错。

有时，有些发生在宝宝身上的事情确实是父母造成的。父母不仅是宝宝的爸爸妈妈，更是一个独立的人，只要是人都会犯错。对错误感到有责任，就要尽量弥补或避免下次犯错，但不要过于沉溺其中，过分自责。从错误中能学习到什么，如何做才能避免将来犯类似的错误，才是更重要的事。成为父母后，有些人有时会因为一些事情感到自责，而且这种自责感比以往更甚，有时还会持续很长时间。

无论多么努力想要成为一个好家长，事情总会偶尔出错，而无论自己是否有责任，都会感到后悔。但不要为已经发生的事情浪费精力自责或指责对方，而是要将这些精力放在帮助宝宝解决下一次的问题，以及再下一次上，还要帮他按照与年龄相符的方式适应生活。

心得分享

关于自责，一位家长说：

“我跟闺密出去的时候让爸爸带着乔。他还在喝母乳，但他也吃很多固体食物，所以我想在下午6点或7点的时候，他应该不会需要我。但我那天回来晚了，因为火车晚点。虽然我已经事先预留出了会晚归的时间差，可当爸爸开始喂乔的时候，他已经哭了整整两小时。我丈夫因此感到很不满。他说那是当爸爸以来最糟糕的时刻，无论他怎么哄乔都不行，他感到非常无助。他至今未能完全原谅我，而我也一直没能原谅自己。”

帮助宝宝适应离开妈妈的生活

这个年龄段的宝宝可能还不能适应与他不认识的人相处，所以不要指望他能适应新来的照顾人，尤其是那些需要同时照顾其他宝宝的人。对于宝宝来说，让他不认识的人来照看自己绝不是好事，但如果是经验丰富又能全心全意与宝宝说话和玩耍的人来照顾宝宝，总比把他放在一群孩子之中要好。幼儿园或托儿所如果是妈妈带着宝宝一起去的话，会很有趣，但如果他一个人去，就没有那么有趣了，而且万一出了什么状况还会让他很难过。如果妈妈不能进入其中，或者没有足够的勇气陪他，那么情况会变得更糟。

宝宝只有在亲近的人、喜欢的人或者是相爱的人的照料下才能健康成长，所以避免让陌生人来照顾他的最好方式，就是让他身边多一些这样的人。妈妈是照顾宝宝的首选。他最爱妈妈，而且没有什么能改变这一事实。但如果妈妈是他全世界唯一信任和亲密的人，那么他就永远处于一种风险中，即一旦车祸或其他事故将妈妈从他身边带走，他就会感到巨大的痛苦。同时爱着其他人才让他的生活更安全，所以即使妈妈没有准备在他需要照顾的时候离开他，例如妈妈或爸爸计划留在家中照顾他，或者妈妈因照顾宝宝选择在家工作，也要让宝宝跟另一个人建立亲密的关系。这是十分必要的，那个人可以是祖辈，或是当妈妈不在的时候，宝宝也能与其舒服地相处的人。

吃

大一点的宝宝和婴幼儿需要吃得很多，这同时也就意味着他们要吃得更频繁。迅速的生长需要高能量的摄入，量大到可能远远超出了妈妈对一个这么小的人的预期。

宝宝需要的热量大约是非哺乳期妈妈所需热量的一半那么多，但他的胃还很小，所以他还不能适应一天只吃三顿来满足热量的摄入。妈妈能想象宝宝一顿饭吃自己饭量的一半吗?与所有宝宝一样，他需要比成年人更频繁的进食来保证摄入所需的热量，而且他的每一小顿饭和零食都应该是高热量的食物，而不是有较大饱腹感但热量相对较低的食物。

这就意味着，很多现代理念推广给家庭的所谓的“健康饮食”，尤其是那些针对小孩子，预防他们在小学阶段就出现肥胖的建议，并不适用于婴儿或者5岁以下的儿童。甜食必须严格限制，因为虽然糖含有很高的热量，但它没有任何营养，而且对牙齿不好。甜饮料，哪怕是“纯果汁”饮料，都最好不要喝。

然而，“主餐之间没有零食”的原则可能是灾难性的，而且宝宝需要的是高能量而不是高纤维的饮食。事实上，婴儿和幼儿不需要太多的“粗纤维”，它只会把宝宝那么小的胃占满，而且宝宝需要的是高热量食物，过多的粗纤维会影响宝宝吸收必需的铁，甚至可能会让宝宝腹泻。所以不要以为让宝宝多吃糙米和意面就好，也不要总是用全麦或全谷物面包替代白面包。他也不适合低脂饮食，因为脂肪是最集中的热量来源，还同时含有重要的脂溶性维生素。

研究发现

果汁损害。美国很多关于研究饮食习惯的报告都显示了一种〝替代效应〞，即喝果汁和甜的水果饮料、汽水的婴儿与幼儿，会用这些饮料〝替换〞牛奶，给他们总体的营养状况带来了损害：肥胖、发育不良、慢性腹泻、龋齿、蛀牙和缺少重要营养元素，尤其是钙，都与不限制或过量摄入这些饮料有关。

什么是蛋白质

所有人都应该食用含有蛋白质的食物，但儿童尤其需要蛋白质，因为他们的身体不仅像成人的身体一样需要蛋白质进行身体修复和替代，还需要它作为生长的建筑材料。当然，没有人需要像富足的西方国家日常食物中所含的过多的蛋白质，而且尽管食品制造商使用“高蛋白”作为宝宝和儿童食品的广告宣传卖点，但他们过度夸大了儿童所需的比例和总量。

食物中我们所需的蛋白质并不是一种像糖那样的单一元素，而是含有各种不同的氨基酸。我们的身体能够从其他食物中获取这些氨基酸，从而获得有用的蛋白质。例如，面包、土豆、豆类、豆荚类和谷物都含有氨基酸，这些食物可以互相补充，所以吃丰富的食物能让成年人或者素食主义者摄入足够的蛋白质。然而，宝宝的生长需要一些特定

的、他的身体无法合成的氨基酸，所以需要食用含有这些氨基酸的食物。有些来自动物性食物的氨基酸对于生长来说至关重要，例如肉、鱼、蛋、奶、芝士和其他奶制品中所含有的。这些都被认为且被命名为“首选”蛋白质食物，而来自蔬菜的蛋白质则为第二选择。对于成长中的儿童来说，食物中确实需要加入少量的动物蛋白质，才能使他们获得全面的营养。动物性蛋白质可以来自于某些特殊的动物产品，例如蛋、奶、芝士和酸奶，而不止来自于肉或鱼。所以，素食家庭的儿童可以通过摄入奶制品来获取足够多的动物性蛋白质。当宝宝的饮食结合了蔬菜和动物性蛋白质，例如粥和奶，或蛋加面包，也能充分获得与鱼或肉所提供的“首选”蛋白质相同的营养。

确保宝宝得到他所需的

奶是一种（几乎）完美的食物，还能完善其他同时食用的食物。只要奶还是宝宝饮食中的主要部分，就不需要担心宝宝会缺少除了铁以外的其他任何营养。一旦奶成为次要食物，那么想要细算宝宝应该吃多少东西，就会变得十分困难，甚至不可能完成。总的食物需求和特定营养的要求，不仅宝宝之间不同，就连同一个宝宝每天的需求也是变化的，想要细算出他从特定的食物比例中获取的量更是复杂，事实上是不可能完成的。有些书籍上会介绍25克的土豆中含有哪些营养成分，以及它们的热量是多少，但有人会称重做给宝宝吃的土豆吗？又要如何烹饪土豆，白水煮还是加入奶和黄油做成土豆泥？而宝宝到底又吃了多少呢？如果给宝宝吃很丰富的食物，并且主餐和零食一样丰富，那么在一周的饮食中他可以摄入各种组合营养。如果他更愿意吃那些非常受推崇的“精心混合的膳食”，那么就能肯定他获得了身体所需的一切，因为任何早餐中缺少的元素，都会在午餐中出现。

一个不是每天吃混合膳食的宝宝，可能会将这个饮食习惯延续下去。很多大一点的婴儿和幼儿都会对某一种食物有难以控制的偏好，有一段时间内只想吃白面包（和奶）而不想吃其他东西。他可能会在第四天的时候转换成对另一种食物的偏好，而新的偏好可能是芝士或水果……妈妈要保持冷静，

宝宝喜欢待在一起，但他们还不明白对方的心意。

他不是每一天或每一餐都必须吃到所有的营养。只要在吃饭时坚持提供丰富的食物，这样当他准备好的时候，总有些不同的食物在等着他。

不是所有宝宝（甚至有些幼儿）都是给什么就吃什么的，尤其是以前从未吃过的食物，宝宝前六次几乎都会拒绝。有些家长会因此觉得宝宝的营养还不够，从而开始焦虑并担心宝宝的饮食问题。

虽然保持丰富的食物摄入是最简单的保证营养充足的方法，却不是唯一的方法。对于孩子的健康和幸福，没有什么食物是必需的，因为他拒绝的食物中的营养，别的食物中也会有，而那种食物他可能会很喜欢吃。即使是奶，曾经我们认为对于孩子是必需的，而且是这一年龄段最不可缺少的，也只是一种好的食物而已，更何况有些孩子不喝奶反而更健康，因为他们不能轻松地吸收乳糖——奶中的糖分。奶中所含有的珍贵的蛋白质、矿物质和维生素在其他食物中也有，尤其是奶制品当中。一杯奶中的营养，一杯酸奶中同样也有，而比起宝宝不喜欢的水煮蛋，还有什么比他喜欢的蛋饼更好的呢？当然，如果宝宝看起来吃得不够或吃得太少，让人担心他所需的维生素和矿物质摄入不足，而又不喜欢其他动物性蛋白质来源，那么奶是最好的确保营养的食物。只要他每天吃两次母乳，或者足够的配方奶，无论他是否挑食，他都能获得大部分营养——除了铁。

当然，宝宝不必把奶全部喝完。给他烹制或购买的食物中也含有奶：酸奶、冰淇淋和奶酪。换一下处理方式，宝宝可能会喜欢上奶酪：切成他可以用手抓着吃的小方块，搓碎放在蔬菜上，或当成酱涂抹在面包上。

只要有这些奶在宝宝的饮食中，他就不会缺少蛋白质或重要的脂肪。他所需的除了钙和铁以外的矿物质，例如磷，在大部分食物中的含量都很多，所以无论他吃什么、喝什么，都能够保证足够的摄入量。

研究发现

全素饮食。全素饮食是允许食用奶制品的，有些也可以吃蛋类，如果是这样的话，就不会对儿童的生长造成影响。但缺少所有的动物性食物，包括奶，则会对宝宝造成很大影响，尤其是那些不吃母乳的宝宝；豆奶配方奶是牛奶配方奶的不完美替代品；维生素B_{12}只存在于动物性食物中；想要不吃奶制品而摄入足够的钙是很困难的；蛋白质的充分摄入，通常只取决于豆腐和其他豆制品。除非妈妈对于严格的素食饮食对宝宝的生长发育产生的影响有着足够的了解，否则就需要咨询健康专家的饮食建议。

宝宝通常也不会缺钙。钙这种矿物质对于生长发育的骨骼和牙齿以及肌肉的功能、凝血功能来说都很重要，但钙比人们知道的要分布得更广泛。面包里面有钙，所有的麦片中也含钙。不过奶中的钙含量更多，而且是广泛被接受的来源，每天充足的奶能保证婴儿或幼儿的钙摄入量。

但是，奶对于铁的供应并无贡献。如果宝宝的身体里有足够的储备，那么它们会被利用和再利用，这样他就不需要每天都吃富含铁的食物。尽管如此，一个健康足月的宝宝身体里所储备的铁也会在6月龄的时候消耗光，尤其是他吃配方奶而不是母乳的时候。母乳中的铁含量并不是特别丰富，而配方奶中虽然添加了铁，但母乳中的铁远比配方奶中添加的铁要好吸收。6月龄之后，或者是宝宝断母乳后，就要确保宝宝的饮食中有足够的铁。肉中的铁（“血红素”铁）比植物、豆制品、麦片和水果中的“非血红素”铁要好吸收，但如果妈妈或宝宝采取素食饮食，例如加铁麦片、绿叶蔬菜、水果（如杏）、豆角、豆类和豆制品等食物中的“非血红素”铁，也能够提供全部所需的铁。宝宝在同一餐中多吃些富含维生素C的食物能够提高铁的吸收。如果宝宝每天喝果汁，可以配合早餐的麦片或芝士三明治一起吃。当然蔬菜和水果能够同时提供铁和维生素C。

维生素

必需维生素分布很广泛，所以只要吃足够的食物就能获得足够的维生素。尽管如此，吃得相对单调的婴儿和幼儿，可以通过每天服用（认真配给）滴剂来获得三种重要的维生素。

●**维生素A**：除了肝脏——现代宝宝已经不常食用了——最主要的饮食来源还是奶（尤其是强化的配方奶）、黄油或强化奶油。很多儿童喜欢吃胡萝卜，其本身并不含有维生素A，但含有胡萝卜素，身体可以通过胡萝卜素来合成维生素A。宝宝从这些食物上大概能获得足够的维生素A，但如果要确保摄入量足够，可以在医生指导下服用综合维生素营养剂。

●**维生素C**：在水果和蔬菜中含量都很高，而且不仅是绿色蔬菜，根茎类（如土豆）也含有维生素C。但维生素C容易被光线和热量破坏，所以很难确保其有一个稳定的供应。不过，一般综合维生素滴剂中都会添加维生素C。蔬菜放置太久或者加工过度都可能会使维生素C流失。从水果中很容易获得维生素C，因为经常都是生吃——避免了加热——如果是加工过的水果类食品，加工过程中产生的液体也会作为果汁喝掉，不会浪费。柑橘类水果是最好的维生素C来源，因为它们的皮可以防止光线破坏维生素C，当然最好的食用方式是生吃。不过，每天喝一杯富含维生素C的宝宝果汁也能达到同样的目的，但要注意一旦给宝宝喝了果汁，那么等他长大以后会要东西的时候，就会越来越多地想要喝果汁。

●**维生素D**：唯一的高含量的食物来源，除了加强的配方奶和婴儿麦片，就是蛋黄和脂肪鱼类。除此之外，浅色皮肤（即使只是手和脸）在晒太阳的时候也能制造维生素D。营养剂对于深肤色的孩子，或者冬天阳光照射较少的情况下是非常适用的。

研究发现

铁吸收。尽管母乳中所含的铁有限，但是其中大约50%的铁都能被吸收，而配方奶中添加的铁只有7%能被吸收，婴儿米粉中只有4%的铁能被吸收。

动物类食物，例如红肉、鱼和家禽都是非常好的铁来源，因为其中的铁都非常容易被身体吸收。而其他来源的铁就没那么容易被吸收了。非动物产品来源的铁只有5%左右能被身体吸收。

挑食的孩子

大一点的婴儿或幼儿的饮食问题通常会连续数月影响整个家庭。有的家庭所有的用餐时间活动都是关于儿歌和勺子“飞”进嘴里的游戏，还有些家庭从不出去吃饭，因为害怕在公共场合与孩子进行食物大战。

妈妈可以做很多事情来避免这种食物大战，从现在开始培养孩子放松和接受的态度。尝试帮助宝宝感受进食是一件有趣的事，因为是他自己想吃，而不是因为大人要他这样做。他主动吃，而不是被动地被喂饭。而且，他是为了自己吃，不是为了妈妈才吃。现在期待他有（任何）“餐桌礼仪”还太早，或者要求他使用勺子而不是用手指和拳头抓着吃，则会让他没法好好享受整顿饭。他需要感受得到自己想要的食物的感觉，这很重要，而不是通过什么方式得到

如果妈妈希望避免现在激怒宝宝和引发将来的吃饭问题，就让宝宝吃他喜欢吃且吃起来最轻松的东西。

食物。严格地规定他用什么工具吃什么东西也会破坏进餐的进程。如果他想要用芝士蘸一蘸巧克力布丁或者用面包搅拌果冻，妈妈真的不需要干预他。所有的文化都有什么时候该怎么做的惯例，但宝宝现在只是一个开始，他以后会学会这些的。

肯定会导致进餐问题的行为就是使用食物作为贿赂、奖励，或拿着食物威胁宝宝，作为一种惩罚。除了以上所有行为，还要避免把甜食说得比其他食物更好吃，例如"如果不吃完你的肉末就不能吃布丁"。宝宝应该有什么就吃什么，有多饿就吃多少。如果他不饿，就不用吃。

如果妈妈觉得自己有容易被宝宝吃饭（或不吃）的问题激怒的倾向，一定要下决心不过分关心他的饮食。如果花了半个上午的时间特意为宝宝准备食物，宝宝却将食物直接摔到地上，妈妈肯定会崩溃。可以给他吃其他家庭成员吃的食物，但要注意做成他能吃的，或者给他些简单的食物，如面包和黄油，配上搓碎的奶酪和胡萝卜等简单搭配一下，而且不要把面包切成动物形状。只要宝宝健康快乐，他肯定不会在没有吃饱的时候饿着自己，他会吃自己需要的奶和固体食物。试着相信他能掌握自己的进食量，过分担忧他吃没吃够只会让妈妈产生越来越多的问题。对应生长表参看他的生长情况能帮助确认他的食物摄取十分充分。如果体重增长的曲线和身高生长曲线在一定时间内都很稳定，那么他肯定吃够了。还可以看看他的能量水平：如果他很有活力而且积极主动，他的饮食肯定是充足的。

如果妈妈仍旧想让宝宝多吃，带他去看医生。即使只是看一看宝宝，他们也能知道宝宝的营养是否充足，从而给出具体的建议或意见。他们知道在宝宝开始蹒跚学步之前，让妈妈放心宝宝的饮食有多么重要。

研究发现

食物大战。试图让宝宝在他不想吃的时候吃东西，或者给他吃不想吃的东西，不仅是心理上的，也是生理上的倒行逆施。任何类型的兴奋，尤其是大人生气的时候聚集的焦虑或恐惧，都会阻滞饥饿感，甚至会导致消化程序停止。妈妈越着急，宝宝吃得越少。

成长

宝宝成长的速度在快到1岁的时候会下降到前6个月的一半。如果宝宝健康良好，这个阶段每周给他称重是没有意义的，但如果这样做了，妈妈会发现他每周只长大约55克。

6月龄以后的宝宝头围和身长（或身高）的增长是如此缓慢，想要在家每周进行精确的测量几乎是不可能的，也没有必要；在这半年的时间里，他的身长总共会长8～10厘米。

除非宝宝属于早产儿，或早期曾经生病、有严重的喂养问题，否则6月龄以后每3个月称一次体重和测量一次身长就足够了，妈妈就能从中看到他整体的生长情况。

如果把宝宝的测量数据填进生长表，就会发现他的生长情况是与普遍情况的百分位曲线相符的，可能还是或很接近最开始的区间。当然，他的生长曲线可能没有前几个月稳定。

严重的疾病或者遗传疾病可能会让他在一段时间内不能增加体重，但当宝宝痊愈后他会出现额外的增长以便追上正常的发育指数。与此类似的是，当他断奶的时候，他吃的固体食物少也会造成增长很少，但当他开始喜欢上吃固体食物的时候，他就会长得很快了。这些起起伏伏的生长不会对宝宝产生太大的影响，只有总体重的增加才重要。妈妈越频繁地给他称重，就会越在意，可能会过分纠结于此。

妈妈可能会发现自己不仅担心宝宝的体重和身高，还担心他的体型和比例。当他能够把自己拉起来站住的时候，他仍然还是不会走，只能四脚着地爬，之后他才能用两只脚站立行走。这些变化都会在第二年里慢慢进行，而现在妈妈可能会觉得他长得非常奇怪。他的头对于身体来说还是很大（尽管比例不像刚出生的时候那么夸张了），而且他看起来头和身体之间几乎没有脖子。他的肚子还是很大、很突出，尤其是跟他较薄的肩膀和胸脯比起来。他的腿看起来有点弯，而他的脚放在地板上也很平，没有足弓。重点是，他的体型仍然是适合爬行的，而不是行走。他需要至少一年的时间才能成长为直立行走的双足动物的体型。

双胞胎小贴士

等到了第一年接近尾声的时候，那些被告知早产低出生体重的双胞胎会“追上”正常足月儿的父母，可能又会变得担心起来，因为他们的宝宝发育情况仍旧落后于同一天出生的足月儿。早产儿的真实年龄是个概念年龄，而不是按照出生日期计算的。所以，如果是早产6周的宝宝，那么他实际上要比同一天出生的足月儿小6周。从长远的角度看，宝宝确实会追上正常儿的发育，而且6周的差距在宝宝1岁的时候就不会像6月龄的时候那么明显了。随着宝宝长大，这种差距会越来越不明显。

图中的宝宝都很健康而且生长正常。每个宝宝的身高和体重都是不同的，把他们拿来做比较只会平添自己的烦恼。只要在百分位图表中检查宝宝的成长曲线，就能得出正确的结论。

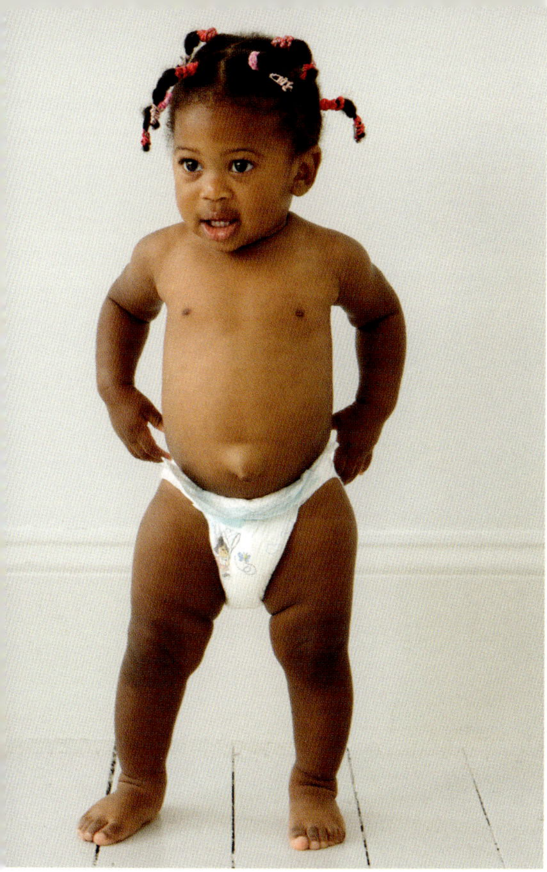

改变睡眠规律

随着宝宝进入第一年的尾声，妈妈可能会发现他的睡眠出现了变化。最主要的不同不是他睡眠时间的变化（当然他睡的时间可能会稍有减少），而是规律的改变。

宝宝不再是把睡眠时间平均在白天和夜晚，在吃奶后也不再容易睡着，他现在可能会在晚上睡11～12小时，白天有两次分开的小睡，每次从20分钟到3小时不等。

宝宝开始将睡眠与进食区分开，而且夜间的睡眠变得更长，这些都会让妈妈的生活轻松起来。但不要期望过多，夜晚12小时的睡眠仍然有可能会被一次夜醒打破，有时还有可能是好几次。而且宝宝现在长大了，他也不再是随时随地想睡就会睡的。在大约9月龄的时候，宝宝就能让自己保持清醒了，或者说外界环境能使他保持醒着的状态。这可能是外界的噪声或自身兴奋、紧张的情绪造成的，比如宝宝担心睡着后会跟妈妈分开。一旦宝宝能自己保持清醒了，他就会经常这么做。

如果妈妈每次让宝宝上床睡觉都很困难，不要把他的行为归结为自己的错误或他太淘气，而让自己更加疲惫易怒。不要以为大多数宝宝上床睡觉都不发一声，相反，这是第一年接近尾声的时间里家长面临的首要问题，如果从来没有遇到过类似问题，那只能说是太幸运了。

一旦宝宝能够——至少有时会——故意让自己保持清醒，妈妈就不能再认为他累了就会睡了，如果他不睡就是不累。事实可能正相反。有时候他不睡是因为过度疲劳而且太兴奋、太紧张，无法放松入睡。

新的睡眠问题的直接诱因

大部分上床睡觉的难题都发生在宝宝停了睡前奶或断母乳以后，而且无论宝宝此时多大——8月龄还是18月龄，都会如此。现阶段的突发事件，例如住院或者离开家度假，都会对宝宝造成影响。无论是哪种原因，打乱宝宝的日常会给他带来困惑，而使他无法轻易入睡。鉴于入睡问题预防比纠正更容易，所以在这一阶段妈妈在做任何改变宝宝的睡眠环境的决定之前，都要仔细地思考。哪怕只是睡觉的地方从父母的房间挪到一个可爱的新房间，都可能引起问题。

但是，保护宝宝不受外界环境变化的影响，也不能完全避免入睡问题，因为问题可能来自宝宝自己。最常见的就是随着依赖感的增强，宝宝想要跟妈妈在一起的需求，在第一年的最后一个月会显得尤为迫切，以及他因为担心跟妈妈分开而产生的焦虑也会增强。当妈妈开始让他单独待着的时候，他会哭得很伤心，但即使妈妈陪着他，他也还是会挣扎着保持清醒，因为入睡会把他从妈妈身边带走。

在这一年中越早成功地处理好独立入睡的问题（见192页），妈妈遇到这些问题的概率就越低，也越容易处理。但要对这些问题提高警惕，一旦发现问题要尽早解决。

入睡仪式和习惯能够预防和解决入睡困难。父母两个人一起唱摇篮曲让宝宝快速入睡。

适应入睡问题

试着缩小醒着的时间和有妈妈陪伴的时间之间的差距，以及睡着了和妈妈不在身边的差距。如果突然把宝宝从气氛友善的起居室挪到冷清昏暗的卧室，放进婴儿床里，他知道自己无法离开，会被独自留下，肯定会开始啼哭。

在分开之前的适当时间段里开始进行他的入睡仪式，能让他感到睡觉是一天当中开心的事，并且乐此不疲。可以由妈妈在厨房吃晚餐的时候展开，但由下班回到家中的爸爸接续进行，如给他一个欢闹的沐浴时光，然后是慢慢平静下来的讲故事时间、唱睡眠曲时间，以及与家人、宠物和图画书道晚安的时间，这一切都会让他进入入睡倒计时。

当时机成熟时，宝宝就会更愿意待在床上，只要他不感到孤独。可能开着门他会感到更加舒适，因为这能让过道的光线和大人的声音进入房间。而且，如果妈妈慢慢退出房间，宝宝可能会更容易接受。每次离开一点点，比直接走开要好。等待宝宝睡着或围着他的小床转悠一会儿，都是很好的方式。

很多9～12月龄的宝宝都会觉得跟妈妈分开比跟爸爸分开要困难，这时可以尝试让爸爸也加入睡前仪式。如果父母两个人一起陪宝宝几分钟，然后妈妈可以先离开，让爸爸来唱最后一首歌，亲亲宝宝，道晚安。

最终，宝宝就能独立了。当然，他还是更希望爸爸妈妈中的一个能留下陪自己，这可以缓解被一个人留下的打击和妈妈的离开造成的焦虑。如果妈妈能保持整个夜间的活动都很平静祥和，只需要几个月，宝宝就能使用自己的方法（见203页）让自己感到舒适，适应没有妈妈陪伴独自入睡。

夜醒

尽管宝宝能够，而且经常一觉睡整整12小时，但他有时仍会经常醒来，哪怕只是醒来一小会儿。

●**外界的打扰**：宝宝不再像以前能睡得很沉，所以妈妈不要认为一旦他睡着，什么事情都打扰不到他。外部的事件，例如访客或家长蹑手蹑脚进入他的房间，都可能吵醒他，所以晚上让他的门开着，在外面开一盏小夜灯，妈妈就可以远远地查看他了。

如果宝宝被外界的刺激吵醒，就需要妈妈花些时间来思考并找到他睡眠环境中可能存在的问题，减少这些打扰。如果卧室空间不足，妈妈可能需要认真地关注一下家庭卧

其实是父母，而不是宝宝更需要反复确认查看，所以要确保自己的查看不会打扰到他。

室的分享问题。一旦宝宝超过6月龄，就需要把他转移出父母的卧室，跟其他大一点的孩子睡在一起。虽然这种安排可能适用于几乎所有人，但有时仍然行不通。如果大孩子总做噩梦，那么小宝宝可能会被他的哭声和妈妈进来安抚他的声音吵醒，然后变成需要更长的时间来安抚小宝宝。这时将小宝宝重新放回父母的卧室可能不失为一种好的选择。如果宝宝睡的房间临街，整夜总有货车经过，那么把房间的玻璃换成双层会降低噪声，厚一点的窗帘也有帮助，最好是双管齐下。

很冷的房间对于宝宝来说构不成威胁，而且事实上他不会被冻醒。但这会让他更容易被内部或外部的事情吵醒。如果妈妈希望整夜都保持温暖舒适，在集中供暖停止以后，可以考虑使用婴儿睡袋。这能够让他保持绝对温暖，也可以防止踢被子。

如果妈妈准备使用婴儿睡袋，要在宝宝学会在婴儿床里站起来之前就开始用。如果在这之后才第一次给他用睡袋，那么他可能会在睡袋里的时候也尝试拉自己起来，从而导致脚被绊住而摔倒。

如果宝宝有尿布疹，那么他醒来的次数会变得频繁，因为每次小便都会刺痛皮肤。如果他的屁股很红，可以在晚上擦一层含有机硅基的保护霜。

除非情况非常幸运，否则在第一年年末出第一颗臼齿的时候，宝宝会感到疼痛，使他的睡眠变得很差。另外，发热时头部冰敷的不适也可能让他睡不好。虽然妈妈无法避免这些情况，但是可以给他一定量的儿童用液体对乙酰氨基酚来帮助他睡得更平静。

●内部的打扰：这一年龄段夜晚的啼哭一般由宝宝内部的原因导致，而且通常更难应对。当宝宝睡眠变浅的时候，他很可能会醒来。如果他不依赖于妈妈的哄睡就能重新入睡，而且自己醒来也觉得很舒适，他就会再次入睡，甚至不会惊动父母。但如果宝宝希望吃奶哄睡或者摇拍哄睡，他就会哭闹；如果他不仅醒着，而且感到很焦虑或恐惧，他就会一直啼哭，直到妈妈出现。

对于这个阶段的宝宝来说，晚上醒来无疑会令他感到很恐怖。很明显，宝宝做了不好的梦——一个噩梦。当然，妈妈不可能知道他到底梦见了什么，因为他还不会讲出来。但他醒来时的尖叫，还有他明显的恐惧，都可以让妈妈明白他做了噩梦。宝宝看

研究发现

夜醒。研究基于装在宝宝房间里的摄像机拍摄的视频。这些视频显示，宝宝会醒来，然后再入睡，没有任何人发现这一过程，而且他夜间醒来的次数比家长想象的更频繁。

研究发现

噩梦和发脾气。宝宝晚上做了噩梦，很可能白天就会发脾气。但目前尚不清楚是压力既导致了发脾气也导致了噩梦，还是发脾气引起的压力导致了噩梦。

双胞胎小贴士

双胞胎更容易互相打扰对方的睡眠，尤其是在随着他们长大，其中一个比另一个更容易苏醒的情况下。如果他们一直是一起睡，那么现在把他们分开就容易引起他们的不满，但如果家里有足够的空间给他们单独的房间，那么现在是时候让他们分开睡了。独立的空间不仅能让他们建立自己的睡眠规律，还能减少他们依赖对方来入睡的程度。

到妈妈后可能很快就能安静下来，然后再次入睡。当然，很快再次入睡并不代表事情已经过去了。有些宝宝每晚会这样醒来很多次，而且连续几个月都会这样。如果宝宝看起来像要陷入这种模式，那么他很有可能在醒着的时候感受到了压力，减轻这种压力就能够减少夜惊。例如，爸爸工作的地方离家很远，那么宝宝可能比父母认为的更思念爸爸；如果他刚开始上托儿所，他可能会觉得跟妈妈和家庭环境分开很难承受；如果他是在幼儿园，他可能会思念平时在家得到的关注。

在接近婴儿期尾声时，宝宝会生出很多紧张感，缓解任何妈妈能发现的问题都会产生帮助。如果妈妈正准备给他断奶瓶（见186页），过程太快就会超过他能轻易接受的节奏。重返偶尔的吸吮，如睡前喂奶，会给亲子都带来平静。

综上所述，要让睡觉时间变成宝宝一天的生活中最放松而且愉悦的部分，这样他才能在爱和保护中入睡。虽然不能保证他连续睡一整晚，但无疑有助于他的睡眠。那些与此相反的入睡方式，如宝宝哭着入睡，肯定会导致他经常醒来。

心得分享

关于混乱的夜晚，一位家长说：

"我们曾经决定在宝宝很小的时候就不让他与我们一起睡，虽然他确实睡得不好，但我们仍然进行了调整。而且，我们认为能够成功地让他从我们的房间挪到他自己的房间，结果大错特错。在过去两周里，他每晚都会不停地醒来，这让我十分疲惫。最终，我把他带回我们的大床，他整晚就醒来一次，那晚接下来的时间他都睡得像个天使。我感觉自己终于可以好好睡觉了。我们现在睡在一张大床上，但是跟缺觉比起来这根本不算什么。"

夜醒的规律

如果宝宝每晚都会醒来几次，妈妈可能会像他还经常吃夜奶时一样疲惫。很多家长为了适应都让宝宝一起睡大床，而且这么做肯定能让宝宝在第一次醒来后，整晚都平静地睡。不要在完全绝望或者妈妈不愿意的时候这么做（见131页），因为一旦他与父母一起睡了，就不会在他病好之后，或者连续几天的噩梦停止之后，再回去自己睡。半夜被妈妈带回到大床上睡觉也可能会导致入睡问题。如果妈妈在半夜3点紧紧地搂着他入睡，怎么还能要求他在晚上7点的时候自己入睡？强迫或劝说他睡在婴儿床里而不是父母的床上，可能会使整个夜晚都不得安宁……

如果在宝宝真正啼哭之前妈妈就及时出现在他身边，可能就不必带他一起睡。如果他只是在喃喃自语，那么妈妈还可以期待他能自己再次安定下来。一旦他真的哭起来，任何的延迟只会让他变得更不高兴。如果他是被噩梦惊醒的，他可能会在看到妈妈出现后很快安定下来。只要摸索几次，妈妈就能安抚他平静下来再次入睡，然后回到自己的床上，其间妈妈不需要完全彻底清醒过来。

书上介绍的那些哄孩子睡觉的方法，可能听起来很像那么回事。但是，书本上冷冰冰的知识如何能够帮助妈妈决定在宝宝独立睡的第一晚到底该待几分钟，而第三晚自己又是否应该拍着宝宝的背呢？妈妈唯一的、真正的向导只有宝宝和自己的感觉。如果妈妈本应在一分钟的安心陪伴后离开时，宝宝却哭得歇斯底里，妈妈可能更想陪着他直到他完全冷静下来。事实上，妈妈正应该这么做。但如果几分钟之后，宝宝的哭声听起来还是烦躁不安，但不是因为受到了惊吓或悲伤，那妈妈可能不能在5分钟后离开，而是需要多陪他一会儿，直到他平静下来。

在这些过程中，父亲往往扮演着重要的角色，尤其是母乳喂养的宝宝，或者宝宝最近刚断母乳。断母乳很容易被宝宝误认为是与妈妈分离。如果宝宝不总是想着吃奶，就不会感到自己被分离开了；如果他不总是闻到母乳的味道，那么他就不会总是想着吃奶。而且，即使吃奶早已被他遗忘，或者宝宝一开始就是吃配方奶的，他也会觉得跟妈妈分离比跟爸爸分离更难。无论如何，让爸爸来尝试一下晚上带宝宝，也许会取得意想不到的效果。

不爱睡的宝宝

虽然养育一个睡得少的宝宝对于妈妈来说像是个负面消息，但是从宝宝发育的角度来说，这恰恰是个正面消息。醒着的时间越多，就意味着有越多的时间去探索、学习和练习。像书中之前所讲的那样，宝宝白天醒着的时间越多，他们需要大人的关注和陪伴就越多，而且如果他们得不到，就会变得愈发无聊。如果宝宝是其他人带养而得不到完全的关注，例如上幼儿园、托儿所或者由保姆带，那么妈妈要确保他醒着的时候有人照顾，随时有额外的陪伴和玩耍。

不要因为宝宝只睡了几分钟，或者完全不睡就放弃白天的小睡。他可能喜欢在精力充沛的生活之余休息一下，就像妈妈也希望带他的时候能休息一下。宝宝也许很高兴能有半小时或更久的休息时间，使他能舒服地在婴儿床里玩一会儿玩具或看些有意思的事情。当妈妈听到他发出声音，仿佛抱怨无聊的时候，就立刻出现，哪怕他只是刚独自待了15分钟。否则，宝宝可能就会开始觉得自己的婴儿床是个监狱，下一次就不愿意进去休息了。

尽管妈妈非常喜爱自己的宝宝，但如果期待等他睡着了能做一点自己喜欢的事，或者自己待一会儿，妈妈恐怕会变得很失望。1岁大的宝宝能够平静地自己在晚上8点入睡，并一直睡到早上7点，然后下午2点到3点半睡午觉，就属于非常好带养的孩子。而对于夜晚醒来很多次，白天也不怎么睡的孩子，父母也要多点耐心和更多的爱心。从长远的角度来看，睡得少会给宝宝造成比较大的影响，因为他们生活得更充实，更需要大人的帮助，也就是他们能尽自己的可能学习和发育得更快。妈妈和其他照顾他的人都要在照顾宝宝的同时，寻找保持成年人生活的方式，而不是把白天和夜晚分割成看孩子的时间和成人活动的时间。做到这一点并不容易，但妈妈带着宝宝与有趣的人一起做有趣的事情的动机和收获是，能让宝宝将来成长为格外随和而且更有能力的孩子。

有时宝宝在他的婴儿床里会显得很忙碌，而且也乐意一个人待着。如果是这样，可以让他一直自己待着，直到他呼唤妈妈。

寓教于乐

在第一年的下半年，玩耍就像我们想的那样——尤其是玩玩具——通常会在宝宝的日常活动中排在第二的位置。宝宝现在把他的大部分精力都放在了练习自己坐，或者练习用独特的姿势爬过房间，甚至尝试用两条腿站立上。

练习和最终实现这些能力的里程碑，会花费宝宝大量的体力，而且需要比人们想象的更多的体魄与勇气。如果说这是“玩耍”，那么它与学芭蕾舞和滑冰一样，也是一种伴有痛苦的“乐趣”。不像大一点的宝宝会选择更喜欢的身体活动来进行，小宝宝会不断尝试。有些会比其他宝宝学得更快，但是没有一个宝宝会觉得太难而停止尝试，甚至包括那些有身体或神经问题需要克服的宝宝。幸运的是，随着他们不断发育，宝宝天生就有强力的自发驱动性，为了精通这些技巧而帮助他坚持下去。一旦宝宝学会了爬，他就会一直爬，坚持爬。只有被放在婴儿床或座椅里的时候，他才会停下来。当宝宝学会自己站起来以后就会不断地练习，哪怕是被自己拉倒的落地灯砸到，他也会继续尝试，直到他能自己站起来并且行走为止。

宝宝有内在的动机能让他一直坚持下去。所以，不要把刚会扶着走的宝宝放在房间中央的地板上，鼓励他不扶着走。如果他能行的话，等时间到了，他会这样做的。

直到宝宝想要靠自己的力量去某个地方或者做某事的时候，他才会开始爬或者走；这些新的身体功能是对他们的奖励。尽管如此，他会逐渐取得自己的巨大进步。他不再需要依靠大人带他去看某样东西，或者把东西拿给他进行探索和试验，他开始能够自己去某个地方或者自己拿东西。在宝宝能够让妈妈给他拿某个靠垫让他看看上面的条纹之后，还有很长的一段路要走，但现在离他自己去拿已经不远了。事实上，即使宝宝能够自己去某个地方或者自己拿东西而不需要大人，也并不意味着他就想这样做。实际上，如果宝宝能够得到任何他想要的东西，他可能会选择让妈妈一直陪着他，然后看（而不去干预他）他做的所有事情。在这一年的时间里，他对妈妈的依赖愈发加深，他现在可能要比3个月前更加黏人。

安全的身体自由

宝宝更加迫切地想要练习爬行或站立，为了他能自己去某地或者拿到某样东西。对于他来说，坐立、爬行、站立和最终会走，都是他自己的能力，所以他需要进行的最多的游戏（比玩玩具多得多）是在安全的地板上，自由地使用空间。如果妈妈还没有给他安排一个玩耍的空间，现在是时候这样做了。妈妈可能需要保护宝宝的膝盖和头部（这也能减少不必要的麻烦），可以用小地毯或垫子铺在他的那片“地盘”上。如果他是在起居室的地上玩，那么妈妈可能还需要在他的垫子上加一层可洗的垫子，或者使用那些有公路系统、农场或村庄图案的爬行垫。对于宝宝来说，这些很快就能成为很好的玩具，让他玩上几年。

除了这种助步车，没有什么能给快要会走的宝宝带来更多的乐趣。

在大部分家庭中，厨房都是成人的操作活动中心。如果厨房太过局促，宝宝在里面玩不开，妈妈可以在饭厅开拓一片地方，作为厨房的延展，让中间的门保持敞开状态，但是放一个栅栏在中间，这样他虽能看见厨房，但进不去。当然，足够大的厨房只要安全工作做好，在大人的看护下，宝宝也是可以在里面玩的。妈妈需要考虑的不仅是那些很明显的危险，如锋利的刀具和有毒的液体等，还有那些隐患，如家里的垃圾桶（他会打开它们，拿出里面用完的易拉罐等物品）。这一片空间可能持续几个月都会是宝宝活动的基本空间，即便家里另有一间器具完备的玩具室或者婴儿室待用，也是如此。婴儿和小宝宝不想要没有大人的单独空间，他们想要跟妈妈在一起。如果把宝宝单独留在游戏室，他会变得非常孤单和无聊，而且妈妈一直不在也会带来一定的风险。妈妈可能会完全放弃使用游戏室，或者把自己的电脑、电话等任何其他东西挪进去，这样一来，妈妈在陪着他的时候，还能继续自己的生活。

心得分享

关于围栏，有位家长说：

“如果没有围栏我都不知道该怎么办，但我并没有把宝宝放进去，而是把她3岁大的姐姐放了进去。围栏可以确保她安全地画画和玩娃娃，而不会被妹妹抢走。”

双胞胎小贴士

如果双胞胎宝宝的发育程度有着很大的差异，那么一个真的有可能会踩在另一个身上。有时他们甚至不能“好好地玩耍”，或者总招惹对方，那么就可以用围栏将他们隔开。把一个放在围栏里面，另一个在外面玩，这样他们就能看到对方，或者愿意的时候也能互相交换玩具。但要保证公平的轮换制度，不要让围栏看起来像是一种惩罚或者优待。

如果生活的空间已经很局促，不要为了给宝宝设置特别的空间而让自己处于局促和不适的感觉中。对于所有人来说，空间越小，分享就显得越重要。如果让宝宝在本身已经很局促的起居室里玩耍，除非他的需求得到满足，否则他不免会让自己、其他人和大孩子都处于情绪爆发的危机当中。一个围栏能为他提供一个小空间，让他远离错误的人和错误的行为，但这也不是最好的处理方式，因为即使宝宝没有抵抗地待在围栏里，他也会因无法进行应有的学习和练习而感到无聊。

宝宝在一个不完全隔离的角落里玩耍会感到不那么受限，这个角落可以是沙发后面，这样他还能偶尔拉着沙发站起来。而且，宝宝需要的是安全的、可以活动的空间，最不常去的和不经常使用的走廊或门厅区域就属于这种空间，但要确保所有的台阶都有栅栏围住。对于户外的空间——门廊、院子或阳台，只要能保证安全，都能扩展成宝宝的活动空间，哪怕他还不够大不能在里面爬。而且，这样做可能还会让宝宝喜欢上手指画或沙子。

玩具

宝宝可能更需要活动和探索空间，而不是新玩具。他当然也需要玩具，但很多旧玩具到了他能坐着玩或者能自己爬过去拿到的时候，仍对他有着充足的吸引力。当然，也有一些类型的玩具是他以前没有的，尤其适合他现在这个阶段的发育。

总是滚着跑的玩具可能对于还不会爬的宝宝来说没有多大吸引力，因为它们总会逃离宝宝的手中。但现在宝宝能够追着它们爬了，他可能会非常喜欢玩球、有小轮子的玩具和会滚的家居用品等，例如卫生纸或苹果。

一旦他学会了在下面没有接着的东西时

"我这样做，就会发出那个声音。"发现原因和现象，以及能让东西发声的力量都很令宝宝激动。

放开手，宝宝就会喜欢上从椅子上或婴儿车里把东西放下。他还会学会如何扔东西，不仅扔可以扔的室内球，还会扔被禁止但有趣的东西，例如从购物车里扔东西出来，甚至妈妈刚放进去，他立刻就会扔出来。

接触的不同物体越多，宝宝就越能了解原因和结果。大人觉得习以为常的事情，却不是理所当然的。最基础的万有引力法则是每个人都要学习的，宝宝现在就正在学。他还会发现自己真的能让一些物体做一些事情。除非他被突然和意外的噪声吓到，否则

安全养护

玩具。时刻记得只要是宝宝能拿到或是摸到的东西，都可能会被吸吮或咬。要注意那些完整的时候很安全，但是破碎之后很锋利的东西，例如玻璃瓶。选大的东西当玩具（不要石子或珠子），还要检查所有带轮子的玩具是否有凸出来的地方，尤其是车轴附近。

他现在可能会很喜欢一些简单的乐器，例如鼓、铃鼓、沙锤和木琴。他不仅陶醉于它们的声音，而且能用自己的力量让它们发出声音。妈妈可以给他一个能发声的玩具，如当按下特定的按钮或拉一个扳手的时候，玩具会发出一种声音。推动时会发出声音的助步玩具，会成为大部分宝宝的最爱。

要等到1岁生日之后几个月，宝宝才会开始记住自己都拥有什么玩具（尽管他会发现特别的"抱抱"不见了）。现在，妈妈不能认为他知道自己想要什么，除非他看到才会去找。收在橱柜里的玩具，他看不见也就不记得了。当他被放在专属于他的地板上时，需要有人给他提供一个较小的选择范围，然后玩一会儿再帮他换一批。把他现在玩的玩具一直放在地板上可能会让大人省些力气，但实际上却破坏了宝宝的游戏时间。宝宝大都喜欢类似于以前玩过的玩具但又有新鲜感的东西。把所有的东西一直都放在外面，宝宝就会对它们失去兴趣，因为他总能看到它们。如果宝宝有很多玩具，多得超过他的需求，妈妈可以把还不太适合他的或者是那些噪声太大的玩具收起来，也可以偶尔或在特定的场合、天气恶劣只能待在家里的时候，才让他玩。他玩这些玩具可能比其他玩具玩得都要久。

在这一阶段，在专属地板的一角设立一个玩具箱是一个非常好的办法。它并不一定

是专门用来装玩具的，它甚至不需要有盖子。一个大柳条筐就不错（但要小心锋利的突起），也可以用一个大的、光滑的塑料收纳盘，例如那种床下式的收纳筐，有的还带有小轮子。如果当前使用的玩具（包括真正的玩具和一些家居用品）都放在这里，那么每次玩耍之间的整理就会变得很轻松和快捷，让宝宝也很容易看到他的玩具在哪里，当他想要的时候知道去哪里拿。如果他有时几乎把所有的东西都拿出来，但却不特别玩某一样东西，也不要感到意外。把东西拿光就是今天的游戏。只需要一些鼓励，再次把玩具篮装满（也可以叫作整理或归位）也可以成为游戏的一部分！

宝宝可能有很多玩具，尽管妈妈会很细心地将它们分类，但这些都不能提供给他新鲜事物带来的想要看和探索自己从前没见过的东西的欲望。他需要探索成人世界的种种。妈妈可以在出门购物时给他带回一些，或者是从即将扔掉的东西中回收再利用一些。对于宝宝喜欢的东西要格外关注，并且妈妈不能陪着他玩的时候要收好这些东西，直到有时间把它们变成临时玩具时再拿出来。

•一些洗干净的酸奶塑料盒或者塑料花盆对于宝宝来说可能很好玩，可以堆起来再推倒，或者是玩填满东西和倒空的游戏。

只要包装袋没有破损，那么回家后让宝宝把东西从袋子里拿出来，可能会给他带来很大的乐趣。

●纸板箱有数不胜数的用途，可以做娃娃的小床、玩具马的马厩，或者也可以成为装小玩具的容器。小盒子很少见，如果得到了一定要留好，将它们装进大盒子里，这对于宝宝来说也很有趣。

●纸卷有三种用途：可以滚，可以让东西穿过，也可以透过它看东西（就像一个望远镜）。

●圣诞节或其他特殊节日留下来的闪亮蝴蝶结和漂亮的纸，能够激发宝宝去打扮自己，或者他的娃娃、宠物猫等。

●用有盖子的塑料瓶装满水，然后加入宝宝沐浴露（也可以加半滴食用色素），这样在摇晃的时候就会产生泡泡了。

●一个可以捏的瓶子（但要彻底清洗干净），里面可以装一些无害的东西，这样就可以在沐浴时间里玩了。

●利用已使用过的打印纸给宝宝涂鸦。

●彩色的杂志攥起来、撕起来都很好玩，而且宝宝也喜欢上面的各种风景、烹饪或育儿的图片。

场景的转换和活动的转换

在这一年龄段，宝宝的注意力持续的时间相对较短，而且他能拿特定的玩具所做的事情也很有限，所以他需要很多的场景变化和活动来让他保持参与感，免得让他感到无聊。现在还没有什么能让宝宝感到熟悉的东西，所以哪怕是简单地把他从一个房间挪到另一个房间，对于他来说都很有趣，就像等他大一点以后带他出门一样。妈妈正准备收拾的床铺对于宝宝来说，也可以是一个华丽的柔软的蹦床，或者是很好的躲猫猫的地点。在厨房的硬地板上玩玩具与在铺着地毯的餐厅地上玩有不同的乐趣，尤其是当妈妈给他看有轮子的玩具在两种材质的地板上的不同表现时。出门去玩，尤其是坐在婴儿车里，而不是坐车，对于宝宝来说更是无价的享受。带他出门的次数越多，而且活动越成人化，对宝宝的成长越好。这种出行不一定必须以宝宝为中心。宝宝通常都喜欢参加亲子活动，所以妈妈觉得无聊的周六早上出门办事和做家务，如果带上了宝宝，则有可能充满新的发现，让母子俩都乐享其中。

跟宝宝玩耍

宝宝通过玩耍进行探索和学习，磨炼已会的技能，然后开发新的，所以妈妈只要与他在一起的时候就尽量跟他多玩。当然，这并不意味着妈妈要整天都与他在地板上玩玩具：与1岁大的宝宝一起玩的方式有很多，玩耍更像是一种求知态度而不仅是活动。宝宝并不知道洗澡是一种“照料”，但是通常坐在泳池中就是玩耍，所以洗澡也可以成为游戏时间；去市集通常是为了“购物”，但这个过程也可以变成游戏。宝宝在乎的是妈妈有没有在场和加入游戏；如果妈妈在，宝宝会很开心，而不会感到孤独或生气。妈妈要对他在做的事情迅速给出回应，同时给他示范应该怎么做。

心得分享

关于宝宝坐婴儿车出行社交，有位家长说：

“我有一次遇到一个朋友，她特别兴奋地和我说有一种婴儿车，车斗是面朝推车人的，这样妈妈就可以时时与宝宝面对面了。听了这话，我开始觉得我们家面朝前的婴儿车不好。但我有一次看到她一边推着车，一边打手机，而且有好多次当我们在一起推宝宝出来散步的时候，她整个下午都在打手机。那会很没礼貌。我只在紧急情况的时候才需要打手机，但我跟儿子出门的时候，我都会把手机调成静音。”

加入大人的游戏

这个年龄段和心理阶段的孩子，比起其他人和其他物品，他可能更喜欢与妈妈和妈妈的“玩具”玩，或者在妈妈去上班的时候与照顾他的人玩。观察和分享成人的活动能够帮助宝宝认识这个世界，形成人和物的概念，所以与孩子的互动越多，对他越有益。与孩子分享妈妈工作的世界不太容易，因为现代工作很少有适合与孩子分享的，除非妈妈是主妇，或者从事的职业对孩子很友好，例如养殖、种菜或园艺，而且大型机械在保证安全的情况下对于宝宝来说是很有趣的。大多数工作就连听起来都很不适合小孩子。这些工作都是在办公室的工作，会让宝宝感到无聊。少数（但数量在逐渐增加）幸运的妈妈是在家工作的，但电脑和打印机也不会让宝宝感兴趣太长时间，而无休止的打字和打电话意味着妈妈没有时间与他讲话。把工作和照顾孩子结合在一起，通常是无法完美实现的。

家庭生活

无论家长在外从事什么工作，几乎所有家长都会在家做家务，而这些家务活会让宝宝和年龄小的孩子很感兴趣。从很多方面来说，家长既要把孩子养得好，也要家务做得好，但这种想法令人感到遗憾，因为这意味着人们把这两者混为一谈了，就好像带孩子和打扫是同样的活动。而且，鉴于家务活仍然更多倾向于是女性的任务，所以妈妈会受到限制，而爸爸则被排除在外。当然，不是所有家庭都这样。无论是男人还是女人来做，高效的家务劳动意味着把日常必须做的家务活尽快做完；要是有孩子一起参与，就意味着速度变慢，或者为了让他参与而进行有意的调整。

安全养护

家务活对于宝宝来说不是什么好的游戏，它们易引起哮喘，因为灰尘（尤其是屋螨）是一种非常常见的过敏原。喜欢玩日常用品的孩子尤其需要注意，因为几乎所有的清洁化学物品都很危险。家里最好完全禁止有毒液体的存在，例如漂白剂，而且要把所有的喷洒物都换成对眼睛和环境无害的。有些现代织物清洁只需要用水，所以妈妈几乎可以把家里的清洁用品都丢掉。

如果当妈妈上班的时候有一位受过训练的保姆来照顾宝宝，不要因为需要她专业、有效地照顾宝宝而不安排她做些任何家务。与之相对的是，如果宝宝是送到托儿所，他除了和其他孩子一起玩以外，什么都不会做。当然，宝宝需要每天与他喜欢的成年人在固定时间集中进行一对一的玩耍和说话，无论是一整个下午都在一起玩，还是在日光下来个长长的散步，宝宝都能第一时间得到满足。但其实成人通常什么都不做，只是看着孩子玩耍而不会加入，这样的陪伴是无聊的。成人可能自己都会觉得无聊，不是拿出手机看，就是不停地劝宝宝换个游戏玩，这可能会让孩子感到被打扰。有些宝宝白天没与妈妈在一起，但却有人陪他说话、玩耍，他也会过得很充实，甚至比和妈妈在一起还要觉得开心、有趣。

购物对于宝宝来说可以是一种奖励（对于妈妈来说也是一种休息），前提是去实体店购物，而不是在网上。宝宝会喜欢走路到商店，因为路上可以进行社交。购物和社交是他很喜欢的两件事；他也喜欢在超市里逛，因为他可以坐在推车里，然后自己把东西放进去。如果妈妈不想让他拆开所买的东西或者把货架弄乱，可以让他自己拿一些无

宝宝可能会觉得园艺比家务活有意思得多。

伤大雅的东西，例如法棍面包。让他看一看他认识的、好吃但不好拿的零食，或者让他手里拿着好玩的东西，这样可能会分散他的注意力。

去超市购物对于宝宝来说最有趣的部分就是拆包装。如果妈妈能很仔细地将商品分类，把容易打开的单独放在一个袋子里，把鸡蛋、西红柿或其他玻璃物品装在塑料袋里，那么宝宝就会拆掉其他物品的包装，而那些易损坏的物品就不会滚落一地。

几乎所有孩子都喜欢烹饪，婴幼儿也不例外。他们喜欢的是“脏乱”或“玩水”，而还没有意识到在厨房的活动和好吃的食物之间的关联。最好让宝宝坐在宝宝椅里，这样更容易保证他的参与和安全，然后给他一些零七八碎的东西玩，让他搅拌、捶打和品尝。

即使是成年人最不喜欢的家庭活动——家务活，也可以当作游戏来玩。如果宝宝在床上蹦蹦跳跳，那么在打扫床铺的时候，可以让他藏起来，玩捉迷藏。

不是所有宝宝都有机会参与园艺活动，但是能这样做的宝宝大多都会沉浸其中。这其中要考虑许多安全问题，但是孩子6月龄以后妈妈更关心自己的宝宝而不是园艺，而且厨房中的危险因素远比园艺活动更不可控。不过，如果花园中有一个水池，那么妈妈不仅要考虑它现在的安全性，而且要考虑其长期的安全性。一种解决办法是在水面下安装刚性金属网，另一种是把池塘装满卵石。

有孩子在场或要进入院子的时候，妈妈要注意不要使用任何电动工具，锋利的工具和有毒的化学制剂都要锁起来。妈妈还需要注意被猫或狗排泄物污染过的土地可能会有弓形虫，尤其要注意那些有很多猫狗出没的城市里的小公园。宝宝可以在草地或门廊上爬行，但妈妈自己一定要戴园艺手套，然后在给宝宝擦鼻子前脱下来。小孩子应该用新鲜的堆肥进行他们的“园艺工作”，用他们自己的特制种子盘来活动（这种种子盘带有一个盖子）。

当然，宝宝不应过度暴露在阳光下，或者接触携带病菌的蜱虫，但这些只是在特定时间的特定地方才有危害。至于有毒的植物，只要不种植（或容许它们存在）即可。

文字游戏

随着宝宝进入幼儿期，他必须学习使用越来越多的词语。现在，即使他说的还没有任何一个听起来像“词”，他也能理解越来越多的语言。无论何时跟宝宝说他能看到或感受到的东西，都是在帮他认知；无论什么时候用语言鼓励他做什么，都是在帮助他开发新的技能。当然，这种说话不仅限于妈妈在特意与他玩耍的时候。母子无论在一起做什么，只要妈妈在跟宝宝分享，都可以这样做，这就如每天照顾他的日常起居一样。平时的活动，例如洗漱和换尿布，吃饭和准备就寝，都有很多机会可以与宝宝说一说正在做的事情和这么做的原因，还有妈妈和宝宝的感受、原因。这些都能让宝宝感受到安全的爱和关注，让他们觉得这些工作不是那么普通。渐渐地，他就能明白妈妈对他的照顾，然后最终开始自己做，如拿毛巾自己洗脸等。日复一日，他会学习新的概念和对应的词语：知道洗澡水“太烫”（的意思是什么），以及热水龙头“不”能动；塑料小鸭子会漂着，而毛巾不会。最终，他的认知可能会让妈妈感到吃惊：妈妈可能只是无意间问他“你的毛巾在哪儿”，还没有意识到他知道这些，但他却知道他的毛巾是白色，而妈妈的是蓝色，所以会直接拿白色的那条。他虽然不会说，但是他知道颜色的不同，即使他还太小甚至不知道颜色的名字是什么。书中的词语由于特殊的图像语境所以特别。当妈妈跟宝宝说某样可以摸到的东西时，例如他的饭碗，他会迅速将这个词语和物体联系起来。当妈妈给他读书时讲到摸不到但可以在图片中看到的东西，他需要将词语联系到图片，然后再从图片联系到它所代表的东西。这是抽象化的一大步，他在这之后就能明白妈妈向他说的东西并不在这里也摸不到，甚至也看不到，只存在于他的脑子里，例如很快会回家的爸爸。

不要认为宝宝太小还不会说话，就不会听妈妈读书。在这个年龄段，书籍本身，还有与妈妈一起“阅读”书中的词语和图画，都能成为他们玩耍和学习的重要组成部分。他对话语的认知与他对概念的认知是联系在一起的，这不仅包含“热”和“冷”，还有“上”和“下”，“大”和“小”，“满”和“空”。随着这些词汇的增长，书籍以及“读书”过程中的各种对话都变得越来越重要。立体书提供了适龄的新奇和惊喜，可能成为宝宝最喜欢的图书，而且用不了多久他就能跟随妈妈给他的指示“拉这里”“推”“翻页”。无论图画书是否是立体的，里面的图片都很重要，而且宝宝最喜欢很大、色彩丰富而鲜明的图片。如果一个1岁的宝宝能认识猫的图片，肯定是他之前见过关于猫的图片，而不是艺术形象或者卡通形象的猫。如果书里有“故事”，不要只给他念书上的字：给他展示（问他）狗在哪里，爸爸在图中哪里；告诉他（问他）猫或奶牛说了什么。另外，他可能很愿意反复地“读”同一本书，可能连续几周每天都要读好几次。即使一本书已经读了三遍，他很可能也明白所有的内容；重复是重点，能够背下书里的故事也是乐趣之一。

图画书是极好的，立体书更令宝宝兴奋。图中的宝宝兴奋地翘起了他的大脚趾。

宝宝不能坐在妈妈的腿上与妈妈一起看没有图片的书。当然，如果他没有任何其他事情可以做（例如正在乘车，或者在宝宝椅里等着吃午饭的时候），他也会注意听押韵的故事，听它们的节奏和音调，他还会从妈妈的语调中意识到它们很有趣，因为他很早以前就已经熟悉了妈妈的语调。而且，无论妈妈唱歌有多么不好，也要给他唱歌或儿歌，圣歌和赞歌也行，只要是妈妈会的，就可以给他唱。如果妈妈不太记得童年时的儿歌，可以买一张光盘。去参加亲子活动最大的好处之一，就是能够学到很多的儿歌，以及一些以挠痒痒为结尾的动作游戏。指手指和脚趾、鼻子和耳朵的游戏能够帮助他认识自己身体不同的部位，还能学习这些部位的名称。

由于词语的重要性和乐趣，妈妈可能觉得会说话的玩具很吸引人。制造商知道这一点，他们会向家长（购买人群）宣传。他们生产的产品种类繁多，从简单的玩具——按一个奶牛图片的按钮，就会产生一种机械的牛叫声，或者说“奶牛”这个词，再发出一种哀鸣的声音——到复杂的“婴儿电脑”，应有尽有。这些玩具可能会娱乐宝宝，但不会教他明白语言，也不会教他说话，或其他任何与语言有关的东西。

开始思考立规矩

对于大多数家长来说，与一个快要1岁的孩子一起生活无疑是充满欢笑和柔情的。但也有不好的日子，所以有时易怒的情绪也会出现。

这正是很多有1岁宝宝的父母开始思考和谈论立规矩的时候，有时孩子的祖辈也会参与进来。现在时机刚好，因为快要会走和说话的宝宝已经开始能明白有些事情是妈妈希望他去做的，有些则是被禁止的。例如，他能明白“不”的意思，也能跟成年人配合，即使（有时）他不是出于真心，但如果时机合适，他就能做到，而心情不好的情况下就不会。宝宝还远没有到能理解妈妈为什么批准，又为什么不允许特定的行为，这就意味着他还远没有准备好应对当他没有配合妈妈或者当他打碎东西、弄得一团乱的时候，妈妈的生气、失望或悲伤。大人生气的反应肯定会让他难过，而且也不能教会他任何事，因为成年人的感受和行为对于他来说是完全陌生的，而妈妈的怒火在他看来不知道是从何而来，就犹如一个闪电打来一样。真正的愤怒是无法预期的，也是无法应对的，而且对于宝宝来说很可怕，就像对妈妈而言，家里的狗突然咬了自己一样。

宝宝用两只脚站立着，身上穿着一条小牛仔裤，他看着你，带着一脸无辜，使他看起来要比上周长大好多。妈妈所犯的最可悲的错误就是真的以为宝宝长大了，或者认为他应该长大了，而且也按他已经长大来对待他。回想一下以前某个“坏日子”。宝宝不可能知道他做过的某件特定的事，如把麦片洒了一鞋，会成为破坏整个早晨的“最后一根稻草”。他不知道那个早上过得怎么样，或者意味着什么。如果他感到了什么，那就是妈妈在厨房里忙来忙去，事情都推迟了而且还增加了很多。这些都反映出妈妈不同寻常的紧张，宝宝虽然不会喜欢，但他既不明白为什么，也不会去想为什么。他还不懂妈妈的感受或妈妈在做的事情：他不能不是因为缺少经验，而是因为他脑中能够产生移情功能的“社交”部分还未发育完全。而他更不应该懂，因为这还不是他需要考虑的。

一些说法

“什么时候开始建立规矩都不早。”“不要让你的宝宝称王称霸。”“向他投降就等于给自己背后一棒。”如果妈妈没有时间和精力去判断这些说法，或者这样说的人是长辈，而妈妈不敢当面反驳，那么至少可以选择不去理会。

研究发现

即刻顺从。在20世纪90年代，影响力广泛的以教会为基础的育儿课堂遍布美国，指导家长要回避混乱（而且要加强即刻顺从）。当妈妈准备用勺子喂宝宝吃东西的时候，如果他用手抓，一旦手离开他的腿，妈妈就应该用一个小棍打他的手。在一些处于这种规则下的极端例子中，宝宝不仅不再把手伸进碗里，他们甚至不再进食。

研究发现

打和骂。研究显示，会走的宝宝或者幼儿的家长平均每9分钟就会发出制止的声音（"停下""不要碰"），而这其中约有75%的2岁以下宝宝还会挨打。

心得分享

关于在教育孩子方面缺少旁人的支持，一位家长说：

"在超市准备结账时，我负责转移杰斯的注意力，让他不要把推车里的东西拿出来。最后我不得不把他从车里抱出来，让他能看到周围。对此，身边的人总告诉我'他这是欠揍'，而从来没有人说'他需要的是好好抱抱，或者做些有趣的事情'。"

不要只看外表就说宝宝已经长大了。

有很多家庭顾问都会告诉父母，所有的纵容都是溺爱，宝宝应该"从一开始就按对的做"，要训练宝宝的即时可服从性。

甚至有一小部分家长（比20年前要少得多）会因宝宝啼哭而惩罚他们，有些还会打宝宝以便"打断"他闹脾气。幸运的是，当一些家长最终失去了耐心，被宝宝激怒或生气时，他们会思考惩罚是不合适的，尤其对于这个年龄段的宝宝来说 ，所以他们不会实施惩罚。

大多数家长都会使用更温和的方法制止宝宝做危险的事情和破坏东西——先三思避免冲突，在发生冲突的时候用其他东西转移注意力。但他们得到的支持并不多，甚至还有批评声。对于很多人来说，这种以宝宝为中心的方法仍然看起来像"溺爱"。到了现代，这种情况应该已经改变了，或者至少正在改变，因为惩罚具有不当性，其是在管理宝宝的不良（或者不便和恼人）行为。这一点已经不再是一种意见，而是经科学证实的事实。

妈妈不能用告诉宝宝要如何做的方式来管教他，这种方法只适用于儿童。无论妈妈多么努力教他，在第一年里，他也学不会控制自己的行为。他不会是因为自己还不能；他不能是因为脑的那一部分——控制社交认知和行为的部分（眶额皮质）——从他出生以后才开始发育，而且至少需要1～2年才能发育完全。

宝宝的脑

无论宝宝未来的潜力如何、能做什么，他现在的发育都取决于脑的发育。人类的脑是非常复杂的，但即使是些微的了解，也能让妈妈更多地了解自己的宝宝。

在宝宝刚出生的时候，他有大约2000亿个脑细胞（神经元）。这就是他一生所需的全部，他不需要生长更多的脑细胞，实际上以后还会减少一些。 出生时，神经元之间只有很少的一些连接（突触），而宝宝需要更多的连接，这样才会让他的脑功能更健全。连接越多，表现越好。也是从第一年的下半年开始，随着宝宝对妈妈依赖的慢慢形成，这些前额叶皮质中的突触连接将达到迄今为止最高的密度。在进入幼儿期时，其会达到最终的数量值。

脑的形成

高级脑——最特别的人类身体部分，其体积是人类与其他哺乳动物的最大区别。它的成长和发育发生在出生之后，按照社交经验发育，在妈妈的注视下发生，并以妈妈为中心。第一个高级脑功能的发育是眶额皮质，由宝宝早期的关系和经验决定。它决定了宝宝的脑会是什么样，甚至他会成为什么样的人。婴儿无法自己发育眶额皮质，所以不能坐以待毙。无论妈妈是否意识到，自己都会让它发生。宝宝脑的很多方面真的就是由父母和其他对于宝宝来说重要的人创造出来的。其不是“按你的意思开始”，而是被“为了你的孩子，为了他的大脑，对他好一点”的照顾态度所激发。

如果宝宝出生在很少有成年人与他互动的家庭，他就不能跟任何人建立起安全依赖感；又或者家庭中有很严重的内部冲突，甚至是暴力冲突，那么他的脑结构和化学反应会对这种环境形成防御。他可能会在原始脑的深处产生异常警觉，还会有过度强烈的恐惧感和愤怒反应，或紧张攻击和防御冲动。但如果宝宝出生在父母都非常爱他的家庭，拥抱他，与他玩耍，跟他欢笑，当他不高兴的时候安慰他，他脑中形成的连接就会非常不同。他会成为非常有韧性的人：能适应压力，管理愤怒，跟其他人能形成亲近的关系。

研究发现

脑的形成。这具有非常革命性的意义。婴儿的脑在出生时是非常具有可塑性的，因为脑发育的模型是由家长设定的。也就是说，所有人类刚刚来到这个世界上时，都是要适应他们的生存环境的。

研究发现

脑的体积。人类宝宝出生时脑的发育比起其他哺乳动物来说要相对不完善，这是因为如果他们出生时脑就已经发育完全了，那么他们的脑对于直立行走的母亲来说就太大了，甚至无法通过骨盆。

脑的结构和功能——梗概

所有脊椎动物的脑——当然也包括我们——都有一个核心，其并没有因进化而改变，并控制着基本本能和功能。这就是“后脑”（通常称为“原脑”，原因显而易见），由脊髓将信息从身体传递到其中再返回。其包括小脑，主要与运动有关；延髓，主要控制自主功能，例如血液循环和呼吸，以及与生存相关的本能行为，例如“战和逃”反应。脑垂体控制着很多激素的分泌，包括生长、性成熟和性功能都是由这里分泌的激素控制的。下一个形成的区域是下脑或边缘系统，其通常称为“情绪脑”，因为这里是产生强烈情绪的地方，例如愤怒和恐惧，爱和欲望，羁绊和玩乐。称为“下丘脑”的部位，有很多分散的区域，具有非常广泛的功能，包括通过脑垂体连接神经系统和内分泌系统。有一对至关重要的结构叫作“杏仁体”，可以处理记忆和感情，调节或控制恐惧反应，例如手掌出汗和释放压力激素。焦虑性疾病都与杏仁体功能有关。

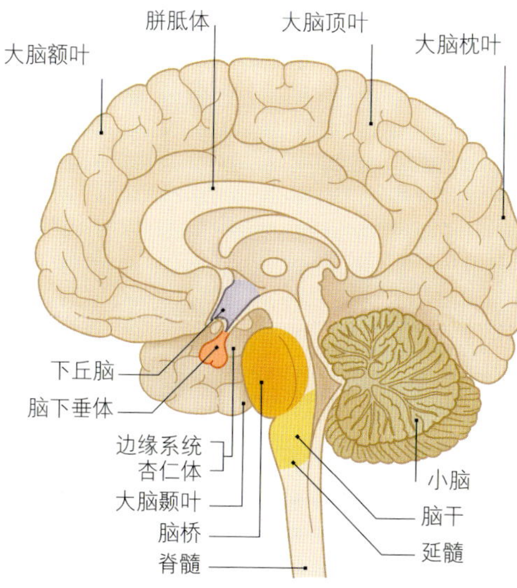

一个成年脑的彩色图示（侧切图）

脑最后发育的部分是“新皮层”，即大脑，只有一些高级哺乳类动物（如灵长类、海豚）才具备。这是“理性脑”，占了我们脑容量的四分之三以上。这里控制着所有让我们成为人类的功能，例如语言、抽象思维、想象力和意识。人类宝宝只有在出生以后，才会发育完全。新皮层分为左脑半球和右脑半球。左半球（控制身体的右侧）含有语言中枢；语言和对语言的认知；表达感情的词语。它记录轻度和积极的感情，而不负责痛苦的情感，跟身体的联系也没那么紧密。右半球（控制身体的左侧）与语言无关，主管感情。它记录强烈和痛苦的感情，吸收情绪氛围，跟身体和下脑的警觉系统——杏仁体连接紧密。还有一组神经组织称为胼胝体，其最终连接左右脑，从一边向另一边传输个体经验的信息；但在婴儿时期，它尚未发育完全。

高级脑有很多脑叶，每个都有特定区域，会在童年初期发育到一定程度。例如，额叶，与智力和创造力有很广范围的联系（还与一些肌肉配合、运动技能和身体反应，包括性冲动有关）；枕叶，主要负责视觉和阅读；颞叶，控制各种记忆。大脑的额叶前部（最后进化的）跟皮质层的感觉区域和情感、生存区域连接，控制社交选择。最先成熟的部分就是眶额区，对于个人的强烈感情管理至关重要。它可以抑制下脑的原始冲动，理解其他人的社交和情绪波动，修正行为，以回应奖赏和惩罚。

宝宝的脑和行为

宝宝不能做，或者不能学做任何超过他当前脑容量的事情。前面的章节已经强调了，在宝宝还不能手眼协调共同工作的时候，就期望他能拿到玩具是没有意义的；或者尝试推进必须源自他身体内部的发育，例如开始行走或者说“真正的词语”，也是没有意义的；但在他不高兴的时候立刻给他回应，就可以降低压力或者使压力不会持续太久。1岁前的发育让宝宝成为能够用自己的两只脚站着的人，但他看着妈妈的眼睛时却能做已经被禁止的事情，因为他还没有成长到能够明白和记住自己应该怎么做和控制自己的年龄。他也不能在自己想要的时候，接受“不”而不哭，或者考虑妈妈的感受像他自己的一样。不要期待宝宝能够有自主的“正确行为”，这就好像期待猩猩会唱歌剧一样。这些都是不可能的，因为“设备”还没有到位。真正的自律需要更高级的脑容量，对于1岁的孩子来说，达到妈妈的要求不是困难，而是不可能。

如果妈妈对宝宝要求他不可能达成的事情，那么只会让宝宝感到挫败和失望，对于妈妈来说也没有意思。如果想要理性脑发育进展正常，那么妈妈就要多爱他，让他高兴——经常保持好心情，比其他任何事情都重要。妈妈要避免对宝宝提他今天还做不到的要求，这不仅“不公平”，而且经常被否定也可能意味着将来不能达到脑发育的最佳状态。

妈妈对宝宝脑发育的影响具有独特的重要性。包括基因遗传、一些孕期与分娩过程中的经历，都是育儿中无法改变的事实，只可能修正它们造成的影响。时间（以及它带来的成长）就是其中之一。即使妈妈是最温暖、最细心和反应最迅速的母亲，她也无法加速宝宝脑的发育。在宝宝快到1岁的时候，高级（理性）脑相比下脑来说，仍然发育不完全，原始冲动和混乱情绪肯定会出现，有时甚至变成失控的行为。如何帮他处理取决于妈妈，而带着理解来做能够帮助宝宝学习，最终他才能学会自我控制。

发脾气

虽然发脾气是幼儿的典型行为，但在9月龄的婴儿身上也很常见。这再次说明了尝试在孩子的行为还不完全受脑支配的时候，就因为大人的厌烦而要求他遵守纪律是多么没有意义。

发脾气是紧张情绪堆积爆发的结果，通常由挫败感引发，可能还伴有恐惧和焦虑。其中可能也含有愤怒，但“脾气爆发”是一种误称，表现了成人世界的惩罚性态度。“脾气”听起来还算是个性，但发脾气就不是了。有时积累到发脾气的过程是缓慢的——妈妈可能知道如果宝宝下午午睡了，他就会在晚上上床时发脾气——有时却会很快发作。无论是哪种情况，发脾气就像是一种感情爆发的保险丝，当发作的时候，宝宝会被情绪完全淹没，这些都是下脑储存的经历过的暴力情绪的释放。他不可能控制这些情绪和结果，因为下脑（“感性”）和理性脑之间的通道，还有左脑和右脑的通道都还没有发育好。宝宝的脑已经被压力化学物质淹没；他已经完全失控，并且感觉很糟、很害怕。

妈妈的工作不是让宝宝“守纪律”，甚

研究发现

发脾气的原因。大约有17%的发脾气都源自宝宝对食物和进餐的不满。受到限制的感觉也会激活下脑愤怒和挫败的感觉：11%的发脾气是因为宝宝或幼儿被困在了汽车座椅或宝宝椅里；还有11%是因为穿脱毛衣，或者被强迫穿或脱大衣。

至说不上是“教”他，而是培养习惯，以及帮他从外部保持平衡，直到他的脑发育成熟后能够自己从内部进行调节。无论宝宝发脾气对于妈妈来说有多恼人（而且可能会在公共场合或是在拜访的客人面前让妈妈感到很尴尬），对于宝宝来说他的感觉也很糟糕。

重要的是，要明白婴儿或幼儿在发脾气的时候是很痛苦的，也是很受罪的，他们真的在经历感情上的痛苦。如果妈妈相信自己能看出宝宝在生气，就会明白这时对他喊叫甚至走开和忽视他有多么不妥。对于三四岁的孩子有些故意地向大人发脾气最有效的方法就是不给他当观众，但宝宝现在还不到3岁，并不懂得要挟（“如果我叫的声音够大他就会妥协”），并且没有任何主观上的故意要发脾气，他也控制不了自己的脾气。

有时把宝宝抱起来会起到安抚作用，但只有当他让妈妈抱的时候才有用。他允许后，妈妈就可以抱着他，而不是强迫他。当然，只有妈妈保持冷静，而且能控制自己的时候，才能这样做。有时分散注意力也有帮助。如果妈妈用玩具或经过的救火车转移宝宝的注意力，就能引发他的兴趣和动力，减少他脑中的压力化学物质。

有时一些简单的方式也能奏效。重复地用轻声细语对他说“好了，好了”，可能会盖住他的尖叫，帮助他减少反抗，从而让他安静下来。不要尝试说服，或者希望他能开口说出原因，讲出自己为什么不高兴。如果宝宝正在发脾气，那么他高级脑中控制思考和说话的中心已经被强烈的情绪覆盖了。

随着宝宝长大，他会逐渐放慢进入发脾气的过程，因为额叶和下脑之间的通道已经开始发育。最终，他会经常（或者至少有时）控制和平复愤怒的爆发，以及焦虑和恐惧，过一段时间才表达出这些强烈的感情。尽管如此，即使“有时”会这样，那也是将来才有的情况。在宝宝进入幼儿期能够自己冷静和安慰自己之前，还有好几个月的时间，现在他需要一个心爱的成年人来帮他这么做，同时他的行为会异常得无法预测，变化多端。直到连接大脑左右半球的胼胝体发育成熟以前，来自于感性（现在是愤怒）的右额叶的信息——和感情的波动——都不能传递到有节制的和负责语言的左额叶。某一刻，宝宝可能还在大笑和说话，说着全部他知道的词语，他的左脑正在控制他的行为；下一刻，他就沉浸在无言的愤怒中踢着地板——他右脑的活动已经覆盖了左脑的。

告诉宝宝他很淘气并不能帮他做得更好

如果妈妈希望宝宝乖，做到妈妈希望他做的，那就试着告诉他“我爱你”。

在1岁之前的最后日子里，随着宝宝脑眶额前区的发育，他开始能够认识和记住他人的脸（见274页），以及面部表情：微笑、皱眉、激动或骇人听闻的惊诧。最初，面部表情都储存在脑中，它们就像相册中独立的照片，但渐渐地，随着同样的情况反复出现，这些片段开始连起来，储存在脑中的已经是持续的充满感情的自我形象。宝宝会留意妈妈的表情，储存经常重复出现的充满爱意的问候，精彩的游戏和敏感、有帮助的反应——拥抱、安抚等，用来控制情绪。宝宝现在开始积累起来的画面，能在没有大人帮他调节的时候，发挥重要的作用。当宝宝（或幼儿、儿童、青春期少年、成年人）遇到社交情况唤醒了储存的感情时，他会下意识地使用这些画面来指导自己的反应和行为。因为大一点的人都会从内部资源寻找指导，我们认为这是“自律”，确实就是这样。但最开始这些充满爱意的画面是如何进入宝宝脑中的呢？是从妈妈每天对他的管理中来。它们能让“感觉不错”的化学物质盈满他，如内啡肽，当他把它们引入未来的时候，会让他获得良好的感觉。

宝宝也会注意、整理与储存反复出现的指责、不赞成、生气的脸、消极行为和反应。妈妈不笑和不赞成的脸会让宝宝的脑产生压力激素，例如皮质醇，即使妈妈没有说或者做任何无情的事，也会如此。如果妈妈真的不喜欢换脏尿布，那么妈妈在尿布台上给他脱尿布之前还在微笑和开玩笑，可在尿布拿下来的时候，脸上显示出恶心的表情，那么妈妈的脸或者尿布的味道就会在宝宝的脑里留下一条负面的“轨迹”。他长大以后也会成为像妈妈一样的人——对自己宝宝的粪便感到非常不适。

如果负面的面部表情会影响宝宝的脑发育，那么负面的行为通常比父母预期的有更大的影响。这并不奇怪，但在这个阶段，负面的行为通常不能产生有用的影响。如果宝宝开始做危险的事情，例如爬向没有封起来的楼梯口，妈妈把他抓起来并责骂他，他可能会笑妈妈这种大吃一惊的强烈反应。当妈妈把他放下来的时候，他可能会立刻再爬过去。做妈妈不让他做的事情是宝宝最喜欢的恶作剧：宝宝会把“哦，你可以做”和“哦，你不能做”当成一样的话。他并不知道不能爬到楼梯口去，所以现在妈妈要怎么做呢？如果妈妈对他喊叫，那么他有趣的“恶作剧”就会变成“可怕的攻击性”，他会跳起来然后开始啼哭。如果妈妈失去冷静，真的体罚他、摇晃他、打他，或者把他扔回婴儿床，他都会感到吃惊和受到惊吓。他可能不只会哭，还会尖叫和颤抖，他不明白自己到底做了什么，与妈妈的反应之间又有什么联系。宝宝从惩罚中学不会任何东西，直到成年人的怒火变得可以理解，和他自己大多数的行为变得可控，他才会明白；当时机成熟，不用惩罚，他自己也能学会。同时，让宝宝按大人说的去做，保持安全，并不是他自己的责任。保证他的安全是大人的责任，意味着更多的（或者同样的）行动而不是言语：改变他周围的环境，而不是改变他。家里有会爬的宝宝，楼梯口怎么能没有栅栏？

教给孩子如何做在父母的工作中愈发重要，但这些大多数都需要态度积极，而不能消极：要明确这个“可以”，而那个“不可以”；要主动而不是被动，用“试试看”而不是“停下”；要互动的而不是独立的，用“我们一起”，而不是“你必须”。是的，宝宝需要明确、能够理解的界限，然而这些界限只要父母让它们看起来有趣，让喜欢探索和尝试的宝宝不能打破，父母自己的心情也不会因为宝宝的“不听话”而变得很糟。要让宝宝明白“不可以”就永远意味着“不可以”。一个宝宝能打开的楼梯栅栏比没有还要危险；一个打不开的栅栏就是在告诉他楼梯就是“不可以”。等他到了幼儿期，关于楼梯的态度就可以发生转变：告诉他可以“像这样趴着下去”。宝宝第一年的生活中，关键词就是“结果”。他慢慢就会知道自己准备好了，有能力了；但与此同时，妈妈越是轻柔地教他，这一天就会来得越快。

就像我们看到的，人们对婴儿的发育知之甚少（而且具体到每个孩子身上更是一无所知）。有些人可能会说对这个年龄段的宝宝只要持续（或经常）温柔、积极和慈爱地

研究发现

体罚是危险的。即使是〝拍一下〞也会让宝宝受伤，而摇晃或把他扔进婴儿床更有可能会杀死他。婴儿的头相对于脖子来说仍然很重，承受不了过度的屈伸，所以很多动作对于他来说都极度危险。如果他的头被摇晃，那么脑会在颅骨内来回撞击，微细血管可能会破裂，造成脑和颅骨之间的出血。如果形成血栓，其可能会进入脑，然后造成可怕的伤害。摇晃宝宝可能会让他失明、失聪甚至死亡。

正面的限制不会让宝宝感到无趣：他不能爬到易碎物中，但他可以爬进柜子的这个空格。

照顾，就会“宠坏”他，导致未来的行为问题。依据现代脑研究结果，这是一种陈旧的观念。宝宝的脑是否能完全发挥全部潜能，取决于和父母亲密、安全的依赖感。父母越是温和积极的、很少生气而且从来不惩罚孩子，孩子的脑发育越好，这已经是科学事实而不仅是一种观念了。妈妈只要有意识地、持续地爱宝宝（偶尔经历些不愉快也不要紧），喜欢他爱自己的方式，以及他对于微笑和拥抱无穷无尽的需求，母子就能在幼儿期面对新的学习和挑战时拥有更好的状态。

考虑离家工作

离开宝宝回归职场几乎总让人感到十分纠结，而妈妈选择在宝宝第一年接近尾声的时候这么做，就显得越发艰难。

妈妈与宝宝现在比起6个月之前要更加亲密，而且他也能更加明确地表现出他不希望妈妈离开他。哪怕妈妈出去吃个午餐，只是离开紧紧抱着妈妈、一边哭一边喊妈妈名字的宝宝一会儿，对他来说都是很可怕的。如果妈妈是出去上一整天班，而且接连几天，情况会更糟。一旦妈妈做了决定，一定要尽力尝试在照顾宝宝、工作，以及时间和经济能力方面做出最好的安排。

不要让自己后悔没有早点离开宝宝。虽然对于妈妈来说那样做会简单些，但对宝宝却没有好处。只要妈妈能保证安排好照顾他的事情，就不要因为现在离开他而感到内疚。这一年当中，父母在家里无微不至的照顾对于宝宝来说就是最好的开始。无论妈妈是怎样认为的，或者妈妈的感觉如何，对于宝宝来说这都是最好的离开他的时间，比更早离开要好。如果他现在比起6个月的时候闹得更厉害，只是因为他现在更加意识到对妈妈的爱和依赖。他以后都会因为有足够的时间建立起跟妈妈的关系而受益。

宝宝在妈妈上班的时候也会好好成长，只是来自于妈妈的关爱将由其他人替代，等妈妈回来之后还是由妈妈照顾。所以，如果妈妈准备让他以前不认识的人经常来照顾他，妈妈能做的最重要的事情就是，让他与照顾人提前有足够的时间认识和熟悉彼此、信任对方，这样才能缓解他的情绪。最好是宝宝与妈妈一起来认识这个新人，让他看到妈妈对这个人的喜爱和信任，在妈妈不在的时候，他会逐渐依赖这个人。安排照顾人与宝宝多见几次面。让新来的照顾人学会妈妈是如何做事的（包括非常私人的事情，例如喂他吃饭，给他换尿布，哄他午睡），然后在妈妈在场的时候让照顾人来做，让宝宝知道这也是没问题的。最后，妈妈尝试留他们单独相处，先从离开半小时开始，循序渐进。虽然宝宝还没有什么时间观念，但妈妈需要通过不断的经历让他知道，即使妈妈离开，最终也是会回来的。除了以上所述，不要听信那些关于“趁他没注意之前赶紧走”的言论。宝宝当然会发现妈妈不见了，而且会在妈妈下次离开之前变得更加焦虑。

要找好的照顾人并不容易，而且没有人能给出详细的指引，因为照顾的质量取决于照顾人自身的情况，而且他好坏的程度也取决于宝宝和宝宝对他的感觉。妈妈需要亲自去每个在考虑范围内的机构查看，但也要仔细思考自己偏向于请哪种类型的照顾人：如果各种类型的照顾人都能请到，价格也都能承受，那么要为宝宝选择哪一种呢？

住家保姆

一个住家保姆听起来像是妈妈能找到的最接近自己的替代人了。虽然无论是白天还是夜晚，住家保姆确实能给妈妈带来很多的进出自由，但妈妈还是会受到影响。最终，家也会成为保姆的家，而无论想不想她在家，她都会在。

●一个训练有素的保姆完全有能力“全面”接管照顾宝宝的工作，但尽管保姆正变得更加灵活，但不要期待她能做其他的事。妈妈可能每天晚上都要给保姆做饭，而当自己只是想吃些零食的时候，妈妈对此会不会感到厌烦呢？

●如果妈妈能找到一个对照顾宝宝有足够经验的管家或帮手，她可能会做所有妈妈在家做的事情，如照顾宝宝、做家务，甚至会浇花和收衣服。即使能找到一个这样多功能的完美人选，也可能会留不住她。就像很多母亲一样，这样的帮手通常会觉得整天与宝宝（还不是她们自己的）待在家里很寂寞和无聊。

●不要以为小时工能成为妈妈的帮手，还可以起到保姆的作用，而且价格更便宜。有些小时工能力很强，尤其是家里有大孩子的人，她们能够成为像大姐姐或者小姨一样的角色。但有些不能胜任照顾小宝宝或者做家务，而且她们不能全天工作。

这个年龄的宝宝有些害羞，但就算是最开朗的宝宝，在让别人抱之前也需要先认识一下。

日常护理提供者

每天来的日间保姆通常很容易找（不是很多女性都能接受住家），而且妈妈会发现这样很容易建立熟悉的关系，因为彼此不会影响私人生活。当然，每天来的人会有交通问题，如果日间保姆还有自己的孩子需要照顾，她可能会要求在妈妈上班之前提前到家里来，然后晚上能够提前离开一会儿。

●半日日间保姆的价格还算合理，但全日制的就比较昂贵了。很多保姆是两个家庭共用的，英国有很多中介机构可以安排。一个共享的保姆可能为每个家庭工作半个星期，或者她可能会一起照看两家的孩子。如果情况属于后者，要想清楚她会以哪一家为基地（需要考虑损耗和晚间打扫问题），而且要确定两家的家长能够相处融洽，就像两家被安排在一起的孩子一样。

●日间妈妈帮手或者管家可能没有经过训练或经验不足以全面照顾宝宝，但如果她有完美的参考，她可能会是最好的聘用人选，尤其在妈妈是兼职或者在家工作的情况下。通常，出来兼职的大学生、更换职业的人，或者需要照看年长亲戚的人，很喜欢短时间的工作，而且能满足妈妈的需求。如果她自己有孩子，那么在学校放假的时候，她也许会跟妈妈的需求产生冲突，除非妈妈同意在她需要的时候，可以带着自己的孩子一起来。

家庭看护者

对于大部分父母来说，孩子的祖辈——大多数是姥姥——是理想的照顾人选，但不是所有的祖辈都愿意帮忙照顾孩子。那些愿意帮忙且住得也很近的祖辈，有时又不能按照妈妈需要的时间来，或者顺利地按照妈妈的方法来调整他们自己的。有时其他亲戚会提出非正式甚至免费照顾孩子，但这些也都需要仔细考虑。“家庭”并不一定总是“友善、睿智和值得信任的”，而且帮忙照顾孩子的亲戚并不从属于任何机构或检验部门。妈妈真的对这个人有着足够了解，能够完全信任宝宝跟他在一起是安全、开心的吗？而且，他真的认真思考过自己愿意帮这个忙吗？还是当他意识到这个承诺有多大的时候，很容易就反悔呢？家里的配置——即使是祖辈的家——或者没有受到检验的托儿所，妈妈需要确认它们的安全性（例如让宝宝平躺睡觉），以及儿童保护措施是否完备（不要忘了安全和卫生预防还涉及所有的宠物）。

非家庭看护（托儿所）

托儿所是针对数量很少的孩子的，其中可能包括托儿所里照顾人自己的孩子。通常，这种家庭式托儿所提供的照顾比大多数幼儿园的要更加个性化和灵活。英国托儿所工作人员必须接受培训，有些还能够照顾有特殊需求的孩子。大多数托儿所都是为大一点的孩子提供上学前和下课后、节假日的托管，以及小宝宝和学龄前孩子的日托。这就意味着兄弟姐妹可以同时进托儿所。英国比美国对托儿所员工有着更加严格的管理，而且要求更高。

团体托管：中心和幼儿园

很多家长都认为1岁以下的宝宝太小，不能送团体托管，而其他人则考虑的是宝宝跟其他宝宝待在一起的益处，以及即便是这个年龄，也能在一个更明显的“教育”环境中生活。不是所有家长都能承担托儿所的费用，或者找到适合自己的托儿所。有些社区提供幼儿园或者儿童中心给有需要的人，另外一些地方可能提供得比较少或者孩子太多接收不了。

随着需求的爆发，连锁幼儿园和个人私人日间托管中心都在增加。尽管需求最高的还是对于年龄最小孩子的托管，但不是所有的幼儿园都能接收1岁以下的孩子，因为开办管理大孩子的幼儿园更加容易和轻松一点。质量（和花费）是巨大的问题，所以如果妈妈想给宝宝找一个托管的地方，就需要花时间去观察那些运作中的幼儿园。

照顾小宝宝的人比起机构本身更加重要。如果照顾人的托管质量很高，宝宝可能会很愿意跟着祖辈或者家里其他亲戚、保姆或妈妈帮手、托管中心工作人员或幼儿园工作者。照顾人要有时间去了解宝宝，开始喜爱他，重要的是宝宝也爱照顾人，而且妈妈也喜欢照顾人和宝宝的关系，而不是对他们的亲密感到不舒服，甚至嫉妒他们在一起的时光。

质量是关键

要判断一个私人的或团体的托儿所的质量很困难。其他家长的评价可能有用，但他们的时间安排可能跟自己的不一样。观察工作人员与孩子们在一起的状态——尤其是跟自己的孩子在一起的时候。当妈妈观察的时候，以下内容可能对评判宝宝托管的质量有所帮助。

●每个机构中的照顾者需要照看的孩子越少越好，尤其孩子都是1岁以下的时候。多数机构都同意，当宝宝是在集体中被看管的时候——在幼儿园或者托儿所——每个工作人员不能负责超过三个宝宝，1岁以下的最佳比例是1∶2，即一个工作人员照看两个宝宝。因为当宝宝需要抱着的时候，例如在每天入园的迎接时刻，或者在给他们喂奶或者换尿布的时候，这个比例不会使工作人员应接不暇。

当很小的宝宝被送到团体中照顾的时候，这个团体本身必须很小。在大型中心，宝宝的房间每个不能超过六个孩子（和两个大人）。当托儿所工作者或者一个共享保姆照看以“家庭”分组的不同年龄的孩子时，她不能照顾超过两个2岁以下的孩子，有且只能有一个1岁以下的孩子（除非他们是双胞胎）。

●孩子们待的地方硬件条件显然也很重要，但不要让自己被装修和可爱的儿童马桶影响了。对于孩子来说，这些都没有意义。更重要的是温度是否温暖，光线好不好和游戏室是否有趣，以及自由活动的空间有多少。当宝宝躺在地上踢腿，然后坐起来，或者趴的时候，会不会被其他走过去的人碰到？是否有户外活动空间给所有的孩子每天使用？很难想象高品质的托儿所会没有。

●宝宝需要高度个性化的、亲密的照料，最好由同一个人或者同样的几个人来照顾。从他离开妈妈照顾的那一刻起，他就应该且必须由某个特定的成年人来进行特别照顾。在有多个工作人员的幼儿园或者儿童托管中心，那个特定的人可能就是宝宝的“核心人员”，只要是在她的工作时间和排班允许的情况下，她就会是那个负责亲手照顾宝宝的人，尤其是那些非常私人的事情，或者是当宝宝不舒服或不高兴的时候要找的人。核心人员不能每时每刻都在，但当她下班以后，不能随便找一个宝宝不认识的临时的人来代替她，而是由其他熟悉的人代理。

●即使宝宝还很小，他所需要的照顾也远比“看孩子”要多。就像本书前面已经说明的，宝宝学习所有的事情都是从他的人生最初阶段开始的，所以大量不同种类的玩耍、刺激，以及适合他这个阶段发育的与成年人充分的对话，是与好的身体照顾一样重要的。而提供大量的玩具只是其中最简单的部分。就算有一整个房间的玩具，对于宝宝来说也没有多大吸引力，除非有一个成年人向他展示各种可能性，以及帮助他做任何他想尝试的事。无论妈妈考虑的是哪种托管方式，目标并不是要教宝宝各种“知识”，甚至直接教他技能，而是每个宝宝都应该在大范围内被鼓励参加针对他当前特定的发育状况所设定的玩耍活动，并且要随着他的变化来改变。

有时以“家庭”为单位的托管所，能提供很多个人关注和情感，但却缺少玩耍的机会。有些祖辈会觉得带小孩出门太累，而且可能会依赖电视来让孩子保持安静。而亲戚没有经过“培训”，不一定能给宝宝高品质的照顾，所以他们需要对孩子的发育阶段感兴趣，还要有相关的经验，才能给宝宝帮助。父母通常会在孕期的阅读中学习很多婴儿发育相关知识，在那之后，就是跟孕期结识的父母一起讨论育儿经验了。而祖辈和其他亲戚可能提供不了最新的育儿知识，或者父母本身没有渠道可以获得信息，不知道能不能请他们照顾宝宝，也不清楚附近的儿童中心有没有照顾宝宝的机构。

宝宝是一个独立的人；妈妈要很明确地知道这一点，而当妈妈不在的时候负责照顾宝宝的人也应该清楚这一点。照顾好他意味着要尊重他；总是尽量让他对自己感觉良好；倾听他，试着理解他，即使他还不会说话。这也就意味着帮他做事，而不是为了省时间而替他做事。综上所述，要给宝宝提供高品质照料的一个环境或照顾者，对所有年龄段的孩子，都应避免惩罚、嘲讽和嘲笑。自尊很重要，哪怕宝宝还很小。可以与他们一起欢笑，但不要嘲笑他们。

终归，父母也很重要。想一想这个特定的照顾孩子的人是不是能让孩子舒服的人。如果想让宝宝得到最好的照料，父母和工作人员必须紧密地一起工作，不要为了让孩子更喜欢自己，而互相竞争。

宝宝与父母越来越深的羁绊

所有人都知道新生儿需求很多，婴幼儿很难带，但这两个时期之间又是怎样的呢？这个时候，父母是更难当了，还是变得轻松了？

在最初几个月的筋疲力尽之后，当宝宝“安定下来”但还不会走之前，照顾宝宝可能看起来变得简单了。而且，当他变得爱笑爱说，对于妈妈和爸爸来说，日子可能还会变得很甜蜜。随着宝宝长大，让父母感到惊讶的是，他需要的照顾变得越来越多，也越来越困难，尽管他还没成为幼儿。

大一点的孩子哪里都去，参与所有的事，而且做很多事。但是，他们去的地方和做的事，大多数都不是父母所认可的。他们有越来越多的好恶，还会大声地表达出来；他们也变得更加黏人，让父母觉得自己快要窒息，就好像被宝宝爱得太多。等到了1岁前的最后几个月，父母可能会觉得宝宝做的所有事情（包括无论何时妈妈离开房间都会啼哭，让妈妈甚至不能安静地去上个厕所）都让人感到抓狂。宝宝有时不会在午睡时间乖乖入睡，所以妈妈也无法休息那宝贵的一两小时，感觉像是被压垮了。不要忽视那些曾经经历过的日子，也就是说宝宝的行为完全一样而妈妈的反应却不同：“不想让我把你留在这儿吧？好的，快起来！”“今天不睡觉？好的，我们可以早点去公园了。”这样会让宝宝感到困惑和不满。那么妈妈应该怎么说呢？“黏人”是种负面词，而“喜欢抱抱”却是一种赞扬。

所有人都会遇上愉快的日子和不开心的日子，而随着宝宝进入幼儿期，妈妈遇到的两种日子的数量都差不多，但愉快的日子不仅更快乐，而且对于母子俩来说都更有益。如果妈妈喜欢大部分时间都与宝宝在一起，那么就能不太在意当妈妈的消极面：在职业、爱好、生活和娱乐方面做出了牺牲。而且，妈妈会更加倾向于感觉宝宝是自己的一部分，所以总会站在宝宝的角度，无论他做了什么，都会无条件地爱他。这非常重要，因为这符合宝宝的感受和需求。宝宝对妈妈充满热爱和无批判的奉献；他从不会对妈妈厌倦或者觉得妈妈无聊，也不会希望妈妈有所改变，而且他也不能明白妈妈的感觉会与他不同。

他不明白妈妈可能需要“自己待一会儿”，尽管他能忍受独自一人待几分钟，但他绝对还是会选择妈妈的陪伴。他也不会明白妈妈需要“做一些其他的事”，因为无论他在妈妈旁边玩的游戏多么有趣，他也绝不会选择继续玩游戏而不坐在妈妈的腿上，让妈妈抱一抱。他不明白妈妈还有另一面，有着自己的生活，因为他还没有。妈妈就是他的另一半，让他变得完整。

随着宝宝长大，他才会知道自己是个独立的人，知道分开也是安全的，可以感觉不同，知道不同意是因为不安全，知道即使与妈妈吵架也不会影响彼此之间的爱。但他现在还没有准备好。他无论是感情上还是身体上仍然依赖着妈妈，而且越来越深，为他将来的生活练习爱一个人。他对妈妈的爱越多或他对其他人的依赖越深，而且也感到自己得到了爱的回应，那么等他长大以后，他会变得越坚强，在付出爱的时候也会越慷慨。

作者鸣谢

我要感谢DK公司责任人佩吉·万斯，是她让我写了这本书，以及编辑经理安娜·戴维森和克莱尔·泰纳特–斯考，从逗号的位置到论点的形成，我对任何事情都信任编辑的判断。看到才华横溢的凡妮莎·戴维斯为各种各样的东西拍照，从黏糊糊的香蕉到抽象的想法（当然还有宝宝们），以及在佩吉·萨德勒的专业艺术指导的支持下，看到尼科拉·罗德威毫不迟疑地选择了每一个关键角度，真是出乎意料地高兴。卡洛琳·海伟森以无尽的耐心把每一页的图文都排好。多么棒的一支团队！

作为作者，我必须对此书中的事实和意见负全部责任，但我不能独占成果。在我思考和谈论这本书的3年中，有几百人跟我分享了他们的经历和想法。我愿借此机会感谢他们所有人，尤其是儿童研究所、伯克贝克家庭和社会问题中心、伦敦大学、婴儿心理健康（英国）和儿童项目协会的同事，以及很多家长在“心得分享”专栏中的发声。这本书的初衷是为读者们带来最新的儿童发育研究的重要科学知识，主要通过书中“研究发现”专栏来呈现（尽管不可避免地简化了），其中这些观点都不是描述和参考几十个个别的研究成果得来的，而且很少有1岁以下婴儿的父母有时间或能力找到这些研究成果。如果读者希望加深对某些领域的研究结果的了解，或对某些知识感兴趣，但无法在学院报告中找到，可以参照以下图书：

Lynne Murray and Liz Andrews, *The Social Baby*, Children's Project Publishing, Richmond, 2000

Helen and Clive Dorman, *The Social Toddler*, Children's Project Publishing, Richmond, 2002

Sue Gerhardt, *Why Love Matters: how affectionshapes a baby's brain*, Brunner–Routledge, Hove and new York, 2004

Margot Sunderland, *The Science of Parenting*, Dorling Kindersley, London, 2006

Helen Barrett, *Attachment and the Perils of Parenting*, National Family and Parenting Institute, 2006

Penelope Leach, *Child Care Today; what we know and what we need to know*, Polity Press, Cambridge, 2009

出版商鸣谢

感谢初始设计伊萨贝尔·德·可多瓦，图片润色史蒂夫·克罗齐尔，图片资源管理罗曼尼·韦博特，图片搜集詹妮·巴斯卡娅，第271页插图黛比·梅泽尔，编辑助理乔安娜·丁丽，校对唐恩·贝茨，索引编辑苏·莱特福特。

感谢模特：安娜·比尔兹华斯；莎拉·布里克和查尔斯·汉妮丝；弗雷贾·伯吉斯；理查德·卡尔；瑞秋·陈和妮恩；罗宾和吉尔·克拉克；布拉德利·克莱顿、艾米·威尔斯莫和托比·克莱顿；亚历克斯、萨拉和艾萨克·科特雷尔；约翰和比阿特里克斯·克朗普顿；布拉德利、格雷特和乔尔·道森；比阿特里兹·德拉莫斯和亚历山大沃克；何莉迪克森；鲍勃凯蒂和詹姆斯多克瑞；凯利和露西埃克；娜塔莎和麦乐迪艾斯特勒；哈泽尔·埃文斯；纳奥米·菲德勒和黛西·赖特；克里斯托弗、伯纳黛特和亚历山大·加斯科因；凯瑟琳和杰克·戈登；佩妮和杰米玛·格罗夫斯·贝里；桑杰夫、雷切尔和杰伊·古普塔；蒂尔南·希克斯；迈克尔·帕特里克、埃曼纽埃尔·盖尔、约阿希姆·罗杰·迈克尔和埃森·迈克尔。

译者鸣谢

在翻译的过程中，译者得到了刘树红、雷增华和雷富军的帮助，特此感谢。

图片声明

The publisher would like to thank the following for their kind permission to reproduce their photographs：(Key：a–above；b–below/bottom；c–centre；f–far；l–left；r–right；t–top)

Alamy Images：Chloe Johnon 53tl；Babybond www.babybond.com：8clb，13bl，13br，13cl，13cr，13tl，13tr；Corbis:Owen Franken 6bl，42；Louie Psihoyos/Science Faction 49；Getty Images:Paul Bradbury 17；Anthony Bradshaw 73fcrb；Peter cade 9cla；Gabriela Hasbun 23r；Noel Hendrickson 275；Photodisc 9cr；Andersen Ross 45；Terry Vine 9tl，29；Jenny Matthews：73br,120，152，222bl，222clb；Mother & Baby Picture Library：Eddie Lawrence 19；Photolibrary：Bananastock 41；Science Photo Library：Samuel Ashfield 8t，21；B. Boissonnet 25；Eddie Lawrence38；Larry Mulvehill 47；Tony Sheffield ABIPP Australia：91t；Wellcome Images：Anthea Sieveking 9tr，39

For further information see:www.dkimages.com